U0645038

找 到 经 济 答 案 ？

经济为何恐慌

医治恐慌的12个处方

[美] 科林·里德（Colin Read） 著　　曹占涛 译

东方出版社

目录

004

前言

在我写作《*Global Financial Meltdown：How We Can Avoid the Next Economic Crisis*》（中文译名为《金融危机经济学》，东方出版社 2009 年 3 月出版）与完成这本书之间的几个月里，世界经济受到了无出其右的冲击。 全世界的家庭都开始为他们的金融未来担心害怕。 直到今天，这种恐惧仍然没有衰减。

仅仅在两年前，如果有人扫经济派对的兴，指出全球经济的脆弱性，他将不会受到热情欢迎。 现在，人们无论是打开电视新闻还是翻开报纸，无不会看到许多恐惧和悲伤的故事。 与两年前不同的是，几乎所有人都在呼唤非常重大的改革以防止这种悲剧的再次发生。

我们已经看到了我们最糟糕的经济恐惧，现在，我们也明白，这些恐惧将转化为保护我们共同经济未来的行动。

更好地理解经济恐惧本质的时机已经成熟了。 在此过程中，我们也能明白我们的恐惧是如何被追逐私利的他人操纵的。 理解了我们的恐惧怎样被利用，我们就更能创造出恢复市场和投资信心的改革和制度。

在写作这本书的过程中，我也得出一个结论，那就是需要重新强调对真实生产而不仅仅是对纸上利润那种生产的追逐。 贪婪和放纵已经取代了辛劳和汗水，最聪明的年轻人都立志去华尔街而不是普通大街。恐惧驱动市场的一个结果便是对真实生产价值的重新认识。 只要我们回忆一下将我们置于危险境地的那些事件，经济危险的记忆就极有可能刺激我们呼唤改革，并不会重演无节制的情形。

我认为将中心思想和焦点放在市场恐惧上是有益的。 信息就是力量，理解市场和面对威胁时人类的反应能使我们更好地应对市场动荡和经济生活中的不确定性。 理解了经济恐惧，它就会使我们变得强大而不会使我们衰弱。

　　我希望当你读这本书的时候，你能够将书中的教训应用到自己的经济生活中去。 我们的经济挑战将会减少，我们的恐惧也将过去，留给我们的将是关于置我们于巨大困境的事件的伤感回忆。 恐惧能使我们在内心中辨别出那些能够威胁我们经济安全的情形。

科林·里德

纽约州，普拉茨堡

2009 年 2 月 21 日

导言

　　自大萧条以来，华尔街和普通大街（Main Street）①还从没有如此严重地陷于恐惧之中。那些经历过 20 世纪 30 年代大萧条的人们的生活被永远地改变了。只有从 20 世纪 60 年代开始的几乎没有间断的两段时期的繁荣才使我们卸去由于大萧条的苦痛而带来的、害怕失去什么的恐惧之情。现在，恐惧和绝望又归来了。这就是一本关于引起经济动荡的恐惧的书。我也探讨了在政治和金融市场中恐惧是如何被操纵以亿万人的损失为代价而使少数人获益的。

　　正是我们基本情感的产生和被操纵在决策中起到了异常关键的作用，才使得我们决策显得感性，否则的话，我们会理性决策的。尽管一些投资者通过利用经济学这门沉闷的科学非常有效地获得了持续的回报，但是，心理学这门科学也同样在如当下情形的时期对于我们共同的经济未来起到了异乎寻常的作用。

　　恐惧和其他心理影响能够震动市场，这种令人不安的现实对于经济学家、政治家及技术专家来说非常麻烦。他们或多或少地懂得如何管理运转顺利的现代经济。但是，他们的模型在恐惧这种动物精神纠缠我们的现代经济时却显然归于失败。

　　很少有人仍然信仰完全自由放任的市场。大多数人最终都慢慢承

---

① 自 2004 年开始，Wall Street 和 Main Street 的含义基本就定位在：Wall Street 指包括金融、投资在内的美国的巨型企业和富人的阶层，即表征富有阶层的利益或是少数富人的利益，Main Street 是指小企业、小作坊和平民阶层，即表征平民阶层的利益，或社会主要群体的利益。参见：http：//q. sohu. com/forum/20/topic/4512792

003

认了经济学、金融学和心理学相互作用的重要性。 对恐惧作用的认识表明，在我们能够更成功地把我们的经济理论与整合了心理学与经济学的新理论结合起来之前，我们的分析仍然是不完整的。 我通过描述恐惧心理现在如何弥散在我们的政治经济学中来激起人们对于这种整合的兴趣。 尽管常规经济学的教条式运用在大多数时候能够起到良好作用，现在却不是正常时期。 由经济危机的苦痛中产生的恐惧要求我们的经济模型变为研究如何实现更好生活的艰深学问。

这本书的背后有我的学术背景。 我在大学首先得到物理理学学士学位，之后又获得经济学博士学位。 我慢慢地意识到，在现代经济学中大量运用的物理学分析工具已经偏离解释人类本质中的这一重要方面太远了。 为了更好地理解科学方法、这门沉闷的科学、人类行为以及公共政策之间的相互作用，我又攻读了税收学硕士学位、工商管理硕士学位以及法学博士学位。 直到最近这场全球金融危机给我带来沮丧之时，我才相信恐惧控制市场所造成的这一场百年一遇的事件使不那么学术化地讨论自由市场成为一种需要。

因此，我将我解释市场失灵的研究成果呈现给公众。 我从纽约州立大学一个商业和经济学学院系主任的职位上退了下来，来为商业专栏定期写作并且创作了一本书记录当前这场还在蔓延的经济危机。 这本书描述了引起我们一生之中最严重的经济危机的事件。 就像我在此所做的，我试图向聪明的普通读者解释现代经济理论，与此同时，当我们构造的经济模型不能充分解释宏观经济时，我也对之展开了批评。

因为具有作为一个商业和经济学学院系主任和一个投身于模型化信息失灵的研究者，这两重背景使我拥有了一种特别的视角。 当自由市场和资本主义运行良好时，我能认识到它们令人难以置信的优势；当它们不能如望表现时，我也能很快对之提出苛刻的批评。 不幸的是，现在市场失灵都非常严重，由市场失灵带来的苦痛又非常巨大，以至于能很快超过市场运转良好时带来的好处。

我的前一本书增强了我对有经济学素养的公民重要性的认识。 我希望在此提供给你一份学术视角和实用视角下的经济学讲义，同时激励你成为我们共同经济未来的参加者。 我意识到，如果我们都能知道我们的政治领导人走向何方，他们就只能担负起领导的责任。

然而，在很多时候，我们的领导人仅仅表现出了与我们同一水平的智慧。 如果我们不能提供给我们的领导人深刻的政策建议，我们也就不会惊讶他们会引领我们步入歧途；如果我们不期望能从政治领导人那里获得深刻的经济分析，那么他们也绝对不会辜负我们的低水平期望。

我也希望这本书将激发你提出以前可能没有问过的新问题。 知道有多少是我们不知道的是衡量我们智慧的一个标准。 过去几十年我们无忧无虑的无知使别人成功地从我们身上榨取了数十亿美元，同时还给我们带来数以万亿美元的损失。 健康的政治经济学要求我们参与到自己的经济前景中来。 我们不这么做将会给自己带来危险。 当下的全球金融危机给了我们一个永恒的教训：一旦我们放弃经济防卫措施，有人就会由此渔利。

现在，从 2008 年的全球金融危机中我们意识到，市场必须被监管——就像鹰一样。 尽管众多微小的、以相对无名状态行事的经济主体组成的总体就是理想市场的看法可能是正确的，这种对个人主体所构成集合的盲目信任也不幸地遮掩了经济黑箱的运作。

我以一种多学科交叉的方式写成这本书，因为，现在我们发现，当我们的模型狭窄和教条化时，市场就会产生巨大的问题。 我以描述恐惧在人类生存中重要的进化作用开始。 在本书的第一部分，我发现恐惧是多面的。 尽管我们都认识到了其令人不安的一面，恐惧也有使我们的精神集中到当前最紧迫、最重要事情上来的基本作用。 当我们经历经济悲伤的五个阶段——愤怒、否认、挣扎、沮丧和接受时，困扰市场的恐惧为我们提供了作出改变的动力。 它也促使我们以后避免同样具有伤害性情形的出现。

在第二部分，我简要描述了金融市场的运行。 然后，在第三部分，我介绍了怎样将恐惧纳入我们的经济模型。 经济学家很少直接谈及恐惧，然而，我们确实会讨论不确定性的成本、风险厌恶以及在错误假设的基础上作决策的后果。

在第四部分，我展示了现代经济运行的各种激励是如何扭曲恐惧、风险与不确定性的。 如果我们必须衡量由于对经济中风险是什么的错误假定而带来的成本，理解像道德风险和逆向选择这样的概念就是非常重要的。 假如我们共同认定在不完美信息条件下作出不完美决策的趋势为噪音，在第五部分我将会展示经济中不断增加的噪音是怎样增加市场的动荡和降低其可预测性的。 我将观察各代的市场回报模式来确定市场在动荡时期如何表现。

在第六部分，我特别关注了历史上最重大的经济创伤。 我回顾了过去的经济崩溃和慌乱，并特别讲述了兴旺的二十年代和接踵而来的大崩溃和大萧条。 这场造成现代经济时期第一次全球经济危机的崩溃给了我们第一次试验新发展起来的凯恩斯主义经济学分析工具的机会。我在第七部分也讲述了现代经济学的工具怎样用来帮助我们缩短经济萧条的持续时间，尽管它们无助于消除我们的经济恐惧。

在第八部分，我提出是否得益于自由市场的那些人有某种社会责任来协助自由市场更好、更有效率、更透明地运作的问题。然后在第九部分，我概述了政治、媒体、我们的经济主体以及政治领导人如何参与到这个问题中来。如果我们能够更充分地理解它们的角色，它们就可能会成为解决办法的一部分。

本书的结尾几章叙述了我们怎样运用我们的恐惧来理解和改革经济，这样，我们就不用遭受同样的伤害——至少，我们会获得安慰，而恐惧将再次消失。

总之，正是由痛苦而来的恐惧驱使我们到了现在的境地，可也正是恐惧将促使我们确保明天不会再犯同样的错误。如果我们能够驾驭恐惧，并用之为我们的经济福利谋利，那么，我们今天所得的惨烈教训就极有可能使以后的很多代人受益，就像我们铭记着从大萧条中得来的教训，然后造就持续两代的繁荣富足使我们忘掉恐惧一样。

第一部分
风险的性质

在第一部分，我从生物学和经济学两种角度来讨论风险的性质。我认为，适当程度的恐惧是有益的，但是过多而又缺乏控制的恐惧则是有害的。同时我发现，经济有时会以一种相当情绪化的方式运行，这就要求我们必须将心理因素纳入未来的经济模型。

第一章
生物学和心理学中的恐惧

　　恐惧是一种基本的动物情绪。　引发恐惧的因素，以及恐惧所造成的焦虑或攻击性的因素相互关联的系列表现，进化用来为许多非常重要的目的服务，并且一直对我们产生良好作用。

　　科学家和心理学家长久以来都假定，恐惧在人类的生存中起到了必不可少的作用。　例如，神经学家杰克·潘克沙普（Jaak Panksepp）识别出，恐惧与恐慌（panic）及探寻（seeking）、愤怒（rage）、玩耍（play）、性欲（lust）与关爱（caring）一起构成了七种基本情感机理的两种。　这些情感是具有保护性的机制，它们被植于我们的基因中，当我们面临威胁时，它们能产生玄妙的生理反应。

　　与恐惧相关的感情机理很复杂。　当面临危险时，我们的身体会呈现出几种紧张症状：血压升高，心跳加速，呼吸变得急促，肾上腺素之类的荷尔蒙就会分泌。　这些生理变化使我们作好准备应对急需迅速、集中注意力的外部刺激。

　　与恐惧联系在一起的焦虑已经经过了几百万年的进化。　如果没有经历这种焦虑，面对快速变化的情形，我们将难以及时作出反应。　少量的焦虑能使我们工作时集中精神，驾车回家时保持警惕，并全心投入到重要的谈话上去。　当然，太多的焦虑会使人变得意志消沉。　然而，如果没有某种焦虑，我们就会悠哉游哉地混日子，没有紧迫感和优先意识，也不能为危险作任何准备。

　　现在，科学家们认识到，恐惧以及由它产生的焦虑具有比原先想象的更深的生物根源。　最近的有关大脑中受体的发现就指向了一条很明显的化学通道，这条通道能引起恐惧和焦虑。

一种特别的受体，beta-CCE，属于长久以来就被认为能产生多种强烈神经反应的生物碱家族。 科学家已经发现，将 beta-CCE 注入猴子和人体内几乎能够立即产生严重的焦虑。

幸运的是，对焦虑生物根源的发现同时也有助于控制过量焦虑的药物的研发。 现在，人们已经知道用烦宁（valium）和安眠片之类的常用镇静剂来抑制这些焦虑受体和使病人回到更平静的状态。 遭受严重和不良焦虑困扰的人需要用医药来避免通常被夸大的威胁所引发的使人憔悴的影响。

适量的恐惧

尽管焦虑和恐惧可能会过量，但是我们也要知道它们也许会太少。当恐惧能够提供给我们足够的警惕和责任意识来应对那些挑起我们恐惧的外部力量，而又不使我们将过多的注意力放在琐屑的威胁上时，那它就是平衡的。

每当恐惧使我们必要的反应变得迟钝时，它就会产生不良后果。为了使对外部威胁的反应达到平衡，我们必须将恐惧置于某种理性视角下来审视。 然而，在一种原始的情感与理性和逻辑之间找到平衡并不容易。 不过，我们越是将我们的恐惧之情与逻辑和理智连接，我们越是能够将恐惧看清楚，越是能够对威胁我们的外部力量作出恰当的反应。

最初的那些恐惧因素比现在困扰我们的更加直接。 一百万年前，人们最担心的大概是那些可能会威胁我们的动物，可能会伤害我们或令我们不舒服的自然因素，以及积累起来以备不时之需的物资的失去。如果我们的生活不再充满这些原始的恐惧，那可能说明我们已经取得了很大进步。 即使这样，这些来自环境的自然威胁仍然能够激起我们深深的恐惧，就像我们经历的很多新的、各种形式的损失一样。 我们的生活相较于狩猎者和采集者来说已经变得太复杂了，但是，我们最基本的恐惧却依然保留着。

现在，我们有些最基本的恐惧也许不再常见和重要，它们被一万年前尚不存在的其他引发恐惧的因素替代了。 当然，捕食者和自我保护的动物身上那种天生的恐惧在现在比在文明开化以前可能更少地在我们身上受到激发。 不过，现在这种恐惧和焦虑却通过动物园和恐怖电影而得到培养，它们能在人们都意识到的安全的环境中激起我们的原始反应。

另外，尽管我们不再面临动物对我们的那种原始威胁，飓风、洪水、龙卷风和火之类的其他自然恐惧因素却不时使我们之中的很多人遭难。即使那些没有直接经历过这些恐惧的人现在也能通过收看晚间新闻感受到同样的焦虑。媒体惯常说的"出血才能出彩"（If it bleeds, it leads）加强了我们在舒适和安全的环境中观看他人遭受恐惧困扰的迷恋。

降临在别人身上的这些最基本形式的伤痛甚至可能有某种导泻作用（cathartic effect）。如果我们意识到这个世界依然是危险的，但是这些危险却都会由别人经历，那么我们就会因为危险在别处而获得安慰。事情就会变得对我们有利。

马斯洛的需求层次理论（Maslow's hierarchy of wants and needs）

然而，对遭受损失的恐惧似乎比以前大大盛行和普遍了。1943年，心理学家亚伯拉罕·哈罗德·马斯洛（Abraham Harold. Maslow）提出了他的人类需求层次理论。他认为人类基本的心理需求在最底层，上面则是对安全和经济保障的需求。任何威胁到马斯洛理论中较低级需求——食物、住所、安全和保障的因素都会刺激恐惧和焦虑的产生。就像马斯洛说明的，只有使我们的生理和安全需求得到满足，我们才能得以自由地去满足我们的心理和情感需求。正是在这个世界，这个提供给我们基本需求的经济世界里，不管是比喻说法还是实际如此，从一些方面来说，生活变得更容易，但从其他方面来看，它却也更加复杂，充满更多不确定性。

这些新的恐惧因素是这本书的主题。如果说由于捕食动物、从树上掉落或者突发灾难引起的恐惧已经不复存在，我们现在面对的却是许多未知的恐惧。伴随着我们认知范围的扩大，潜在的未知范围也在扩大。对于动物的恐惧已被对于我们经济和社会安全的恐惧所替代。

举例来说，《燃点：世界冲突指导》（*Flashpoints：Guide to World Conflicts*）的总编辑詹姆士·F·马蒂尔（James F. Mattil）写道：

"人是社会性动物，他们因相同的价值观、宗教、文化、语言、传统、遗产或地理位置而凝聚在一起祈望生存和繁荣。每当联系一个团体的核心特征面临威胁时，这个团体就必定会为其生存而担忧。他们会试图改变带来这种威胁的环境，或者，当不能改变时，他们会竭力排斥威胁，并增强自身的凝聚力。有时候，领导人会通过夸大这种威胁而从流行的恐惧中获得自己的私利。"

现在，这些不同形式的相互作用范围变得更加宽广。尽管现在自然灾难也许不那么危险，遭遇凶猛动物的几率更小，但是对我们经济安全的威胁却几乎是肯定地更加深远了。现在单单一个人就有伤害千百人甚至百万人的能力。尽管在过去的一个世纪，现代文明制造出了大众恐惧和破坏这类武器，我们到现在还没有相应的解药。

随着经济变得越发复杂，我们对经济安全遭到威胁的担心也增加了。在一千代之前生活的人们不得不保护他们的食物储藏室、庇护所以及火种。他们发明了各种策略来维持这种经济安全，这样他们就不需要仰仗别人。然而，现在，我们的经济安全系于现代经济这张错综复杂的网上。我们必须依赖我们不认识的，也许不信任也不关心我们福利的人来保证我们的经济安全。

近来，对威胁我们经济安全的新的恐惧变得更加突出了。其原因贯穿了本书。我们不能低估这些威胁的重要性，也不能低估由它们所造成的焦虑。

日趋复杂的世界也给我们带来了另一种前所未有的新恐惧。人类日益意识到恐惧的不断失控。因为我们的很多行为，以及生产和储蓄都受其他人工作与合作的制约，这给我们一种总体的感觉就是：我们正在迅速失去掌控自己经济命运的能力。这是现代经济、社会和文明带来的不可避免的后果之一。对于这种恐惧，唯一的解药就是信息、教育、理解、协调与合作。

美丽新世界（A brave new world）①

往后退一步并想一下现在困扰我们而仅仅在一个世纪之前尚不存在的那些不确定性。无论是坐汽车、飞机，还是坐轮船的旅行，抑或接受复杂的医学治疗，我们都会面临风险，甚至我们依赖甚深的电脑硬件

---

① 《美丽新世界》（*Brave New World*），亦名《勇敢的新世界》。为英国作家赫胥黎反乌托邦的作品。与《一九八四》和《我们》并列为世界三大反乌托邦小说。

也不例外，因为它可能会使我们辛苦一年的工作化为乌有。 恐怖电影拓宽的题材不断地提供给我们机会来旁观飞机、轮船或汽车事故带来的人间惨剧，也因此让我们感到，舒服地躺在沙发或坐在电影院里才稍微有点安全。

整个工业都在迎合我们减轻其他科技型（technologically based）恐惧的需要。 公司会保护我们的数据，保护我们的电脑免受病毒的侵害，甚至就交通事故中的某些损失为我们的汽车提供保险。 与此同时，电脑黑客、身份盗用（identity thief）以及恐怖分子却在与我们的恐惧对垒，他们有意无意地加强我们的焦虑并在此过程中从我们身上获取他们所需。 尽管在这种恐怖活动中生命损失相对来说比重较小，但是他们的目标却是经济恐怖主义。 从全球来看，我们现在每年都花费数千亿甚至上万亿美元来对抗这些新出现的威胁。

正如我们在后面更深入地讨论时所看到的，媒体也在推波助澜。媒体每天晚上都会将这些灾难带到我们的起居室，并以一种夸大的发生概率示人。 举例来说，父母最担心的莫过于对他们孩子的伤害了。 也许现在世界上还有更多的异常事件来刺激这种担忧。 当然，现在我们也比以前更清楚地了解在我们或大或小的社区里发生的几乎所有的悲惨事件。 因此，尽管我们的孩子可能比以前更安全，但由于意识到惨剧也有可能会在自己身上发生，人们也许就会高估灾难发生的概率。

我想起当我还小的时候，几乎每一家都有一辆车，但很少有小孩被开车送往学校。 不过，此后，事情已经发生了变化，很少有小孩步行去学校，很多父母围绕在孩子身边，以至于"直升机父母"（helicopter parent）这样的词语也被创造了出来。 尽管可能降临到孩子身上的灾难不会与一两代之前有什么显著不同，甚至在很多情况下可能是显著减少的，我们却认为这些灾难的频率要么是在以前被压制了，要么是现在增加了。 现代传媒创造的变小的世界应当可以解释一些今天新发现的焦虑。

信息过多？

尽管我认为教育和信息减少了由一个越发不确定的世界所带来的焦虑，不断增加的教育却也可能会产生两种副作用。

认知水平的不断提高会施加给我们一种每个角落都可能潜藏危险的

强烈意识。 当然，过去的简单日子使无忧无虑的无知有了正当性。 尽管发现可能出错的所有事情也许会使人们思考每一种可能性，以至于达到心智衰竭的地步，我们还是要能够将这种知识化为智慧。 正如平静的祈祷（The Serenity Prayer）指引我们分辨出我们能掌控的事务和我们不能掌控的事务一样，我们能够运用自己的经历和教育来分辨那些我们确实能够影响结果的事务和我们不能影响结果的事务。

现代文明孕育的一个最新结果是对于失去我们毕生积蓄的恐惧。正是后面这种对我们经济安全的威胁加速了当前的全球金融危机。 我们的个人福利越来越受我们当前财产和储蓄的制约，而我们的恐惧则围绕着会不会失去辛苦创造的财富打转。

曾经，我们的经济安全就在于我们身上的衣服和我们双手的生产能力，我们的安全也在某种程度上与孩子们的健康和生产率相关，当我们不再具有生产能力时，他们会赡养我们。 除了对我们长期健康的灾难性威胁因素，只要我们有双手和土地，我们总是能够获得身上的衣服。

然而，随着我们的经济福利变得更加复杂，服务于我们的市场变得更加遥远和专业化。 并且，随着大家庭（extended family）被原子家庭（nuclear family）或更小的家庭取代，我们经济安全的根基变得更加脆弱。 回忆一下克里斯·克里斯托弗森（Kris Kristofferson）在《我和博比·麦基》（*Me and Bobby McGee*）中唱的："自由不过是一无所有的另一种说法。"（freedom's just another word for nothing left to lose）我们依赖积累起来的财富来驱除对经济困窘的担忧，然后，我们又担心失去哪怕一丁点的财富，并变得不那么自由地去追寻新的机会。 甚至担心失去卫生保健竟然使得一些人不敢变换工作。 失去经济安全的恐惧设置了一个陷阱，步入其中，我们就丧失了经济自由。

这种恐惧在这些危险时期似乎充满了整个社会，并且好像没有多少解药来消除这种恐惧。 即使是对我们何以至此或我们必须从现在走向何方的清楚了解，也不能消除这种威胁给我们的长期经济安全带来的伤痛。

对威胁的理性反应

最终，我们必须找到健康的恐惧与病态恐惧的平衡点。 健康的恐惧是建设性的，当我们作出决定来保护自己的时候，它能提供给我们恰当的视角。 不健康的恐惧是有破坏性的，它常常不是引起过分的、令人憔悴的焦虑就是引起有害的或夸大的对威胁的反应。

不过，有时候，正如我们在后面会看到的，在适当的反应和夸张的反应之间存在一条细小的分界线。我们也会发现，对个人来说适当的反应和对整个经济或社会来说最优的反应之间也存在着差别。我们将会看到个人未经协调的反应能够加在一起造成一个自我实现的预言，并能将整个经济摧垮。正是在这种时候，我们也许需要强有力的领导来引领我们找到安全的道路，而不管我们最大的担忧是什么。

对强有力的经济领导来对抗破坏性恐惧的需要是我们后面章节的一个重要主题。不幸的是，我们往往发现，在最危险的时期，恰恰是领导力最紧缺。毕竟，要是坚定而仁慈的领导在第一阶段就出现，像当前的全球金融危机之类的巨大灾难就不大可能降临到我们头上。

经济伤痛的五个阶段

尽管现在有很多人面临着对经济损失的最深切的担忧，我们发现人们几乎都会经历相同的反应过程。这个过程可以用伊丽莎白·库伯勒-罗丝（Elizabeth Kübler-Ross）关于悲伤的五个阶段来概括。当面对一个悲痛事件时，我们会经历否认、愤怒、挣扎、沮丧、接受这五个阶段。

甚至面对个人和集体的经济损失，我们也会遵循这种悲伤周期。想象一下由于贪婪和管理不善引发的当前这场全球金融危机吧。这个事件不是一夜爆发的，事实上它用了十年的时间发酵。但是，在这个悲伤周期相当多的时间里，我们一直在心存幻想地否认现实，害怕任何公开的承认会导致人造的经济繁荣和安全过早走到尽头。

我们甚至不愿聆听那些警告我们金融泡沫①就要破灭的先知。像经济和政策研究中心（Center for Economic and Policy Research）的迪恩·贝克（Dean Baker），以及刚刚去世的密歇根大学教务长同时也是前美联储理事的爱德华·格兰里奇（Ed Gramlich）这样的经济学家试图警告我们房地产市场的不稳定，以及当时华尔街上新金融工具风险过大的本质。不仅没有留心倾听，美联储主席艾伦·格林斯潘依然继续使经济的水龙头栓纽全开，利率刻意地降低，尽管许多经济学家都对收益

---

① houses of cards：不切实际无法实现的计划，筹划不周难以成功的计划。这里译为泡沫。

与经济风险不成比例表示担忧。

当看到经济前景受到威胁时，我们从否认转为愤怒。 一些人比其他人更加愤怒。 那些将要退休的人不得不重新评估他们的策略，而很多已经退休的面临的却是破产。 我们向政治家表达我们的集体愤怒，在某种程度上这导致了震动全世界的第一位非洲裔美国总统的产生。我们也让新当选的官员明白，这场金融灾难不能仅仅以自我感觉良好而事实上不起任何作用的政策，或者通过对在第一阶段将我们置于这场恐慌的公司的救助而应付了事。

愤怒很快又转化为挣扎。 我们坚持着，衰退尽管难以避免，但会是短暂的、浅层次的信念，认为一两次小规模的税收退还就会将之克服。 我们从对银行的救助发展到对大的制造企业的救助。 这些措施没有任何一种提供了急需的及时修正，尽管它们一道花费了全球经济在投资中的数千亿美元，并造成了大约2.5万亿美元的财富损失。 当我们意识到问题的严重性时，我们的挣扎很快被沮丧和惊慌代替，这又造成了经济的下滑。

到2008年底，随着全球金融危机的初始规模变得清晰，我们发现自己处在集体沮丧和希望进行经济救赎的夹缝中。 伴随着大部分沮丧情绪，伤痛的根基不失其时而又难以消除地进入到我们的心理深处，最终，我们开始接受这种经济现实。

正是在悲伤的最后阶段，在我们接受的过程中，恐惧终于让位于解决办法。 我们不能让这头经济怪物回到瓶子里去，但是我们可以卷起袖子努力使经济更有生产力，甚至更有效率。

我们会记着每一种具有生产力的创伤。 我们渴望保持警惕，能有适时的办法使这种类型的经济困境不再发生。 我们也会对带给我们虚假舒适和安全感的错误经济模式敬而远之。

最后，我相信这场经济创伤和恐惧能够换回什么东西。 它可能证明了全球经济的恢复力，并培养出全球合作的新精神。 它也提醒我们经济安全并不会从恶作剧中得来，而只能从辛勤劳动和生产——所有长久的和可持续的经济的基础中得来。

这场危机说明了恐惧的重要心理作用。 我们的恐惧能够提醒我们注意现在的危险，指导我们防止在未来可能给我们造成伤害的状况。恐惧，以及恰当的视角，是一项基本的进化工具，它在今天的重要程度比以往任何时候都不会小——也许变得更重要了。

融合的经济世界

　　不幸的是，如果恐惧是对我们经济安全和福利威胁因素的本质情绪反应，那么这个世界就在快速变为一个更加可怕的地方。 具有讽刺意味的是，技术进步几百年来促进了大多数第一经济世界国家的金融安全。 这个集团，这群工业革命中技术进步的主要受益者，其财富已经增加了许多倍。 然而同时，由于同样的原因，我们生计的很多方面也已超出我们自己的掌控。 技术和市场那些驾驭千百万自私自利生产者和消费者的手段，同样也使我们中的每一个人都更加依赖一个顺利运转的市场来雇佣我们的技艺。 这些千百万生产者和工人创造的财富同样都进入了金融市场。 我们的财富反过来束缚了我们的自由和独立。

　　创造了这些财富的极端专业化也使我们更加依赖别人。 一个世纪之前，人们住在农村，自己生产大部分食物，照管不断扩大的家庭，并与所在社区的其他人交易，现在，第一经济世界的居民很少能够这样自给自足。 我们变得极端依赖电力和燃料来居家过日子，依赖汽油来开车，依赖雇主来雇佣我们的技术，依赖加工者为我们提供食物。 假如自由市场不能提供其中任何一种服务，我们第一经济世界中的大部分人都会不知所措，许多生活在快速发展的第二经济世界中的人会感到不方便，而生活在撒哈拉以南非洲地区的第三经济世界的广大居民却会毫发无伤。 也许没有参与到一个快速变化的世界倒是一种福气。

　　当第一经济世界与第二经济世界融合时，生产财富的增加也创造了更多的恐惧——对未知的恐惧，对文化融合的恐惧，对财富转移和所有权的恐惧，以及对变化的恐惧。 这儿有了更多的财富需要保护，更多的力量来竞争我们的财富和工作，更多的各种群体为一个风险日盛的世界着魔。 如果风险就是能够伤害我们和影响我们生命、自由和追求幸福的不可避免的不确定性，如果恐惧就是我们的安全受到威胁时所感受到的令人难受的原始困苦，那么，我们所有人都生活在不断增加的恐惧中。

　　这种恐惧被另外一种原因加深。 对未知有所恐惧是正常的。 我们不知道的或不能知道的东西给我们带来了难以轻易降低的风险。 然而，通过教育，我们能更好地理解和控制对我们具有伤害性的外部因素，更好地评估我们不能控制的风险，并将我们的评估纳入到行动中。通过教育，我们能降低不确定性、风险和恐惧。

　　我们也必须将人们所有类型的恐惧与威胁我们经济安全的恐惧区分开来。 下一章，我将给出使我们恐惧的经济风险的定义。

011

第二章
恐惧和风险的经济学定义

生活就其本质来说就是不确定的。 在许多方面，它也总是变得越来越不确定。 我们的经济生活与仅仅一个世纪之前甚至半个世纪之前相比已经变得更加不可思议地复杂了。 这些复杂因素带来的不仅仅是更多成功的可能，也带来了更多出错的可能。 伴随着进步，我们的经济福利已经显著提高，而我们的经济安全却大大降低了。

当然，人类热心于创造经济安全。 人们会为严酷的冬季储备剩余物资，或者在丰收时期和饥荒时期之间储备粮食和肉类，这种需要意味着我们的生存依赖于我们在几天时间里、几个月时间里、越来越多的情况是几年时间里使消费保持相对平稳的能力。 因为任何对人类基本需求的威胁都会影响到亚伯拉罕·哈罗德·马斯洛在其人类需求层次理论中所称的作为我们福利基础的安全，人们自然就会努力积累财富，由此，消费才会强劲。

也由于人们对创造经济确定性的需求，我们对风险持厌恶态度。我们在下文可以看到，甚至是使收益和损失出现的概率相等的不确定性也被认为是一种威胁。

不确定性与风险

对我们经济安全的威胁能够引发一系列反应。 如果这种威胁不是严酷到影响我们基本经济安全的程度，我们可能以温和的甚至娱乐的态度对待之。 如果这种威胁极有可能通过快速行动来成功应对，它也许会引起我们一定程度的愤怒，而愤怒会刺激我们采取行动。 但是，如果威胁是基本性的，更加难以克服，更加不确定，或者更加难以琢磨，我们常常就会感到恐惧，有时候也会恐慌。

注意，我们此处所说并不是上行不确定性（upside uncertainty）。当然，我们将赐予我们令人愉悦的惊奇的随机世界视为一个丰足和慷慨的世界，尽管它是不确定的。 与此相反，我们将风险定义为能够给我们造成损失和能够激起我们对经济安全或人身安全忧虑的不确定性。

我们讨论的也不是在安全的环境中的发生的有趣的恐惧，事实上我们也许还喜欢这样的恐惧。 我们甚至乐意付费看令人害怕的恐怖电影，或者在游乐园里乘坐云霄飞车。 有些人还自认为是寻找刺激者，他们欣赏自己控制在旁人看来感到害怕的环境的能力。

这引出了区分不确定性和恐惧的一种关联特征。 如果风险被定义为能够侵害我们经济安全的不确定而又难以控制的结果，那么，当我们暴露于风险时，我们就会感到恐惧。

恐惧要求我们评估不确定性，发现下行危险（downside danger），并确定二者的概率。 然而，因为恐惧常常促使我们迅速采取行动，很多时候我们没有时间充分评估危险，然后设计适当的反应方案。 相反，我们的生理因素迫使我们对风险作出快速反应，这些反应有时候是理性的，有时候也可能是非理性的。

恐惧能够引发情感反应，它还未能充分地纳入到我们对经济的理解中去。 这本书讨论的也正是风险和恐惧的经济学性质。 那么，我们必须将描述金融市场的运作和探索恐惧、风险及波动在金融市场失败中的作用作为这一努力的开始。

第二部分
借贷资金的供给与需求

在这一部分，我描述了金融市场和竞争投资资金的各类实体的运作。大体上熟悉金融市场的读者可能希望直接跳到第三部分，那里探讨的是风险深刻地影响人们经济决策的原因。

首先，我讲述了消费者、生产者和政府对可贷资金的需求。接下来，我讲述了那些愿意储蓄和推迟今日的消费以换取明天更多消费的人对可贷资金的供给。本部分的最后一章——第五章讨论了全球资本的平衡以及日益联系在一起的世界金融市场产生的影响。这些联系造就了繁荣，同时也造成了一个市场传染给另一个市场的恐惧——有时候繁荣和崩溃都能以光速在世界迅速传播。

第三章
需求方

人类在本质上是厌恶风险的。 这能够很容易地从我们取得快乐的方式中推出，它也已经被我们模型化人类经济满足和幸福（economic satisfaction and happiness）的经济理论很好地解释了。

在大约 150 年之前，经济学家一直无法将人类的满足模型化。 最初经济理论不能模型化人类努力中这种最基本追求的原因大体上在于一种理论的局限性。

经济学家长久以来就理解我们都知道的道理——更多的好东西是件好事情。 相当明显！ 然而，这个结论却可能比它给人的初始印象更加微妙。

我们暂且搁置一下怀疑，假定我们能够真的测量人类的满足程度。像我们一样，经济学家也认为满足程度可能永远不能被真实测量，即使能够测量，人类满足的规模是不是能够进行比较呢？ 即使我们能够进行测量，它们也可能是毫无裨益的。

然而，假定满足能够被测量确实使我们对人类如何作决定有了一定的理解。 它也有助于我们理解人们怎样处理风险。

首先让我们对每一种物品、服务或者我们喜欢的互动（interaction）产生一定程度的满足感。 如果这些各种各样的经济活动是好的，那么，这些活动拥有得越多，我们就越会感到更高程度的满足。 换言之，如果我们根据好的物品的消费量画一条线表示我们的满足程度，那么这条线就是向上倾斜的。

传统上，经济学家用坐标的横轴表示消费的物品的数量，用纵轴表示我们的效用水平——效用（utility）这个公认的拗口的词语与满足或幸福同义。 如图 3.1 表明的，对一种物品的更多消费会带来更多的效用。

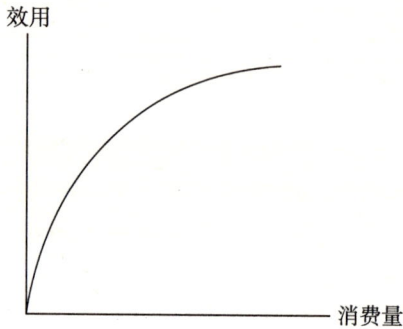

効用

消费量

图 3.1　向上倾斜的效用曲线

可能我们已经觉察到，在效用的经济概念中有某种模糊性。 有些东西此一时可能是好的，彼一时可能就是坏的了。 例如，晚餐时的第一杯酒可能会让人非常愉快，喝着喝着我们就会达到一点，在这点上的最后一杯酒就是坏的而不是好的了。 换言之，尽管有时候更多就是更好，但在某一点上额外的消费就不会再让我们感到更好，甚至它会让我们感到更加糟糕。

结果就是，我们的效用随着对一种物品的额外消费会不断增加，但是一旦这种好的物品变成坏的物品时，我们的效用就会开始降低。 在图 3.1 中最高点的右边，继续消费物品不会再增加愉悦，所以它也就不再是好的物品。 因为经济学家假定人们是理性的，也许这个假定是错误的，但是根据这个假定，经济学家认为在一种好的物品变成一种坏的物品时，人们绝对不会再继续消费。

边际效用

事实表明，我们的效用或满足总量并不决定我们的决策。 相反，我们感兴趣的是从消费中获得的额外效用。 经济学家称这种从每一单位额外消费中获得的效用增量为边际效用（marginal utility）。 对于好的物品的消费的增加，相应的边际效用为正；对于坏的物品的消费的增加，相应的边际效用为负。 我们的效用总量就是边际效用的加总，或者说就是第一单位消费的增量效用加上第二单位的增量效用，如此等等。

我们希望从效用曲线中体察出的另一个观点，能够用下面的事例进行解释。在一个口渴难耐的日子，你喝下第一口柠檬水会感到极大的快感，但是后面一口柠檬水总是没有前一口柠檬水带来的效用增量大。这个非常重要的观察结果就是边际效用递减规律（Law of Diminishing Marginal Utility）。

当我们承认了人们的效用会随着消费量的增加而增加，但是额外一单位消费带来的效用增量总是递减的，我们就能获取一个重要的结论，同时也能解开一个困扰了哲学家几个世纪的悖论。总结一下，效用曲线是向上倾斜的，开始的时候比较陡峭，离最高点越近就会变得越平坦。在效用曲线的最高点，我们获得了最多的效用，再多消费一点，好的物品就会变成坏的物品，我们的效用和满足事实上就会减少。

价值悖论

让我们来看看上面的结论是如何解开一个非常棘手的悖论的。"价值悖论"（paradox of value）讲的是，钻石不是实用之物，而水是生命之源，但是，为什么一颗珍珠给人带来的满足却比一杯水带来的满足更大呢？为了理解这个简单的悖论，我们注意到，一颗珍珠之所以给我们带来效用的极大增加，是因为我们为了购买一颗珍珠必须牺牲很多金钱。这些金钱原本也可以用来购买其他物品，这些物品会给我们带来很多效用。一颗珍珠必须是为了购买它所必须牺牲的东西的等价物。换句话说，它的边际效用一定很大，相应于其高价格，我们只能拥有和欣赏相对较少的珍珠。

然而，水是充足的，也是便宜的。我们只不过需要作出走几步路到厨房或者泉水边的牺牲就能获得一杯水。除了特级矿泉水（designer water）之外，人们不愿为水付出太多。结果，我们就会一直饮水直到不再口渴的程度，也因此对额外一杯水的价值评价不高。

当然，在脱水或极度需要水的时候，人们可能愿意用世上所有的珍珠来换取止渴之水。这一切说明，并不是水没有多少价值，我们对水的低评价是对于"边际"上的最后一杯水而言的，而不是指水这一充足的物品提供给我们的总体价值。

现在我们能够得出三个重要结论：一种物品额外一单位的消费带来

的满足递减（边际效用递减）；我们消费每种物品直到其边际效用与其价格的比值都相等；高价格的物品对应于高的边际效用（因此低的消费水平），低价格的商品对应于低的边际效用（因此高的消费水平）。这个最后的总结也能让我们绘出经常提起的需求曲线。

高的价格导致低的消费水平（但高的边际效用），同时低的价格能使我们消费更多，直到我们的边际效用下降到与付出的价格相等的程度。 这意味着需求曲线——表示价格 p 和数量 q 关系的曲线从图形上看是向下倾斜的。

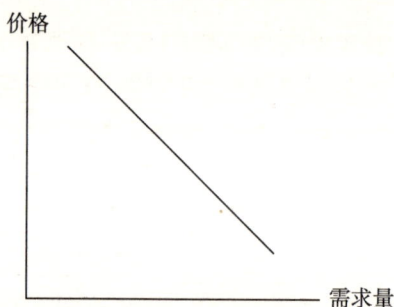

图 3.2　需求曲线

市场需求

尽管我们之中的每个人都会依照价格与边际效用的关系，并根据自己的意愿来购买不同数量的物品，从而形成自己个人的需求曲线，市场必须将这些个人需求曲线加总才能得到总体市场需求曲线。

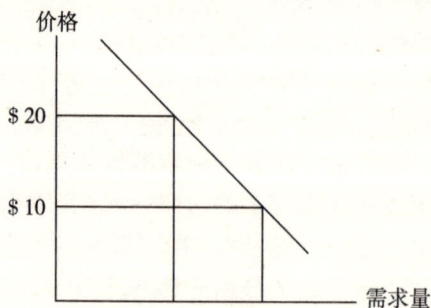

图 3.3　总需求

为了弄清楚这是怎样进行的，我们来加总对一种口味很好的酒的需求。 一个低收入的意大利通心粉（pasta）爱好者在每瓶酒10美元的时候可能愿意买10瓶，每瓶酒20美元的时候愿意买5瓶。 另一个更富的人或一个酒类爱好者可能在每瓶酒10美元的时候愿意买20瓶，20美元的时候买10瓶。 这两个消费者总的需求就是，当价格为10美元的时候，消费30瓶，当价格为20美元的时候，消费15瓶。

假如需求曲线表示每个个人在给定价格下的需求在横轴上的加总，那么，每一个新的需求者加入都会将市场需求曲线外移。

我们能用这种方法来分析对可贷资金的需求。 借来的钱创造了今天对消费的需求，其代价则可能是明天更多消费的减少。 由于借钱可以使我们将明天的消费转移到今天，这种权利需要用利息来偿还，所以明天必然减少更多的消费。

预支未来财富的个人偏好

为什么人们为了今天愿意牺牲明天的消费和财富呢？ 这有很多原因。

有些物品能够提供给我们今天和明天都能享受的消费流（flow of consumption）。 例如，房屋、股票或债券，把范围缩小点，汽车或洗衣机之类的耐用消费品也能在很多时间里提供给我们服务流。 购买股票产生的好处通常是资本收入和财富安全地储藏、增值所带来的效用。消费汽车或洗衣机的好处被分散到很多年里，使预支未来的财富为今日所用有了好的理由。 房屋也可用于我们长期的消费，同时，它也是一种投资手段，因为它是一种典型的随时间流逝而增值的资产。

正如不同人可能在酒之类的物品上有不同的消费偏好一样，许多私人因素也在左右我们预支未来财富的意愿。 如果我们今天借明天的钱花，我们都必须以利息的形式支付某种升水（premium），明天可能就会减少更多的消费。 举例来说，如果一项一年期贷款的利息率是10%，如果我们选择借来100美元用于今天的消费，明年我们就必须牺牲相当于110美元的消费。

对一些人来说，这也许并不是什么坏的买卖。 如果我们相信未来自己的收入更高，未来就能够负担起更多的消费，只是边际效用会变低，因为我们的消费量变得更大。 我们可能愿意以未来的一些低效用消费为代价换取一些今天高评价的消费。 换句话说，如果我们预期在自己的一生中财富不断增加，我们就能通过借款来使我们的消费平滑。

考虑另外一个例子：贷款上大学。 一个学生希望今天能够获得贷款，他知道这些资金会投资到其人力资本中去。 我们的模型能够指出，在给定的利息率下一个年龄更小的人会更乐意接受学生贷款。 这个学生偿还贷款的能力将取决于支付红利所需的时间，这种红利表现为其人力资本中增加的价值带来的更高收入。 在下一章和第六章及第八章我们还会回到这个概念上来。

我们在今天借款和投资并在明天偿还的各种私人原因使我们对可贷资金有了需求，并也造就了今天的金融市场。 当然，更高的利息率意味着更少的借款行为，因为这些活动的收益必须能够覆盖利息的偿付。

正如任何需求曲线一样，可贷资金的需求是在特定利息率下我们每个人愿意借款的量在横轴上的加总。 可贷资金的需求曲线是向下倾斜的，这意味着当利息率下降时资金需求会增加。 由于借款是以预期的偿还能力为基础的，许多因素就会影响这种关系。 例如，如果我们预期计划购买的资产将会升值，我们就能想象借款的意愿会随之上升。 在给定的利息率下，预期在其选择空间里薪水将会增加的学生也会更愿意借款。

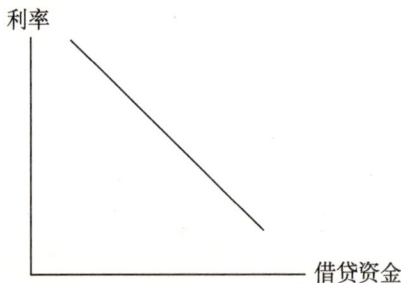

图3.4　借贷资金的需求

另外，如果我们预期未来房子的价值会急剧上升，我们就会更愿意在现在借款，这样我们就能在以后从房子的升值中获利。 甚至，如果我们预期未来借款的成本上升，或者我们打算以后购买的物品的价格会上升，我们也愿意在现在借款。

生产借款

对可贷资金的另一类需求是商业资本。 物品和服务的生产需要在工厂、供销链条、存货以及零售渠道方面进行投资。

这些在生产能力方面的投资在经济学家的眼中是投资，但在金融视角里却不是。 "投资"这个词语相应于家庭通常指的就是为投机目的将钱放入金融市场，但经济学家却用它来指通过建造新工厂、购买新设备及房屋之类而扩张生产能力的活动。

这些活动中的每一种都能够依据各自的投资目的和期望收益进行等级划分。 利息率与资本投资效率的比有时候被称为资本边际效率（Marginal Efficiency of Capital， MEC）。 如果期望收益超过了投资和借款的成本，未来收益能够覆盖需要支付的利息，那么这项活动就是有利可图的。 当利息率上升时，能够盈利的活动变得更少，投资活动也变得更少。 当利息率下降时，能够盈利的活动变得更多，对可贷资金的需求上升，生产者就能够运用这些盈利机会。

像消费者一样，投资者在利息率上升时对贷款的需求变得更小。家庭和企业这两方面对可贷资金的需求的总和就代表了国内私人需求（domestic private demand）。

预算赤字

另外一个项目在对可贷资金的需求份额中不断上升。 弥补预算赤字的资金，大部分都是通过销售短期、中期和长期政府债券得来，现在它已经成为可贷资金市场中一个日益重要的因素。

尽管我们可能想象着政府会像在财政困难时期一样节约开支，为它日急用进行储蓄，但是近来政府赤字的规模却越来越大。 美国政府已经成为一个经常的借款者。 事实上，在过去的 80 年里，没有任何一个美国总统实现了预算盈余。 下面的表格能够说明这一情况。 这张表意味着，美国政府和许多外国政府在现代经济时期都已经成为可贷资金的竞争者。

总统任期与联邦赤字

Year	Presidency	Average Surplus/Deficit as % of GDP
1929 – 1932	Hoover（R）	－ 1.3
1933 – 1945	Roosevelt（D）	－ 8.4
1945 – 1952	Truman（D）	－ 9.0

Year	Presidency	Average Surplus/Deficit as % of GDP
1953 – 1960	Eisenhower（R）	－ 0.5
1961 – 1963	Kennedy（D）	－ 0.9
1963 – 1968	Johnson（D）	－ 1.1
1969 – 1974	Nixon（R）	－ 0.9
1974 – 1976	Ford（R）	－ 3.8
1977 – 1980	Carter（D）	－ 2.6
1981 – 1988	Reagan（R）	－ 4.2
1989 – 1992	G. H. W. Bush（R）	－ 4.0
1993 – 2000	Clinton（D）	－ 0.8
2001 – 2008	G. W. Bush（R）	－ 5.0
2009 – 2010	Obama（D）	－ 9.0est.

公共借款与私人借款的区别

政府借款与家庭和企业借款之间有许多显著的区别。 政府借款对利息水平不是非常敏感，它主要被政治考虑以及税收收入与政府支出之间的差额所左右。

通常政府依靠税收和借贷筹集资金。 其借款过程由销售通常被称为债券（bond）的固定收入有价证券（fixed income securities）完成。这些债券会详细规定，到期后支付给购买者的价格，以及到期之前，一般是每六个月所要支付的固定利息。 政府发行的债券区别于其他种类债券的地方在于，它的债务被认为几乎是没有风险的。

美国财政部发行的长期债券（Treasury Bonds），是还本义务在十年以上的债券，中期债券（T-Notes），还本期限在一到十年，短期债券（T-Bills），期限则在一年或者一年以下。 这几种债券被认为是世界上最安全的债务凭证。 财政部发行的证券与其他债券相比，也被认为是非常安全的，几乎没有违约风险。 因此，其利息率通常就决定了我们所称的总体经济的无风险回报率。

这些工具之间的区别在于它们的赎回年限（到期日）和支付债权人

024

利息的模式不同。 期限是一年或在一年以下的短期债券没有时间进行一年两次的利息发放。 因此，它们按照面值（face value）进行"贴现"（discounted）。 具体过程是，政府不会每六个月向持有者发放能够获取利息的息票，而它会直接把在到期日价值 1 000 美元的债券以不到 1 000 美元的价格出售。 例如，我现在能够用 950 美元买到一年之后获得 1 000 美元的债券，我就是用 950 美元的投资获得了 50 美元的回报，我的回报率相当于 $50/$950 = 5.26\%$ 的利息率。

这个简单的法则可以应用到所有政府或企业发行的固定收入证券中去。 发行的时候，担保人（underwriter）必须详细说明这种债券的期限，并提供息票，这样，购买者就能够在每个特定的时期凭此获取固定的收入流。 通过这种方式，购买者能够计算出其认购期的有效利息水平。 如果业已决定的利息支付与其他可比固定收入证券相比没有竞争力，那么，购买者就会支付比债券面值低的价格。

举例来说，如果财政部发行了一种 30 年期面值为 1 000 美元的债券，每年为之支付持有者 100 美元，则有效利息率就是 10%。 如果其他类似的固定收入证券普遍支付 20% 的利息，那么前面提到的这种债券就只值其面值的大约一半。 购买者出价 500 美元购买这张面值 1 000 美元的债券，并每年收取 100 美元的收益，则他的有效收益率就相当于 20%，这就与其他固定收入债券有了可比性。

相反，如果财政部新发行的债券提供 10% 的年利息率，而现行的长期债券的利息率只有 5%，前面提到的这种债券的价值就大约相当于其面值的两倍了。

所有的债券都会根据其面值、支付的利息、期限以及现行的相似固定收入证券的利息制定出一种等值的价格。 公司债券和其他债券的定价方式不同于这个法则，我们后面就会看到，这些债券必须以市场对其风险程度的期望为基础进行定价。

固定收入的波动

尽管债券常常被认为是安全的，固定收入证券事实上也会大幅波动。 作为一种债务工具，债券比股票安全得多，因为普票持有者只能获得债务偿付之后的剩余权益。 但是，尽管固定收入证券在到期之前一直提供利息流（定额收入），它们的交易价值会随着其利息与市场上盛行的利息率的比较而大幅波动。 期限越长的证券，波动越明显，因为债券持有者需要承受由利差带来的收入损失的时间更长。

作为美国财政部发行的公认的安全的证券的一个结果，固定收入工具大体上将可贷资金市场划分为两类：一类是低风险工具，这种工具的回报能够为每一次发行筹集到足够的资金；另一类是提供更高回报的工具，相应地它们也含有更多的风险。

为我们纾困的评级机构？

如果每一个投资者都试图去评估这些固定收入资产的风险，其代价将非常高昂。 评级机构因此应运而生，它们通过研究各种项目的波动性，以及评估市场上债券的级别来为我们纾困，这些级别从 AAA（3A）一直到垃圾债券。 美国政府证券被认为是最安全的，在全世界范围内被视为黄金标准。

行政部门发行的债券也被视为是安全的，因为它有收税的权力，政府总能通过提高税收来还债。 收益债券（revenue bond）同样被视为是相当安全的，因为每年的利息支付和本金返还都由从收费公路之类的项目中获得的专项收入流来承担。 只要政府行政部门是安稳的，或者这些项目仍然是切实可行的，这些债券就能获得高的评级。 高评级的债券能使发行者要求较低的利息率，因为它们被认为有较低的风险。

投机性更高的公司债券一般有更高的风险。 这种固定收入证券的期限越长，行业情势变化的可能性也越大，因此，发行者也不得不提供更高的利息率以有效吸引资本。 不断恶化的行业环境或不断上升的利息率也会使这些先前已经标价的商业凭证的价值大幅下降。 破产企业的债券可能被列为垃圾债券，因为凭此债券它们只能索取公司的一些违约补偿资产。

尽管评级机构将会对国库券、市政债券、收益债券和商业凭证评估再评估，市场总还是根据有关市场条件的信念以及盛行的利息率来对这些工具的价值进行反复地评估。

评级机构作出的评级对于借款成本来说非常关键。 出现预算赤字的州渴望获得最高等级3A的评价，这样它们就能以尽可能最低的利息条件获得资金。 赤字的恶化或税收收入的减少能使州政府多花数十亿美元。 因为债券是有期限的，因此，即使政府债务的总量不会改变太多，它也必须经常发行新的债券取代到期的债券。 如果评级机构根据自己的信念降低了一个州的评级，这个州偿还债务的处境就会非常困难，正在进行的筹资成本也将会显著上升。

债券定价

对债券等级低的恐惧，以及相关联的利息负担的上升迫使政府和公司都竭尽所能来使它们的债券保持在高的等级上。 这些措施包括增加税收收入，削减开支，以及能使评级机构保持它们债券级别的任何举措。

市场上的债券价值会随着市场环境和盛行利息率的改变而大幅波动。 最近的全球金融危机引发的恐惧甚至已经使有效市场利率降到了负的水平。 在最近的全球金融危机中，许多人都乐意让政府暂时持有他们的资金——这样会使得资金安全，为了获得这种权利，他们甚至愿意为到期价值 1 000 美元的债券支付多于 1 000 美元的价格，并且不要任何利息支付。 这就相当于获得负的收益。

举例来说，2008 年 12 月 8 日，财政部以零利息的条件出售了 300 亿美元的四星期短期国库券。 第二天，这些债券的价值在二级市场上就上升到了迫使收益为负的水平。 国库券的价值之所以超过其面值，是因为人们无奈地发现，对于他们从市场上抽出的现金来说，再没有比枕头下面更安全的藏身之处了。

与此同时，商业证券市场却见底了。 为了与短期政府债券竞争资金，公司发行的短期（270 天或者更少）未保险债务工具与短期政府债券一样以打折价格出售。 企业用这种方式筹来的资金解决短期问题，如支付工资、储存金融存货以及弥补账户应收款等。

与政府债券不同的是，愈演愈烈的信用危机使公司在商业证券市场上筹集资金的努力变得非常困难。 只有在美联储与其他中央银行进行重大的干预之后，商业证券市场才在某种程度上走向正常，不过与政府债券相比它们却需要支付一个异常高的溢价。

后面我们还会讨论影响可贷资金需求的这种最重要的因素。 由于不是所有的工具都被视为安全的，我们必须考虑风险如何影响前面所讲的等式。 之后，我们将看看收益与风险的传统权衡是如何被恐惧显著扭曲的，就像最后的例子已经表明得那样。

现在，我们事实上只讲了故事的一半。 我们描述了可贷资金的需求，接下来我们应该讲一下可贷资金的供给。

027

第四章
供给方

　　说到可贷资金的供给，我们必须弄清楚决定谁是出借者谁是借款者的因素是什么。　与借款者相反，出借者愿意以今日的消费为代价获取明天更多的消费。　他们作出这种跨时交易出于很多原因。

　　也许出借者认为他们未来的财富会变得更少，因此他们希望为未来储备一些财富。　或者，他们可能认为在一定风险下的回报率将会给明天带来更多消费，其好处之大让我们改变了喜爱在今日进行消费的天生偏好。　换句话说，如果我们借出资金的回报率超过了对未来的贴现率，我们就会发现，借出资金或者进行金融投资就是有吸引力的。　与市场利率相对的这种"贴现率"，被经济学家称为时间偏好率（rate of time preference），它因人而异，并将市场分为出借者与借入者两部分。

　　并不是所有人都能够借出资金，即使他们愿意牺牲今日的消费换取明天更多的消费。　一些个人或家庭的资本受到限制。　出借者必须有现金，或者有房子之类能够转化为现金的长期非流动性资产才可以出借流动资产。　事实上，几乎没有人的流动资产没有用于某处的投资。

　　然而，我们之中的大多数都持有一些现金形式的财富以应对非常急需的支付需求。　举例来说，如果我们每月领一次薪水，我们就会把收入的一部分存入银行，我们这个月的交易就能得到支付。　反过来，银行可以将这些短期交易资金集中起来，并以长期贷款的形式借出去。只要银行无呆坏账成本，借出款项的收益超过为吸引人们存款而需要支付的利息，它们就能获取利润。

通过将存款集中起来并将它们在月度之内平均化，银行能够为贷款创造稳定的、可预测的资本供给。尽管贷款和存款的利息率由银行各自决定，但主要的市场力量和竞争将限制银行贷款的利率，相应地，为了盈利，它们也会限制支付存款的利息水平。

货币创造

银行也能创造货币，反过来创造更多的存款和贷款。正是银行在创造存款、信用、贷款和支出中有着极其重要的作用，经济系统才命悬在银行业的健康这一线上。

为了弄清这种关系，我们必须理解商业银行的作用和监管措施。商业银行与投资银行是有区别的，后者以后再讨论。现在，我将把焦点放在美国的银行业上，尽管世界范围的银行体系都是以相似方式运作的。

回忆一下，商业银行能够将存款集中起来，因为它们知道存款和提款在一个月内是相对平稳进行的。这意味着，它能够根据每一个顾客的平均结余——大约就是顾客每月高的结余和低的结余的平均数来行事。银行认识到，这些基础存款（deposit base）是相对稳定的，它能让银行安全地预测它可以借出多少而不使自己的现金用完。这使得银行能够用短期现金存款创造长期贷款。

然而，银行并不满足于此。当银行贷出一笔款项的时候，通常情况下它并不会移交一大堆钞票。相反，它把这些贷款存到顾客的银行账户中去，这样，银行至少在此刻创造了顾客的存款，其量与贷款相等。确实，顾客然后可能会就这笔新的存款开一张支票，但这张支票必定会存入另外一家银行，最后又在银行系统的某一处创造了新的存款，同时也为新的贷款创造了机会。

像财政部这样的经济机构，以及美国的中央银行——美联储在其记录全国的货币供给时都将这类支票存款（checking account deposit）视同为现金。现金、支票存款以及旅行支票（traveler's checks）之类能够随时转化为消费，它们的总和构成了我们资金供给中最具有流动性的那一部分，通常用 M1 表示。事实上，M1 中的很大部分都是由银行将贷款转化为支票存款所创造的。

失控的货币供给

如果没有约束，银行就会继续用其发放的贷款创造越来越多的货币。然而，无法控制的贷款、新存款和货币创造是危险的。原因有二：第一，就像引擎中会有过量的燃油晃荡一样，经济体系中的货币也会显得过多。后面我们将会看到，许多经济恐慌都是由于经济中货币过少或者过多引发的，这在中央银行制度发明之前尤其突出。

第二，假如银行账面上有很多存款，而没有足够的现金支持，当所有的客户突然都要求将他们的银行结余提取为现金时，银行就会变得很危险。我们也将看到，在银行受到监管之前的时代，银行的过度扩张引起了银行客户一方的担忧和恐惧，它也曾引起银行业和金融系统的崩溃。

很多客户同时要求将账户中的结余提取为现金的情况就是银行挤兑（bank run），它能摧毁整个银行系统。银行挤兑的情形在弗兰克·卡普拉（Frank Capra）的电影《生活多美好》（*It's a Wonderful Life*）中得以形象表现，在电影中，当储户们一听到银行正受到调查时，立即嚷嚷着要求提取存款。

如果要求银行将吸取的所有存款都以现金形式保存，它们就不能进行放贷。如果要求银行将所有的存款都以非现金形式放置，那它就无法满足客户不时提取现金的要求。前一种方案意味着银行不能通过放贷而获利，后一种方案将给需要提取现金的客户造成安全或便利性方面的困扰。

存款保险和法定准备金

存款保险制度是大萧条之后进行的改革结果之一。只要银行存款获得保险，那么其安全性问题就变得相对不那么重要。举例来说，直到前不久，美国商业银行的所有存款能获得最高达 10 000 美元的保险。为了防止 2007 年的信用危机以及随之而来的全球金融危机可能引发的银行挤兑，由联邦存款保险公司（Federal Deposit Insurance Corporation）提供的这种保险提升到了每个账户 25 000 美元。

如果说由于存款保险制度，银行存款的安全性已经不成问题，银行和监管者就必定需要在将存款以现金形式保存和以贷款形式保存之间找到一个适当的平衡。 这种两个都可取的目标之间的权衡就造就了现在所称的部分准备金制度（fractional reserve system）。 在这种制度下，银行可以只将其一部分存款以现金形式保存，而把其余的放贷出去，从而通过在银行系统的某处形成新存款而创造更多的货币。

我们来看看如果银行只需将存款的 10% 以现金形式保存而将其余的 90% 都放贷时会发生什么。

一个新的客户拿 1 000 美元来存款，银行在其账户中记录 1 000 美元，客户可以对此开支票。 如果银行只须将这笔存款的 10% 保存为现金形式，它就留下 100 美元的现金以满足客户提款的需求，而将另外的 900 美元放贷出去。 这 900 美元的贷款在某处形成新的存款，那一家银行要将另外 90 美元以现金形式持有，并将其余 810 美元放贷。 这 810 美元又在银行业的某处形成新的存款，接收这笔存款的银行以现金形式留下 81 美元，将其余 729 美元放贷，以此类推。

你能把马拉到河边……

我们可以看到，只经过三轮存款和放贷，银行共留下了 $ 100 + $ 90 + $ 81 的现金，创造了 $ 1 000 + $ 900 + $ 810 的存款。 事情还会继续，每一轮都会得到一份更少的现金，到最后，从最初的 1 000 美元存款中得到了 1 000 美元的现金，它来支持 10 000 美元的存款。 在部分准备金制度下，如果要求将 10% 的存款留为现金，那么总的存款到最后将能达到银行系统中现金的十倍（1 除以 10%）。 这些现金事实上就是持有的“准备金”，它来保证银行系统的流动性和人们对它的信心。 而银行能够创造的贷款量为最初存款的九倍。

“部分”（fraction）——在上面的例子中是 10%——被称为准备金率（reserve ratio, RR）。 准备金率的倒数 1/RR 表示通过借贷所最终创造的存款倍数。 1/RR 也被称为存款扩张乘数（deposit expansion multiplier），因为它表示理论上在银行以现金形式持有准备金的情况下所能创造出来的存款倍数的上限。

另一个理解方式就是：如果银行愿意，它能以十比一的比率利用存款创造贷款。 稍后我还要讲讲为什么这个杠杆似乎常常并没有这么高。 不过现在已经可以知道，部分准备金制度对银行的盈利能力和贷款创造是非常重要的。 过高的杠杆也会引起很高的风险，也很有可能引起恐慌或挤兑的发生。

当然，银行不得不为它获取的存款支付利息。不过，在部分准备金制度下，它也能获取多得多的贷款利息。这对银行来说是有利的，同时它也有利于可贷资金供给的扩大，这样，消费者就能够借钱投资于房子、教育和汽车，公司也能够投资于新工厂、存货和供应链。部分准备金制度以及银行的作用对经济中各种形式的供给和投资都是非常重要的。

尽管私人银行对于经济中的借贷和信用扩张有着重要作用，中央银行也同样有重要作用。对于监管方来说，美联储和各国中央银行必须对商业银行及银行业严加监管，以保证银行储户存款的安全，并要根据所有的贷款都必须有现金作支持的原则，防止商业银行贷款的过度扩张。同时，中央银行也能通过向银行系统注入更多现金的形式鼓励更多借贷的发生。

……但是你不能强迫马去饮水

后面这种作用——向银行系统注入资金以使银行能够通过新信用创造更多的现金——在这场全球金融危机中没有得到理想实现。如果银行除去法定准备金之外，已经将资金充分放贷，对银行系统的注资或许能够创造出更多的贷款和信用。银行当然愿意在这种条件下进一步放贷。

如果商业银行还没有充分运用它们的现金储备和贷款能力进行放贷，注资就起不到这种有益的作用。在最近全世界进行的大量银行救助中，央行注资已经变得臭名昭著。如果我们关注央行注资的效果，我们就必须对上面的警告严加审视。

美联储对货币供给的控制

部分准备金制度也提供给了政府在必要时通过其货币机构鼓励借贷的条件。我们后面会谈到中央银行和财政部为何会希望这么做。现在，先讨论一下几种中央银行能够借以注入资金和扩张信用及借贷的精巧机制，这将是非常有用的。

当然，财政部鼓励借贷的最立竿见影的方法是直接借现金给银行。尽管这种方式最及时最直接，但中央银行的作用却可能更精妙一些。

033

假设美联储想使银行的现金储备增加一百万美元，希望借此增加一千万美元的信贷。 为此目的，美联储可以简单地从银行购买一些长期资产。 如果美联储想进入服务行业并最终收取贷款利息，这些资产就可以是一些贷款组合。 另外，美联储也可以从银行购买建筑和不动产。 然而，这两种交易都是复杂的，美联储购买后也不得不去管理这些非流动性资产。 所以，联储乐于购买易于保存的其他资产。

美联储也可以让银行发行新股，而它来购买。 这样，银行获得现金，美联储获得银行的股权。 尽管美联储的动机可能主要是帮助扩张可贷资金的供给，获得的这些证券所带来的收益有时却可能产生其他作用。 由于一般情况下美联储无意投资银行股票，这种方法只有在情势最严峻的时候下才会被使用。

最近我们面对的正是这种绝望的情形。 国会通过了《问题资产救助计划》（*Troubled Asset Relief Program*， TARP），刺激它产生的则是英国首相戈登·布朗（Gordon Brown）首先提出来的类似方案。 通过以资金换股权，如果美联储愿意的话，它就能够向银行施加压力，促使它们遵循保护公众利益的政策。 为了达到目的，它需要对银行和州分离原则作某种程度的违背，并改变 TARP 解冻信用市场的努力演化为一场无效的银行救助的可能性，至少，在美国事情就是这样的。

这种政策在美国经济最近的历史中从来没被使用过，这段时间所证明的其效果的甚微大概也降低了这种政策会被再次使用的可能性。

日常的货币干预

美联储经常使用公开市场操作（Open Market Operations， OMO）来调整银行的现金储备。 在这种方式下，美联储在证券市场上购买政府的长期、中期或短期债券，这样，美联储获得了安全、容易交易的政府证券，同时，这些证券的卖家从美联储那里获得了支票。 当这些卖家将支票存在某家银行时，美联储就把资金转移到这家银行储备在美联储地方部门的资金池中。 然后，这种现金注入就会在银行愿意放贷的时候扩张信用。

当银行系统运转顺利的时候，美联储每天或每周都会使用这种手段调整银行的现金储备和它们扩张信用的能力。 如果美联储认为信用过度膨胀，它就会进行反向操作，向银行的客户出售政府债券，以此减少银行的现金储备，迫使银行竭力收回一些信用和贷款。

其他工具

当然，美联储能够通过直接改变准备金率的办法来调整银行创造的信用规模。现在的准备金大概是银行负债的 10%，这种比率已经保持了几十年。改变准备金率对于监管者和银行来说都是纷乱和复杂的，在某种程度上这也是这种办法几乎从来没被使用过的原因。

中央银行也可以通过直接借钱给银行的办法来扩充其准备金规模，或者通过收回短期贷款的办法紧缩其准备金规模，迫使银行缩减信贷。这种过程通过美联储的贴现窗口（discount window）进行。在必要的时候，美联储就会使用这个办法。

作为 2007 年信用危机的应对之策，美联储使用了上面所述工具中的多种。通过降低贴现率，美联储以非常低的利息水平向银行提供了扩张现金准备的资金。然而，只有在银行愿意贷款的时候，这个措施才起作用。

最后，美联储能够通过大量购买政府债券的方式向需要刺激才会放贷的银行系统注入货币。不过，与此同时，个人投资者和机构投资者共同的恐惧却使数万亿美元的投资撤离了市场。

投资者安置现金的做法通常就是购买政府债券。中央银行和投资者同样都想购买国库券，它们争相出价，甚至使得这些债券的价格超过了债券的面值。这种负利率不仅是可能的，而且在将来发生的几率会越来越高。

债券获得负回报？

如果我们最近买了一张面值 1 000 美元承诺在到期之前的 20 年里每年支付 5% 利息的债券，只要其他同样安全的投资回报率也在 5%，那么这张债券就将值 1 000 美元。如果我们把财富投资于其他地方并不放心，我们对银行的安全性不再信心十足，并且我们的财富超过了银行所能保险的 250 000 美元的上限，我们就会非常希望购买上面这种债券。我们甚至愿意支付超过 1 000 美元面值的价格。当市场中现有债券的价格在拍卖中上升时，其有效利率就下降了。

当失去信心的投资者撤离股票市场时，上面所讲的情况就发生了，一些政府债券的有效利率下降到了零甚至更低的水平。通常是政府证券大买家的美联储可能不会认为购买时常溢价的政府债券是支撑银行准备金的理想办法。 不过，美联储的主要目的是向银行系统注资，为此，它也只好购买那些一旦救助计划成功注定会贬值的资产。

举例来说，2008 年末，由于大量资金涌入政府债券市场，美联储不得不偏离其传统的公开市场操作。 美联储乏计可施，只好通过其有问题的《问题资产救助计划》购买安全银行的优先股票。 后面我们还会具体讲述这个故事。

其时，美联储确实希望这些机制——通过贴现窗口贷款、公开市场操作以及直接购买银行的股票——能够成功地向银行系统注入资金，然后这些资金又能水到渠成地变为新的贷款、新的信用。 当然，如果美联储不提供新的资金，就不会有新的信贷发生。 不过，其否命题并不一定成立。 如果银行拒绝扩张信贷，那么美联储注入的资金并不能创造新的信用。 这与不比赛必然不能获胜，但是比赛通常并不表示胜利是同一个道理。

这就是令人困惑和沮丧的银行救助困境，它发生在 2008 年，也发生在更早之前的相似情形下，我们会在后面的章节中再加详述。

其他的储蓄和投资金融工具

到现在为止，我描述了可贷资金的供给和需求。 这些资金通常用来建造工厂、建造房屋、购买新车或提供助学贷款。 在经济学家眼中，信贷是为了扩张我们在生产、创造新的住房服务、创造新的交通替代或者提供更高人力资本等方面的能力。 我们还应该清楚，借贷有时候会被用来弥补政府预算赤字。

大多数人对投资的认识要比经济学家对投资的定义更加宽广。 尽管在经济学的视野中投资仅限于扩大总体生产能力的支出，但是现在"投资"这个词却被用来描述几乎所有的金融行为。 事实上，大多数人认为购买股票、期权或期货、债券以及其他类似工具的活动也是投资。

以流量计算，在诸如工厂和房子之类物质资本上的新投资相比于在股票和其他金融工具市场上的投资已经是小巫见大巫了。 股票市场上的私人股票能在一年之内转手多次。 举例来说，2007 年底，纳斯达克交易所（NASDAQ exchange）的市价总值为 40 140 亿美元，但是它所记录的全年财富交易量为 153 200 亿美元。 现在全球金融市场的市价总值约为 600 000 亿美元，而每天的总体股票交易量就大约为 40 000 亿美元。

与此类似，单单是 2007 年全球市场的资金流就超过了 1 000 000 亿美元，这大约是全世界所有交易所股票价值的三倍，也几乎相当于 2007 年 600 000 亿美元全球生产财富的两倍。 股票在一年之内被买卖的平均次数在四次到十五次不等。 交易量要比金融市场赖之以产的金融资本总额和投资大得多。

股票发行后的系列买卖在经济学的视野中通常不被认为是投资，因为它们并不能真实地扩张经济的生产能力。 其原因在于，对于现存股票的买卖只是在不同人手中交换一种证明的活动而已，已有的金融工具的交易并不直接导致新工厂的建造。

然而，股票的价值能够间接地转化为新的投资。 公司或许还持有一些自己发行的股票，当其股票的价格上涨时，公司的流动性资产就会增加。 银行家和债券评级机构也将公司在股市中的价值视为衡量其健康程度的一个指标。 公司是以其市场评估等级为基础进行借贷的。 如果公司的股价和资本总额上升，它就能比较容易获得便宜的借贷资金。

最后一点，这种情况下公司能够以更高的价格发行新股，稀释现存股票持有者手中的股权，同时增加公司的自持资产。 这种方式筹来的资本是公司的一种资产，它能用来增加公司的收入和利润，同时也会增加股民的财富。

事实上，在特定的约束条件下，通过发行新股获得投资资本与通过债务筹资在金融意义上是等价的。 1985 年的诺贝尔经济学奖获得者弗兰克·莫迪利阿尼（Franco Modigliani）和 1990 年的诺比尔经济学奖获得者莫顿·米勒（Merton Miller）证明了，在特定的条件下，如不存在逆向选择问题（后面会谈到），市场运转顺利等，公司是通过债务还是通过股权来为新项目融资是无差异的。

金融投资等同于赌博吗？

如果在经济学的观点中，在没有新股发行的情况下，股票的简单交易并不是投资，那么，这些交易是不是仅仅起到了储存财富和获得资本利得的作用？ 换句话说，股票和证券市场有超越人们就其上升或下跌进行打赌之外的什么作用吗？

现在，首先我们需要注意，伴随股份公司的股票所有权而来的是获

037

得收益的权力，同时所有者并没有偿付公司额外债务的义务。 股票持有者分享所有者权益，即资产减去负债的差额。 股票的价格是市场对公司现在和未来权益价值的评价。 如果一家公司的负债大于其资产，它的债务就难以偿还，因此它可能请求或者被强制破产。 只有在债务人得到充分补偿之后，股东才有权利索取剩余资产。 不过，有限责任公司的股东也不需要在公司的债务大于其资产时担负弥补差额的责任。

股东在拍卖时为这种分享公司权益的权利进行竞价。 据世界交易所联盟（world federation of exchange）报告，全世界这类股票每天的拍卖价值约为 40 000 万亿美元，这意味着在 2008 年的全球金融危机之前，世界市场的资本总额为 575 000 亿美元。 不过，这些拍卖的股票全都不是新发行的。 相反，同一张股票被反复地卖来买去，其平均频率在近些年已经上升到了每年二十次。

我们还记得，用以建造工厂、购买设备之类扩充生产能力而进行的新股发行才被经济学家称为投资。 新股的可销售性严格依赖于其发行后的持续交易能力。 就像我们在下一章将要看到的，股票的交易能力能使投资者按照个人偏好将风险和收益进行最佳匹配。

事实上，个人也能够私下出售一家公司不进行公开交易的股票。然而，这种交易的成本非常巨大。 为了进行交易，需要评估股票的价值，匹配有意愿的卖家和买家，准备与交易相关的契约和法律文件，兑换现金等等，这些都给私人股票交易增添了沉重的成本负担。

显著的交易成本阻碍了交易的进行，股票很难转化为现金，现金也很难转化为股票。 巨大的交易成本也造成了资本从市场中流失，抑制了经济学意义上的投资所需的资本形成。

2004 年全球债券市场的净值约为 450 000 亿美元。 总体上来看，市场资本总额和公司债务基本上规模相当。 就像新股票的发行能使企业获得资金从事新项目一样，新债券的出售能使企业以市场决定的利率获得资金。 另外，正如市场能保证股票的买家需要流动性的时候能很容易地卖出股票一样，债券市场也能给予债券买家同样的流动性。 尽管只有初始发行的股票和债券能直接为企业筹集到进行扩张所需的资金，后级市场的存在降低了关心流动性的投资者和借贷者的交易成本和长期风险。

这些市场同样为企业风险的定价创造了条件，因此也增加了市场的信息透明度。 由于有许多当前的和潜在的投资者分享作为企业健康程度及其资产价格精确反映的既定利息，企业在群众雪亮的眼睛下面就会进行某种程度的自律。

衍生品——无处不在和无物不及的投机

　　金融市场也创造了其他的工具，它们衍生自股票、债券、其他债务工具、外汇以及诸如谷物、猪腩、石油、咖啡之类商品的价值及其波动。 衍生资产的价值来源于其他更基本的资产。 尽管衍生资产市场是降低风险的一种重要场所，但是近来它们已有尾巴摇狗（a tail wagging the dog）之势。 这些市场不过是投资机构常常进行合法赌博的场地，其活动的规模比那些为了更有效地匹配基础工具买卖双方的活动规模要大成百上千倍。

　　商品期货市场最初的目的是使生产者和消费者为农业产品、矿物和其他商品的未来交割锁定价格。 一个农民可能会出售承诺提供 1 000 蒲式耳谷物的合约，而一个食品加工者可能购买这张合约以使未来有可靠的谷物供给。 因为买卖双方都厌恶风险和不确定性，这项交易对双方都是有利的。

　　另外一种重要的商品是货币。 进口商和出口商都需要外币来进行国际贸易，那些希望投资于外国股票和债券市场的人也同样需要外币。这意味着一些以商品、服务及国外投资为内容的国际贸易会引起外币的兑换。 然而，全世界的商品、服务、股票和债券交易所需要的外币兑换相比于外币兑换及其衍生品交易的总体规模来说真是小巫见大巫了，据国际清算银行（Triennial Central Bank）的调查，后者一天的交易量通常是 100 000 亿美元。

　　在过去的十年中，其他的衍生品市场也获得了惊人的发展。 商品期货市场不再主要是为希望锁定价格的农民和加工者提供确定性了。现在，从来无意于交割或取得交易商品的投资者进行的投机活动使得依赖这些基础性货物的人所秉持的合理需求变得相形见绌。 事实上，现在这些所谓的衍生品交易也使得股票和债券市场的总和显得相形见绌。它们也要为了全球市场——从石油市场到谷物市场，从信用违约互换市场到债券和股票市场陷入混乱和恐惧担负责任。

　　衍生品市场的交易规模已经突飞猛涨。 据估计，这些工具的名义价值已经从 2004 年的 2 200 000 亿美元上升到了 2007 年 6 月的超过 5 160 000 亿美元。 在 2007 年的 4 月，也就是 2007 年夏季全球信用危机即将爆发之际，平均每天的外汇衍生品交易 32 000 亿美元，场外交

039

易衍生品买卖 42 000 亿美元，利率和货币工具交易 62 000 亿美元。 我们几乎难以想象，每天交易的量就超过了相当于美国年度经济总量的 130 000 亿美元。

这些衍生品甚至几乎不需要买家或卖家拥有那些基础性的工具。举例来说，信用违约互换主要用来赌一种既定的信用工具，如抵押担保证券，是否会违约。 据《华尔街日报》最近的报道，世界信用违约互换市场的市值为 650 000 亿美元，相当于全世界股票市场的市值总和。这些互换赌的是一种既定的信用工具是否会违约。 就像我们能够在一匹自己并不拥有的马身上下注一样，我们也能够在他人拥有的金融产品上下注。 尽管互换市场由真实信用市场衍生而来，其规模却是真实信用规模的很多倍。

虚拟经济

实体经济（real economy）就是商品和服务的生产，我们知道，股票和债券市场能够为之筹集资金，衍生工具却与之几乎没有什么关系。这些工具的主要作用就在于对实体金融工具的波动进行下注。 有人认为，衍生品通过给人们预期与实体经济相关的股票、债券及其他工具的价值的机会而提高了市场的信息透明度。 如果我们要承认这种观点体现某种真实性，那么，理论上的好处必须能够超过大规模赌博给经济系统带来的风险。

从 2007 年的信用危机中我们看到，衍生品市场上的赌博规模非常庞大。 现在，衍生品市场已使基础性证券市场的活动相形见绌，其正面影响也使其或有的经济收益相形见绌。

在最好的情形下，与扩大生产能力无关的衍生品交易不过是一种常和游戏（constant sum game），就像扑克游戏一样。 有人赢多少，就有人输掉多少。 不幸的是，这种常和游戏行业的创建，这个市场上每天数万亿美元的进入，结果只是使更加有用的企业失去了大量的急需资金，人们在玩的是赔了夫人又折兵的游戏。

而在最坏的情况下，进入衍生品市场的大量资金成为动荡因素，这已被投机家将石油价格推动到历史最高的非正常水平一事所证明。 油价高企提高了通货膨胀水平，这又显著增加了美联储应对眼前全球金融危机的困难，它甚至可能引起人们对商品期货市场的恐惧和厌恶，进而使人们对所有的市场产生恐惧和厌恶。

另外，我们也必须审视在过去的几十年里获得迅速发展的另外一种市场。　现在，我们发现，金融市场受国际贸易赤字和财政赤字的影响是越来越大了。

第五章
资本的平衡

　　资本的国际流动近些年来已经大大加快。 国际性证券交易规模的显著扩张是经济全球化的一个证明。 它引发了新的投资景象，一方面创造了更多的流动性，另一方面也带来了巨大的风险。

　　在 1993 年之前，对美国发行的股票和债券的净购买量不超过 1 000 亿美元。 然而短短的 14 年间，它却已增长了 10 倍，到 2007 年，其规模已经达到将近 10 000 亿美元的最高点。 这种巨大的增长为美国市场提供了更多的流动性，加强了外币兑换美元的势头。 由于对美元的这种巨大需求，美元仍然表现得异常强势。

　　每年有大量美国资产被购买的一个重要原因是，人们认为美国市场成熟有效，美国的股票和债券相对安全。 另外一个非正常的原因则是，美国与其贸易伙伴之间的贸易是不平衡的。

　　美国的金融市场是世界高效市场的典范。 道琼斯工业平均指数一直被视为是全球金融健康程度的最好指标。 尽管有一些市场能够在效率和成熟方面与纽约证券交易所一决雌雄，甚至诸如威尔希尔 5000 指数（Wilshire 5000 Index）或者威尔希尔全球整体市场指数（Wilshire Global Total Market index）这样的衡量指标更加多元，涵盖面更广，道琼斯工业平均指数仍然是指数里的黄金标准。

　　道琼斯工业平均指数被创建和被广泛应用的历史比其他指数都要长。 其创建人《华尔街日报》编辑查尔斯·道（Charles Dow）原本想以此代表美国 30 家主要制造企业的价值。 1896 年开始的时候，这个指数只考察 12 家企业的股票，其中仅剩下通用电气一家现在仍然名列其中。 因此，为了保持外观上的连续性，这个指数在其 113 年的历史中不断扩增和调整。

现在，道琼斯工业平均指数包含 30 只股票，其中将近一半不是制造企业，将近三分之一的公司主要从事的业务领域在道琼斯工业平均指数创建之前还不存在。 尽管"名不副实"，根据纽约市华尔街 11 号纽约证交所的表现编制的道琼斯工业平均指数仍然是最受认可的指数。

尽管华尔街被称为全球金融中心，也同样被视为全球金融危机的震中，世界其他的交易所也在为证券交易与之展开竞争。 不过，在一个声誉对于股票及其交易至关重要的行业，华尔街金融和美国证券依然享有这个世界上最理想、最可靠的美誉。

石油美元

在 20 世纪 70 年代，世界财富中的一个适度份额在不知不觉中开始进入纽约的金融市场，其时，美国公司仍然占有世界市场资本总额的最大份额。 不过，随着石油输出国组织（Organization of Petroleum Exporting Countries ，OPEC）在 20 世纪 60 年代的成立，以及它在 1973 年的发飙，大量的财富开始由美国转移到石油生产国。 这些财富有一部分在石油出口国内部消费，然而其大部分进入了伦敦金融市场，或者经由能够提供相同风险水平下最高回报的纽约金融市场重新回到了美国。

美国曾是最大的石油进口国，直到现在仍是如此。 与美元被兑换为石油出口国的货币相反，这种商品的销售是以美元计价的，这些美元之后就会重新投资于美国金融市场。 没有进入美国而投放到伦敦的美元就形成了在欧洲的美元，或被称为欧洲美元（Eurodollar）。 不管怎样，以美元为计价货币的国际财富再一次证明了美元作为国际货币的地位，也证明了美国市场是世界上最好的金融市场。

巴西、俄罗斯、印度和中国这"金砖四国"（BRIC nations）的发展使包括石油在内的商品需求的格局发生了改变，近来，除了美国，这些国家创造的世界财富比任何一个国家都多。 由于这些国家的财富持有者青睐被视为世界上最安全的美国政府债券，购买美国证券的投资流变得越来越大。 不过，人们还不清楚，伴随着世界各国的融合过程，美国财富的回流是否会持续下去。

消费国

加剧对美国金融资本需求的另外一种因素是美国对消费的强烈嗜好。 美国经济是世界上最大的经济体，占有世界国内生产总值的几乎四分之一。 美国消费者的支出占整个国家支出的 70%，仅此就形成了全球需求的 20%。 另外，美国的海外支出不断将美国的工作岗位让给低生产成本国家的工人，最有名的就是中国和印度。 发展中国家也越来越依赖美国的消费者和制造企业。 结果，只要美国的消费者和工业一打喷嚏，全世界就会感冒。

尽管看起来进行商品和服务交易的全球市场仍与进行金融工具交易的全球市场显著不同，但两者有很重要的关系。 如果美国的进口大幅超过美国的出口，美国的大量美元就会转移到国外，这些美元最终不得不投资于某处。

在 20 世纪 90 年代之前，美国的商品和服务贸易仍然是平衡的。 那时，每年的进出口量分别为将近 8 000 亿美元，这意味着购买外国商品和服务的美元也会因为外国对美国商品和服务的购买而返回美国。 但是，随着美国的国际贸易赤字不断扩大，进口超过出口所流失的美元不得不寻找出路。 它们或者堆积在外国央行，某一天因为购买美国的商品或服务而回流，或者投资于美国的金融市场。 如果美国没有太多外国需要的或者能够支付的产品，那么这些由于贸易差额所形成的美元就会通过投资于美国的国库券、房产和股票之类资产而返回美国金融市场。

自 20 世纪 90 年代中期以来，美国的出口大约翻了一番，而进口却已是原来的三倍。 如图 5.1 所示。

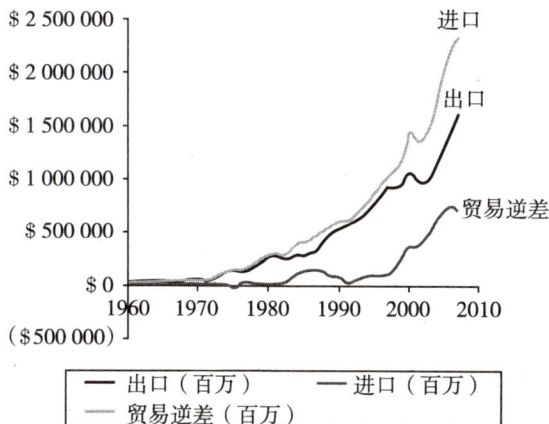

图 5.1　1960－2007 年美国的进口、出口与贸易赤字

最近 10 年，贸易赤字的规模急剧扩大，到 2006 年，其规模已经超过了 7 500 亿美元。 贸易赤字规模的快速扩大反映着过去 10 年商品价格的上涨，后者是新崛起国家为了刺激对商品需求的缘故。

与此同时，新崛起国家创造的财富不断增多，国际金融市场的全球化不断加深。 通常情况下，美国需要进口的商品价格的上升以及贸易赤字的不断扩大都意味着流向海外的美元比返回来购买美国出口商品的美元更多。 这将使美元实力变弱，使得美国的进口商品价格变得更加昂贵，向货币变得强劲国家的出口显得更有竞争力。 美元变弱最终将会使贸易平衡得以重新实现。

然而，一旦金融投资变成全球性时，应对不断恶化的贸易赤字的这种传统办法就不再灵光了。

双赤字

贸易赤字通常会削弱一国的货币。 然而，在常年贸易赤字的重压下，美元并没有显著弱化。 相反，外国财富通过购买美国证券的方式进入美国。 2006 年，美国的贸易赤字达到 7 590 亿美元的最高点，同年外国净购买的美国证券也达到最高点，为 9 870 亿美元。 所有由于贸易赤字流失的美元都通过购买美国证券的形式回来了。

我们能够看到，通过购买证券而回来的美元比由于贸易赤字流失的美元要多，其原因有多种。 首先，美元也会以在美国的外国公司利润的形式流出。 第二，外国的中央银行会储存美元储备。 自 2006 年以来对美元需求的净增长使美元在世界市场上的地位得到了加强。

外国公民、机构、政府和央行之所以仍然对美元很有兴趣，部分原因在于它们认为美国的股票和债券市场安全、健康。 另外一种原因是，美国为了确保能够通过销售债券获得弥补急速扩张的联邦赤字的资金，对国库券的买家提供了优厚的条件。

中国雄起

出于自身的原因，有一个国家特别乐意支持美国债务和国库券发行量的不断扩大。 仅在 2007 年，美国通过和中国进行贸易而产生了 2 560 亿美元的赤字。 中国的这些盈余大部分都重新投资于美国的债务工具，中国一方面希望保持美元的强势地位，一方面希望手中的大量美元获得收益。这两方面都符合中国的利益。中国必须使美国市场繁荣，只有这样，它才能为自己的出口谋取出路。

不过，最近中国放慢了将贸易盈余投资于美国的步伐。由于世界市场萎靡不振，中国国内的经济条件也在不断恶化，这要求中国用更多的投资促进增长。

如果中国变得不再那么愿意将大量的盈余美元投资到美国，美元就会变弱，而人民币就会走强。这几种效应的结果就是减少中国向世界的出口，并妨碍它自己的经济增长。如果经济增长能够得以维持，中国就会非常乐意充当美国的第一大债主。这样做的结果就是，中国成为资助美国进行疯狂消费的大善人。

前车之鉴

一个出口导向的国家使美国沉迷于过度消费之中的故事以前也曾发生。1987年，日本正引领着如丰田之类燃油节约型汽车和索尼随身听之类创新产品的潮流，而美国为期望结束冷战正在进行军备竞赛。就像现在一样，一个国家主导着新发行美国国库券的购买。当时由于美国指责日本对电脑内存芯片进行了非法倾销，日本当局的中曾根康弘政府开始与里根政府不和。

出于民族主义情绪，日本民众开始减少对美国政府债券的购买，为了防止美元变弱，日本财务省一反常态购买了更多的美国证券。就像中国一样，20世纪80年代出口导向型的日本受惠于强势美元。美国财政部也通过提供更高利息的方式来投桃报李。

同时，时任美联储主席保罗·沃尔克（Paul Volcker）为了消除对通货膨胀的担忧而将利率进一步提高。联邦赤字的不断增加，利息率的上升以及人们对美国受到另一个愿意使美国沉迷于过度消费的经济大国经济攻击的认识交织在一起，其结果就是市场的动荡。1987年10月16日，也就是美国股市即将经历史上最大单日降幅之前的那个星期五，30年期国库券的回报率上升到了10.2%。

1987年10月19日被称为"黑色星期一"。股市的下降首先始于亚洲，随之南亚和欧洲的股市开始大幅下降，最后，道琼斯工业平均指数下降了23%。到当年的10月底，香港股市46%的财富已经蒸发，新西兰股市蒸发了60%，美国和加拿大则都损失了23%。

047

后事之师

在美国历史上，金融市场的单日降幅以此次为最。 它引发了改革股市的呼唤，其中最重要的是当降幅达到一定水平时自动停止交易的制度。 人们认为，要不是主要投资银行为了保护自己免于巨大动荡之害而设定的程式交易规则，市场下降不会达到这样的程度。 人们认为，这种规则系统导致了同一时间的大量卖出行为，它引起了市场第二波的下跌。 我们在后面会再次探讨机器在放大市场恐惧中的作用。

有意思的是，在之后的一个月，市场挽回了大部分的损失。 到1987年底，股市事实上上涨了。 我们逃过了一劫。 但是，尽管二十年后市场所经历的与上面所讲的多有类似，现在股市却没有像上次那样反弹。 1987年的"黑色星期一"与这次全球金融危机确实在起因与短期影响方面有一定的相似性，但是它并没有使经济陷入谷底。 然而，1987年的"黑色星期一"却预示了一个之后我们再也无法摆脱的市场动荡时代的来临。

第三部分
风险的测度

在 20 世纪 90 年代和新千年后，金融市场获得了迅猛发展。但是这些新"投资"的很大部分并没有发生在诸如玉米和小麦之类的商品上，也没有发生在传统的股票和债券上。相反，这些新"投资"主要发生在外汇和那些很多时候难以理解、难以评估其风险的所谓的衍生品上。

本部分我要探讨一下描述风险和市场参与者恐惧的工具。之后我们就会明白为什么人类生来厌恶风险，以及在什么情况下我们愿意接受一些程度的风险。

在第六章我利用一些经济工具讲述了风险是如何影响人们的效用或满意水平的。我还讲述了分散的价值以及人们生命周期中的分散模式。第七章讲述的是恐惧升水，也就是风险的成本。这种因素与人们的收入水平有很大关系，并且在市场开始大幅下跌的时候，它能刺激有害行为的发生。本部分最后两章则试图回答这样的问题：投资者是否能够严谨、理性地计算风险，或者反过来说，人们在作投资决策的时候是否天生就是情绪化的动物。

第六章
风险升水－风险如何影响期望收益

效用曲线已经提供给了我们一些关于风险的讯息。 它说明了为什么我们珍视经济安全，为什么对经济安全的任何威胁都会让我们极不舒服。 我们也将看到为什么由市场下跌引起的收入下降会带来恐惧，甚至会使市场进一步下跌。

开始的时候，让我们从两种情境来考察幸福水平——一种含有风险，一种没有风险。 在第一种情境下，我们有 10 单位的食物来度过一星期。 在第二种情境下，我们掷币决定：如果硬币朝上，我们这周获得 20 单位的食物；如果硬币向下，我们这周不能获得任何食物。 在这两种情形下，我们的平均食物获得量都是 10 单位。

但是，尽管两种情形下的平均食物获得量都是相同的，我们却很难认为这两种方案是无差异的。 为了看得更清楚，我们画出包含消费 0 单位、10 单位和 20 单位食物的效用曲线。 事实上，这条曲线也可以表示获得金钱或任何其他我们希望获得的物品的效用。

我们知道，在确定性条件下，我们获得 U_{10} 的效用；在另外一种条件下，我们会分别以 50% 概率获得 U_0 和 U_{20} 的效用。 从图 6.1 中我们能够看出，确定性条件下的获得要大于 U_0 和 U_{20} 的平均数，其差额由纵轴上的线段表示。

我们厌恶风险，因为在我们的经济安全性依赖于哪怕是公平的掷币游戏时，我们也遭受了效用的损失。 换句话说，我们对能够确定地带来稳定收入流或消费流的投资的喜好要大于我们对不确定的一场美餐或一场饥馑的喜好。 谚语说得好：一鸟在手胜过两鸟在林（A bird in the hands is worth two in the bush）。 上面的分析只是验证了我们的直觉判断。

然而，人是风险厌恶者的这一假设可能受到一些难以理解的例外情形的挑战。 举例来说，一些赌徒似乎为风险而兴奋，但是他们的愉悦可能不是来自于骰子的摇动，而是来自于中得大奖的非理性期望。 他们可能没有意识到，赌场总是将参与赌博的一部分资金归为己有。 事实上，彩票对人们来说更加糟糕，因为常常高达50%的彩票收入会被保留下来。

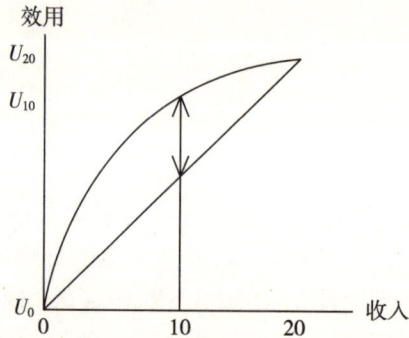

图 6.1　平均效用

赌博参与者是风险爱好者吗？

很明显，如果赌博参与者是理性的，他就不会希望通过参与赌博积累财富从而提高自己的消费水平。 但是，既然赌博参与者能够忍受赌场对每一笔交易的侵占，那么我们也只能说他们是喜欢风险而不是厌恶风险的了。

从图表上来看，赌博参与者的效用曲线可能是以递增的斜率向上倾斜的，或者，赌博参与者同时进行了两种消费——他们的财富和他们从冒险中获得的由于天生的肾上腺激素刺激引起的愉悦。 当然，还有另外一种可能，赌博参与者可能不是理性的，他们受到了赌瘾而不是常识的驱动。

事实上，生物科学已经发现了这种从冒险中获得的满足感。 一些人能够从一些旁人看来毛骨悚然的事情中获得愉悦，这倒不一定是因为他们对生活的热爱比我们少几分，也不一定是因为他们对财富和安全的评价比我们低，这可能是由于他们对别人避之唯恐不及的荷尔蒙冲击偏爱有加。

甚至金融交易者也不能免于对风险的这种生理性的喜好。 近来已有很多关于激进型金融工具交易者睾丸激素（testosterone）水平的研究。

睾丸激素下的交易

近来的一些研究指出，最喜爱冒险的人在早晨的时候常常有异常高的与风险取向相关的睾丸激素水平。 研究者 J·M·柯茨（J. M. Coates）和 J·赫伯特（J. Herbert）发表在《美国科学院院报》（*Proceedings of the National Academy of Science*）上的一篇文章指出，和焦虑、恐惧相关的压力荷尔蒙——睾酮和皮质酮的水平与交易者的风险行为、收益紧密相关。 睾酮水平更高的人会经历更高的收益和损失，在市场动荡时期，他们也会产生更高水平的皮质酮。

研究者也观察到，过高的睾丸激素水平能使交易者采取非理性的冒险行为。 可能受此启发，这两个研究者指出，如果参与者都是妇女和老年人，市场可能就会更加稳定，因为妇女和老年人有相对较低的睾丸激素水平。

《华盛顿邮报》报道的后续研究甚至指出，子宫中的睾酮分泌与市场中的冒险行为有关系。 研究者发现了一个与早期睾酮分泌相关的指标——男人右手的无名指比食指长多少。 在华尔街，那些睾酮分泌量大的人的收入是那些睾酮分泌量小的人的六倍。 当市场急剧动荡时期，这种差别表现得最为明显。 麻省理工学院的罗闻全教授（Andrew W. Lo）由此认为，对恐惧和贪婪的更好理解能使我们更有效地防止未来恐慌的发生。

不同的风险承受度与金融市场

也许一些人的非风险厌恶行为能够用生理学方面的因素来解释，但是其他人则天生就是风险厌恶型的，他们对确定性的喜好要大于风险事件。 然而，我们还是能够看到，收入水平影响着人们从事风险行为的意愿。 在一定的收益水平下，不同的收入水平会带来不同的风险承受

053

意愿。 这种差别对于金融市场上的交易有着基础性的作用。

为了理解这一点，我们需要注意到，人们的风险厌恶来自于弯曲的效用曲线。 弯曲的效用曲线也能让我们明白穷人相对富人来说对风险更加厌恶的原因。

举例来说，我们将 0 到 10 之间的风险升水与 10 到 20 之间的风险升水进行比较。

能够看到，低收入投资者比高收入投资者有更多的风险升水。 对风险的恐惧随着收入的提高而降低，这在直观上也很好理解。 一个饥肠辘辘的穷人相比一个脑满肠肥的富人来说更不愿意拿一顿饭当赌注。如果我们非常富有，由于掷币结果不利而给我们带来的消费损失引起的伤痛就会较小，反过来，掷币结果有利所带来的消费增加引起的愉悦也就会较小。

这张图显示出，更富有的人更愿意将其收入用于投机生意，他们更愿意进行放贷，进行的保险也更少。 在效用曲线较低处生活的人规避风险的成本非常大，而富人吸收风险的成本却较低。 这就是风险分担的本质，也是后面要讲的总体金融市场的本质。

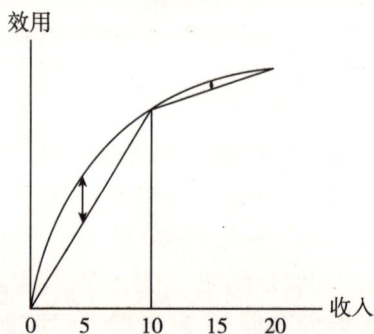

图 6.2　风险厌恶随着消费和收入的增加而下降

多期中的风险分担

我们能够通过将那些愿意从事风险的人与那些偏好规避风险的人集中到一起从而利用他们不同的风险承受能力吗？ 或者，不同个人之间的风险能够进行交换吗？ 为了理解这是怎么回事，让我们将多期的而不是一期的风险加以考察。

假设每期我们都能获得相同的收入，用之购买的商品或服务能够在每期提供给我们相同的效用水平。现在，试想每隔一期我们就会遭受某种金融损失，我们的收入和效用水平会显著下降。考虑一下前面的例子，让我们将收入定为20，并设每隔一期的风险能够使我们的收入下降为0，我们的效用水平也随之降为0。图6.1反映了这种情况。然而，如果我们能够使损失等量地发生在四个时期，每一期的平均收入就是15，从图6.3可以看出，这时我们的效用下降就会小得多。

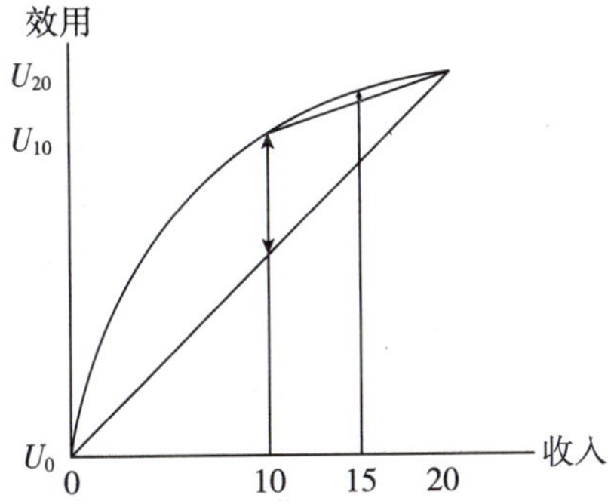

图6.3　如果风险分散到两期，风险升水就会显著减少

从这个例子可以看出，在频率较大的小损失和频率较小的大损失之间，我们更喜爱前者，即使这两者的平均货币成本是相同的。只要边际效用是递减的，人们就喜爱将风险分散在不同的时期。不幸的是，风险的本质造成了难以规避的不确定性。如果能够避免风险的话，我们在事前就已经有了控制风险的工具。

不过，我们还有其他的办法——将许多人的风险归集起来并管理其成本。我们可以和其他同样想要分散同类风险的人组成一个联合体。例如，假设每个人每隔一期都会遭受10单位的损失，那么可以规定，每个人每期都得将5单位放入资金池中，在损失发生的时候，他能够从资金池中取得10单位。这样我们就将一定的损失分散为发生在多期的损失，每一期的损失都是更小的份额。

当然，在一些少见的情况下，损失可能并不会发生，或者风险不期而至，所有人同时遭受了损失。但是即使这样，只要有足够多的人参与到了这个风险联合体中，许多灾难同时发生的可能性就是很低的，而我们就有效地规避了风险。

保险的一个理由

上面所讲的风险集合机制是保险业的基础。 我们愿意每月缴纳一定的保险费来应对一生之中仅仅可能发生一次的损失，甚至所缴纳的费用超过了我们一生所受的损失，我们也愿意这样做。 职业精算师和精于评估风险的专家能够对不同人的风险和损失程度作出评估，并能为他们设计最优的保险和费用方案来规避风险。 认识到用一定的费用能使我们免于风险之害时，我们就愿意缴纳保险金获取保险。 在理论上，保险商之间的竞争会使它们以最低的价格为我们提供服务，但是在第十章我们会看到，通过保险进行的风险分担和规避会带来其他未曾想到的问题。

在第八章我们也将看到人们在其一生不同时期互换风险所造成的影响。 然而，在结束之前，我还要介绍另外一个概念。 假如觉得明天的一点损失比在今天缴纳保险金更可取，我们会放弃保险吗？ 换句话说，如果我们对明天的贴现率很低，我们可能就会愿意承受明天的损失，到那时"兵来将挡，水来土淹"，而不会在今天参与保险。

寅吃卯粮

将未来进行贴现是人们的本性，这有很多原因。 第一，尽管我们知晓现在，却没有任何人知晓将来。 这种不确定性意味着我们只能给未来的各种事件赋予相应的概率，并因此对我们从这些事件中获得效用赋予相应的概率。 我们的期望效用就是未来各种可能事件乘以其发生概率所得的平均效用。

举一个极端却基本的例子。 所有的人都是要死的，如果损失发生在非常遥远的未来，在今天来说我们遭受其后果影响的概率就不太大。我们的必死性创造了一种内生的对现时的偏好。 据说约翰·梅纳德·凯恩斯（John Maynard Keynes）就声称："从长期看，我们都要死的。"

或许我们也认为未来自己会更有条件负担今天或明天所作决策的成本。 我们作出借贷的决策，就是因为比未来的消费我们对现在的消费更喜爱。 我们也将现时消费必须承担的未来成本进行了贴现。

当然，这个模型与我们对利率为正的观察是一致的。 贷款能使我们在今天进行消费，但是以后我们需要为之负担更多的、能够进行贴现的收入和消费牺牲。

在某种意义上，现行的利率就是社会整体贴现率。 如果我们的贴现率大于现行的利率水平，我们就会借入资金；反之，如果我们获得的利息收入大于我们个人的贴现率，我们就会借出资金。 因此，我们都或者是潜在的借入者，基于未来的收入；或者是潜在的出借者，愿意将资金借给那些，贴现率超过我们的人。

正是我们成为储蓄者和投资者或者借款者的可能性创造了金融市场。 就像每一个市场都起到了汇集生产者生产果实和消费者需求的作用一样，金融市场汇集了有意愿的出借者和投资者，他们共同构成了可贷资金的供给一方，金融市场也汇集了有意愿的借入者，他们构成了可贷资金的需求一方。

金融市场也根据我们对风险的接受程度分为借出者和借入者。 在风险厌恶程度、收入水平、个人贴现率以及我们对恐惧承受能力等方面的区别决定了我们属于市场的这一方还是另一方。 后面的那个概念——恐惧承受能力与我们对市场动荡的看法密切相关，这也是我们的下一个讨论主题。

第七章
恐惧升水

现在我们已经获得了能使我们清晰地理解风险升水的工具。

人类是厌恶风险的，在一种无风险方案和一种与之有相同的平均收益但是收益会围绕平均值波动的方案之间，人们更偏爱前者。 上一章已经说明，人们甚至对能够带来等量收益或损失的不确定性也是排斥的。

人们厌恶风险的原因在于，随着人们收入的增多其边际效用是递减的。 如图 7.1 所示，这意味着等量的损失给人们带来的困扰会比等量的收入给人们带来的愉悦更多。

就像我们在前面看到的，效用曲线的图形表明人们的满意或者说效用会随着收入的增加而增加，但是变动率是递减的。 换句话说，效用曲线的图形是向上倾斜的，但是过了某个点，这条曲线就会变得平坦。

我们来看一个例子。 假设一个人的初始收入是 10 000 美元，这笔钱能够用于投资，并能分别以 50% 的概率获得 5 000 美元的收益或者遭受 5 000 美元的损失。 图 7.2 能够表示这一情况。

在图中，确定性的 10 000 美元带来的效用为 U（10 000）， 5 000 美元和 15 000 美元的组合带来的效用为这两者分别带来的效用的平均数，即 （U [5 000] + U [15 000] ）/2。

可以看到， （U [5 000] + U [15 000] ）/2 事实上与确定性的 I 量收入带来的效用几乎一样多。 如图 7.3 所示。

换句话说，这种风险方案与确定性的 I 量收入是等价的。 风险给我们造成了损失，其大小可以用图 7.4 中的 "←→" 表示。 因为恐惧就是对于威胁我们幸福和经济安全的风险的担忧，所以这个箭头也同样衡量了我们的恐惧升水。

我们能够看到，更大的风险会给我们的幸福造成更大的威胁，即使它不会改变我们的平均收入。 为了更好地理解这一点，让我们看看三种不同收益/损失情形下的分析结果。 我们还设初始收入为 10 000 美元，现在风险带来的收益/损失量分别为 5 000 美元、7 500 美元和 9 000 美元。

更高的风险给我们带来更低的总体平均收益。 回头看一下图 7.4 表示的风险升水，我们就会明白当收益/损失增大时，增大的风险升水带来了更大的恐惧。

恐惧升水随着市场不确定性增大而增大，这是边际效用递减规律所带来的一种不可避免却又合情合理的结果。

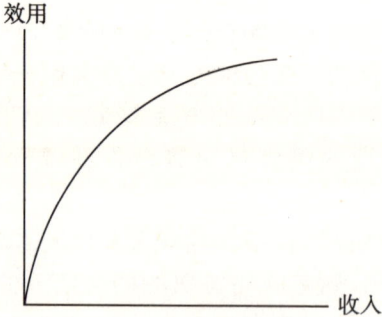

图 7.1　边际效用递减的效用曲线

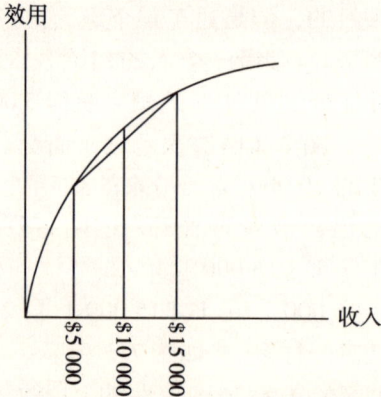

图 7.2　收入 10 000 美元时进行 5 000 美元的公平赌博

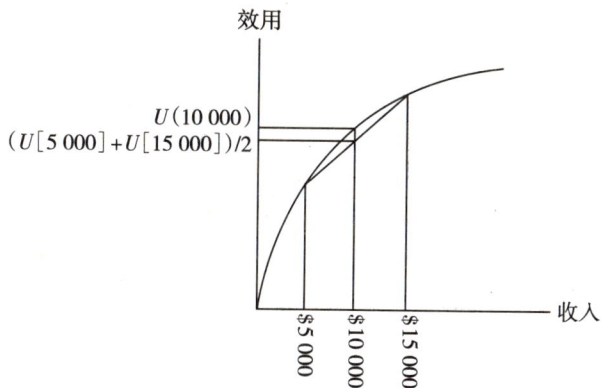

图 7.3　具有确定性等价的赌博的比较

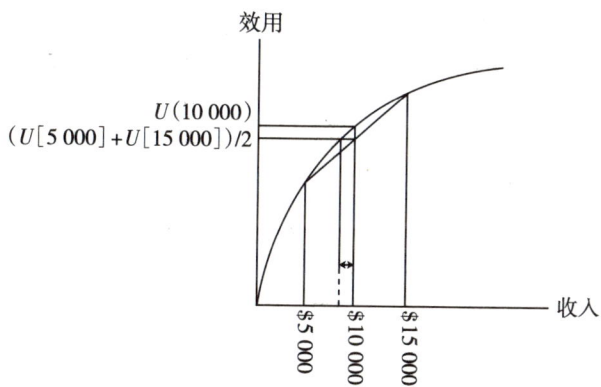

图 7.4　赌博与风险成本

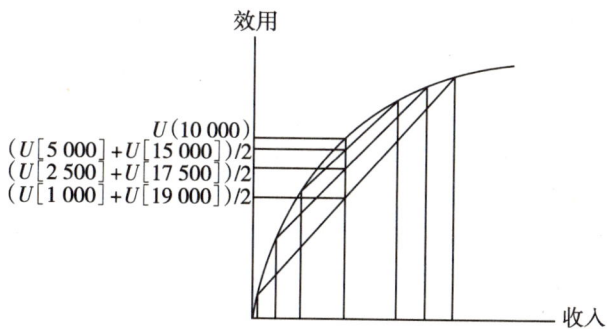

图 7.5　公平赌博的递增水平

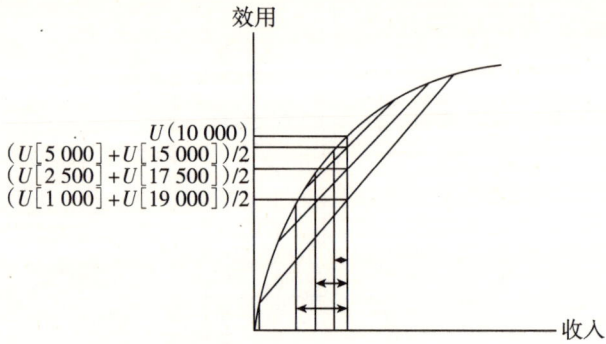

图 7.6　恐惧和风险升水随公平赌博变大而增加

当市场行情急剧下滑时，风险承受的变动就会引起恐惧的发生。更大的波动会产生两种影响。第一，收益显著下降；第二，收益随机性的不断增加会带来恐惧，这种恐惧会使对风险持更多排斥态度的收入阶级（income class）的投资者从市场中抽取大量投资资金。

这种情况最近就出现在 2008 年的全球金融危机中。道琼斯工业平均指数不到一年前还在 14 093 的高点，到 2008 年 10 月 9 日已经跌到了 7 552 点。2008 年的黑色十月见证了大量资金从金融市场中退出。这些资金一直在市场边缘徘徊，迫使现金结余（cash balance）降到了历史低点。

正如我们能够从图 7.6 中看到的，投资者移到了其收入 - 效用曲线的左边。最近一些研究者的观察结果证实投资者风险承受能力的下降。

最近一个学术研究团体进行的研究支持了财富和风险厌恶程度之间存在相关关系的结论。例如，克里斯蒂安·戈利耶（Christian Gollier）指出，个人投资者的风险承受度确实会随着财富的增加而增大。作者们基于个人对自主投资资本的可获得性来对这种现象作出解释。用经济学家的术语解释这种情况就是，许多潜在的投资者受到流动性的约束。换句话说，低收入者发现自己难以借到资金或者产生足够多的储蓄来进行投资，因此，财富更多的投资者从事更有风险的活动也就是自然的了。

市场低迷引起从事风险活动的意愿下降

人们从事风险活动的意愿会随着市场条件的变化而变化。 据报纸《今日美国》（*USA Today*）最近的报道，2006年美国的平均储蓄率事实上已经变为负的了，这种情况是自从大萧条以来的第一次。 2006年，美国家庭的支出比其收入多出416亿美元，意味着美国的储蓄率为−0.5%。 显然，许多人没有能力进行储蓄。 在2007年信用危机之后的市场环境中，许多潜在投资者没有能力进行投资。 在正常时期，投资能力和储蓄能力是相伴而生的。

净储蓄的下降并不必然意味着财富没有进行扩张，因为它仅仅意味着支出超过了可支配收入，并不意味着现有的储蓄或养老金以及共同基金没有增值。 然而，这篇文章引用的美联储调查数据却也显示，储蓄账户的户主正在显著下降，2001年尚有59.25%的家庭进行储蓄，到了2004年，只有56.1%的家庭进行储蓄。

许多人没有储蓄或者借款的能力，因此他们也无法参与到市场中来。 不过，有更多收入和财富的家庭在消费之后会剩下更多的资金。

当一个人或者社会总体的收入下降时，基本消费——送孩子读大学的花销、应对紧急情况所需的流动性资金等就会影响我们进行投资的能力。 结果就是，收入下降，投资也会下降。

研究人员已经证实了投资在市场动荡时期会下降的倾向。 例如，诺贝尔经济学奖得主肯尼斯·阿罗（Kenneth J. Arrow）认为，随着财富的积累，人们对风险的厌恶程度会降低。 相反，当股票市场受到巨大冲击并造成人们的财富大幅缩水时，平均来看家庭就会变得更穷，出于自身目的，人们对风险的厌恶就会更甚。 这些巨大冲击造成的一个后果就是，对金融安全的担忧迫使许多人退出那些风险过大的市场。

杠杆风险

还有另外一种因素能够驱使许多人退出市场。 受政府管制或者经纪公司规则的影响，一些人不得不清算其资产。 这种被迫的清算可能是伤痛中最深的了。

杠杆风险和监管清算并不是新事物。 "兴旺的二十年代"是一个洋溢着乐观和希望的时期，家庭和银行都同样信心十足，它们中的许多家都将平常用来防范风险的资金用于了投机生意。 尽管银行被指责提供了人们购房所需资金的 60% 到 80%，它们也同样提供了人们炒股资金的 60% 到 80%。

由于股市在短短的八年间增长了 600%，银行借给人们资金进行炒股似乎也是合乎情理的。 股市几乎没有间断的增长势头也让人们难以相信股市将会下跌 30% 或 40% 并出现危机贷款。

同样的乐观情绪也促成了新近的次贷危机。 由于房价持续上升了十多年，2007 年投资者和银行家都同样愿意对一幢房子的购买提供高达 90%、100% 甚至更多的贷款。 毕竟，自从大萧条以来，全国整体的房价还没有下跌过。

正如 1927 年的银行家乐意对有保证金的股民进行放贷一样，2007 年的美国国家金融服务公司（Countrywide Financial）和英国北岩银行（Northern Rock）也乐意办理抵押贷款业务。 另一方面，正如人们难以想象全国的房价会在 2008 年下降一样，直到 1928 年大崩溃发生的前夜，市场上充斥的仍然只有乐观情绪。

保证金账户（margin account）与抵押贷款（mortgage）并无不同，只是前者的担保物是股票，后者担保物是房子。 不过，取消房屋抵押赎回权（home foreclosure）是一个相对漫长和昂贵的法律过程，而保证金却比较容易清算，因为通常经纪公司代表客户掌管着这些股票，它们有权在客户的保证金贷款担保不足时卖掉这些股票。

我们可以用一个例子来说明这件事情的收益和风险。 假定你买了 100 美元的股票，投资公司准许你用这 100 美元的股票作抵押而借给你 100 美元来购买另外 100 美元的股票。 投资公司掌管着作为担保品的股票，并对贷款收取合理的利息。 这是非常理想的。 如果股票很快升值了 10%，投资品的价值就是 220 美元，减去借来的 100 美元，投资者的证券价值就由 100 美元上升到了 120 美元。 结果，一比一的保证金使得投资者的初始投资收益率由 10% 上升到了 20%。 只要股票升值率大于贷款的利率，投资者就能获得更多的收益。

虽然保证金贷款能显著提高投资者的股票收益，这种杠杆化的投资策略也有巨大的风险。 我们来看一个例子。 假设我们购买的股票价值翻了一番，100 美元的初始资金加上 100 美元的借款使得投资者购买了 200 美元的股票，升值后投资品的价值就是 400 美元，其中 100 美元是贷款，剩下的 300 美元是自己股票的价值。

如果银行和投资公司还愿意借出相当于股票价值一半的资金，投资者就能够购买另外 200 美元的股票。 现在，投资品价值 600 美元，300 美元是自己股票的价值，300 美元是贷款。

想象一下当股票回归原值时将会发生什么。 先前股票价值翻了一番，现在它就要下降一半，这时，投资者的资产只值 300 美元，而贷款就有 300 美元。 我们能够看到，仅仅是股票回归其初始价值，投资者的股票也会被一扫而光，原先他还有 100 美元，现在已是一文不名。

换句话说，即使在这种一般情形下，投资者也领会到了杠杆风险的的残酷性。 这个例子的实现过程、其相对保守的担保贷款以及由之而来的风险都会令人震惊。 这样的事情在 1928 年和 1929 年发生在许多小投资者身上，在 2008 年它又一次发生。

防范自己

现在监管者已经认识到，即使是像前面例子中那样不太大的保证金贷款（margin borrowing）也可能带来巨大的危险。 因此，美联储出台了《T 条例》（*Regulation T*），它规定投资者从投资公司取得的贷款不能超过其购买股票资金总额的 50%。

不过，《T 条例》也规定，购买后的投资组合是可以贬值的。 如果没有这项规定，保证金购买（margin purchase）之后股票即使稍微贬值也会造成担保物的卖出（forced margin selling）。 如果投资组合继续贬值，按照经纪公司的规定，投资者只能被迫卖出一些股票来满足恰当的贷款/价值比率。

世界上大多数国家的财政部和股票交易所都有类似《T 条例》的律令来防止像 1929 年那样的情况的发生，有时可能会引起消费者资产的完全损失。 并且，所有的投资公司都有其他的保证金要求，如果投资者的损失造成其贷款/价值比率超过某个限度，那么他们就会被迫卖出股票。

保证金贷款和投机泡沫

保证金贷款也能在股票市场制造出投机泡沫。 假设贷款是不被允许的，那么股票的价格就依赖于现有股票的供给与需求。 但是，如果突然保证金贷款被允许了，投资者就有了额外的购买力，其大小相当于

065

·整个市场的资本总额。

现在，市场上的资金充裕，而新股并没有发行，所以股票供给就变得非常短缺。 额外的资金就会立即抬高股票的价格，如果市场上的保证金贷款很充分，可以想象股票的价格就会变为保证金不被允许时候的两倍。 换句话说，规定的保证金上限的增大会导致投机泡沫的发生，相反，保证金账户中股票的被迫出售会使股市大幅下跌。

出售狂潮

由于追加保证金（margin call）而造成投机泡沫破裂的现象一点也不稀奇。 过去两年外汇市场的频繁波动造成了巨大的损失，否则的话，全球互助资金会得到增加的进项。 如果投资者都急切地将每一笔收益放在共同基金中以购买更多不断升值的股票，这些交易者同样也会在大的市场波动时期被迫卖出甚至更多的股票。

经纪商通常给投资者五天的时间来自愿地清算股票以减少贷款和增加担保品。 投资者在被迫卖出股票之前可能会持有尽可能长的时间，期望市场能够回复正常。 如果市场没有很快回复，由于以保证金方式购买的股票会经历第二波的出售，股市很有可能在之后一周发生第二次下跌。

完美风暴

由于保证金股票（margin stocks）被迫进行的出售风潮、财富减少所造成的可贷资金的减少以及因此而来的对风险厌恶的加深，1929 年和 2008 年都发生了投资者大规模撤出市场的现象。 在 2008 年的恐慌中，投资者的撤离造成了市场价值史无前例的下降。 另外，市场几个月里一直步履蹒跚，没有能够像 1987 年的暂时性崩溃那样重新挽回其创纪录的损失。

相反，市场继续大幅波动，道琼斯工业平均指数在 8 000 点和 9 000 点之间的一个范围内忽上忽下。 由于恐惧占领了市场，许多投资者持续观望，市场上的交易者——无论是卖家还是买家都变得更少。经济学家称这种市场是"薄"（thin）的，它无法加以利用大数定律所带来的"缓和效应"（moderating effect），也更容易呈现出前面讲述的动荡特征。

　　后面我们将会看到从市场动荡中产生的恐惧是如何控制全球经济的。　不过，紧接着我要讲述的是我们对市场恐惧的承受能力是否受到人口学因素的影响。

第八章
人口学中的风险和恐惧

　　作为人们对风险或危险反应和承受力标准的恐惧既受到经济因素的影响，也受到人口学因素的影响。 人们的经济安全、收入、财富和人力资本在整个人生过程中都在不断变化，其间，我们也会获得能够指导我们应对金融威胁的知识、智慧和经验。 生命周期有许多很有意思的方面。

　　在开始讲述风险和恐惧是如何与年龄、教育、家庭地位和财富相关的之前，首先需要提醒读者，风险是对那些可能伤害我们的事件结果的客观评估，这与主观性的"不确定性"一词是有区别的，后者指的是在重要信息缺失时人们对决策的认知。

　　对风险的评估有认知（cognitive）的一面，也有经验的一面。 这就是我们第一步的基本观察：风险和经验有关。

　　我们都经历过不知恐惧为何物的年幼时期。 滑雪教练员都知道，儿童是最容易教的，因为尽管他们少有能力可以对滑雪过程中出现的各种事情作出理性预期，但是他们不怕跌倒。 儿童在做这样的体育活动时不会过度地依靠理性，因此他们的做法并不妨碍他们的学习。 而成人学生则对跌倒之痛感受甚深，他们容易过度分析自己的活动方式以至于不能非常快速、本能地作出反应。

　　当然，认知力会随着年龄的增长而获得增强，与计算风险能力相伴而生的也有对风险的更好理解。 年龄能让我们对危险事件的发生概率及其成本作出更好理解，因此，我们总是期盼岁月来消除我们的恐惧。

　　然而，这只是我们的隐含假设。 这个结论要是成立的话，我们必须假设年幼的人没有恐惧，因为他们对伤害事件的发生概率和其造成的成本知之甚少。 我们对这些事情依次来进行分析。

第一种因素是曝露于风险的大小。 儿童生活在被保护的环境中，其监护人禁止他们参与有风险的事情，当风险存在时，监护人也会对之进行保护。 机构团体和社会同样也尽力使儿童远离风险。 因此，对于儿童来说，这是一个相对来说低风险的世界。 这自然会增加其初生牛犊不怕虎的气概。

让我们来看看人们对随机事件的认识是如何影响他们的期望的吧。我将考察三种人的认知方式——乐观的人、悲观的人以及对未来完全理性的人的认知。

过去的影响未来的预期

为了更好地理解为什么一个受到保护的儿童会产生生活是很美好的意识，我们假设事件发生的概率是随机的。 举例来说，我们考虑一种发生概率为十年一次的事件。 现在，排除任何影响其发生的可能性。这样，我们就能假设这种发生概率为十年一次的事件在任何给定的年份发生的概率就是 10% 。

这种以某种固定概率发生的事件服从泊松分布（Poisson distribution）。 泊松分布是以发现这种分布计算方法的法国物理学家和数学家西莫恩·德尼·泊松（Simé on – Denis Poisson）的名字命名的。 按照他给出的公式，我们能够计算，给定一个事件每年发生的概率是10% ，那么它在十年中都不会发生的概率就是：

$$p（0）= \exp（-10\% \times 10）= 36.8\% .$$

与通常认为的发生概率为十年一次的事件在十年中 100% 会发生不同，它在十年中不发生的概率为 37% ，十年中至少发生一次的概率为63% 。 不过，如果有一些因素使我们免于风险并扭曲了我们对风险的看法，我们得出的十年一遇事件在十年中至少发生一次的概率就会发生变化。

乐观派

如果我们过去没有经历过某些事情，那么这些事情在紧接着的将来不会发生的概率又是多少呢？ 换句话说，过去的好运气会扭曲我们对风险的看法吗？

假设我们很幸运地在过去的十年中避免了十年一遇灾难的发生，那些相信上天保佑或生活其实是很美好的人可能就会因此重新修正这种事件在未来发生的概率。 他们可能想，这种事件可能是二十年一遇而不是十年一遇的。 过去的好运气就会促使幸运的人调低他们对风险的评估，或者让他们产生自己不容易遭受风险之类的奇思妙想。 那么，在灾难二十年一遇这种新的风险评估下，十年中事件没有发生的概率就变为：

$$p（0）= \exp（-5\% \times 10）= 60.7\%.$$

换句话说，那些相信好运气或上天保佑使风险在十年之内没有发生的人就可能会乐观地认为，在后面的十年灾难不发生的概率是61%。随着时间过去，这些幸运的人会逐步调低风险概率，即使这件事的本质概率并没有发生变化。 在这种情况下，对于这些乐观幸运的人来说，他们观念中灾难不发生的概率就由37%上升到了61%。

悲观派

另一方面，有些人可能会得出一种完全不同的风险概率。 假设某件事情在过去没有发生，那么有人可能就会错误地想，这件事在未来发生的可能性就会变大。 坚信这种哲学的人可能认为生活就是很悲惨的。 举例来说，如果一件十年一遇的事在过去十年中并没有发生，那么这些人可能会修正其概率，于是在他们眼中这件事在其后十年至少发生一次的概率就变为：

$$1 - p（0）= 1 - \exp（-.1 \times 20）= 86.5\%.$$

简而言之，那些悲观的人可能就会想，十年一遇的事件在过去的十年中没有发生预示着在未来的十年中它几乎就会确定地发生。

这让我想到约翰·欧文（John Irving）的小说《盖普眼中的世界》（*The World According to Garp*）中的一个场景：一架飞机失控后撞毁了一幢房子。 一个理性的人可能会认为这是很正常的偶尔会发生的事情发生了。 一个悲观的人可能会就此认为世界很危险，并会经常为将来的飞机失事而担忧。 但是盖普，一个永远的乐观派却说，好了，现在这幢房子不会再遭受毁坏了。 盖普这类人相信，一件坏事再一次发生的概率是极其微小的。 尽管这件事实际的发生概率并没有变化，它却可能会使一个人对风险的看法永远地改变。

理性派

毫不奇怪的是，真正的风险处在乐观派和悲观派臆想的中间。 随机事件并不会仅仅因为刚刚发生过就在不久的将来有更大的发生概率。随机事件就是随机的，它与过去的发生与否并无关系。 然而，我们对风险的评估会随着我们观念的改变而改变。

如果理性地考虑，我们就会清楚，上面例子中的事件在后面十年中发生的概率和前面十年中发生的概率应该是一样的，都应该是63%。而那些乐观的人却认为这个概率是39%，悲观的人认为是87%。 他们或者将风险低估了将近一半，或者将风险高估了将近一半。

损害的评估

受到保护的年轻人在其成长阶段里会经受较少的风险，他们未来对风险的评估可能也会比理性计算而来的更低。 这使某种程度的青春永驻得以实现，青少年身上奔流的睾丸激素也使这种情况明显增强。

风险有两层含义。 一种是某种不幸事件的发生概率，一种是不幸事件发生后所造成的损失。 相应地，年轻人不仅可能低估风险的概率，朝气蓬勃的他们可能也会低估其结果。 也许直到自己摔断了腿之后才能感受到它的痛苦有多深，经验当然会使人们注意并强化预期中的苦痛。

然而，没有此种痛苦经历的人需要从他人的苦痛中获得感知。 尽管少有与事故相关的人低估伤痛，被故事强烈地影响的听者也许会过大评估风险降临到他们身上时所造成的损害。 在强调恐惧的环境中生活的经历可能会在年轻人心中制造出过度严重的恐惧意识。

到现在为止，我们一直将讨论集中在风险事件发生概率的评估上。其实，即使人们既不是乐观派也不是悲观派而是理性派，即使人们对风险的评估没有受到扭曲，我们的风险观念还是会随着生命周期发生改变的，下面我们就来讨论一下其原因。

自由不过是一无所有的同义词

我们生命周期中的风险观念依赖于其他两种重要的因素：我们不得不失去什么和我们必须用多少时间来承受这种结果——或者说，我们需要多长时间来东山再起。

家庭遵循着经济学家所称的储蓄生命周期、投资生命周期以及消费生命周期。 这些生命周期模型描述了人们在其一生之中对于商品和服务以及人力资本的消费、投资模式。

举例来说，一个依靠举债投资其人力资本的大学生毕业后进入了职场，这时，她有着很丰裕的能力，但是拥有的资产却很少，她以助学贷款为形式的债务超过了自己的金融资产。 甚至，她还会举债以购买房子。 不过，房子将为她生命周期中的资产负债表中提供一种升值的资产。

这类年轻的投资者也将售出其从教育投资中转化来的人力资本，从而能够进行消费并偿还债务。 同时，他们的人力资本也会随着工作经验的增加而增长，这将在升值的房子之外提供更多的财富。 这两种效应都扩大了他们的资产集。

不幸的是，这些年轻投资者的人力资本存量无法像房子一样作为抵押品运用。 不过，现在我们可以暂时设想一下年轻的专业员工能够将他们的未来作适度抵押时的情形，假定雇主能够将员工在第四十年的薪水提前在第一年进行支付，员工在其后提供给雇主某种形式的人力资本。

不考虑通胀因素，这种四十年后需要偿还的前移资金能够用于投资，假设每年获取7%的真实收益。 到了以人力资本作抵押的贷款必须偿还的时候，它已经增长了700%。 将第四十年的薪水在第一年发放能够使专业员工提前七年退休。

年轻人通常没有抵押其人力资本储量的机会。 在收入的生命周期中发生的只是收入和资产的缓慢增加，因为年轻投资者在其以后的职业生涯中主要从储蓄中获得收益。 结果，在早期生涯中净负债的年轻投资者只能缓慢地步入资产积累率最高的中年阶段，直到在退休前拥有了最多的以房屋和退休金为形式的资产财富。

风险分散

作为长的生命周期的一个结果，还有另外的一种好处可以获得。金融规划师认为投资策略应当在投资者的生命周期中因时而变。开始的时候投资策略应当相对比较激进，当投资者快要退休的时候，投资策略应当逐步谨慎。金融规划师常常使用110规则（rule 110），按照这条规则，投资者应当以其年龄为基础将投资组合分为股票和风险较小的资产。在任何时间点上，股票占投资组合的比重应当等于110减去投资者的年龄再除以100。一个30岁的投资者应使投资组合的80%为股票，20%为债券或者货币市场投资。相反，一个60岁的投资者应当使其投资组合的50%为股票，剩下的50%为风险较小的资产。

使用这条规则的原因在于，年轻的投资者有更多的时间来从失败的风险投资中恢复过来。对此的一个理解方式是想象一下一个不确定性投资组合的平均回报随着时间将会发生什么样的变化。

我们可以假设这个不确定的投资组合带来的回报会以相等的概率波动。在一期，投资者面临着相同的概率（1/2）获取收益或遭受损失。那么，投资者两期都获得收益的概率是四分之一，两期都遭受损失的概率也是四分之一，组合价值不变的概率是二分之一。之所以如此，是因为收益有时间来弥补损失。期数越多，投资组合的风险越分散。

金融规划师据此认为一个长期的金融规划能够降低风险，它也是110规则的基础。简单来说就是，如果投资失败发生在职业生涯的早期而不是晚期，那么年轻的投资者就有更多的时间来克服金融灾难。

举例来说，如果十次成功的投资中会有一次带来巨大的损失，那么还有很多时间可活的人就有信心在其生命或职业生涯中从失败中恢复过来。而那些已在暮年的人可能就没有时间用之后的成功来抵消犯下的大错。当规划的时间段很短的时候，从大数定律的均化效应（levelling effect）中产生的可靠平均数就不再适用了。

最近的全球金融危机证明了面临职业生涯终结的人可能遭受的风险。在一年的时间里，全球财富从600 000亿美元下降到了350 000亿美元。许多投资者损失了其财富的40%。那些杠杆化水平更高的人可能损失更加惨重。

这么重大的损失对于一个已处在职业生涯暮年的人来说几乎是灾难性的。如果一个人打算在五年之后退休，那么他充分挽回损失的可能就几乎不存在了。例如，如果资产的价值下降50%，要达到原来的价值水平，资产需要连续七年以 10% 的年真实回报率增长。 亿万投资者被迫大幅调整其退休计划，甚至可能将其退休时间延长十到二十年。确实，这么惨重的损失是使生活发生改变的事件，如果某人必须用词来形容这场危机的话，那么"恐惧"正当其时。

人们也有一种巨大的终身资本，随着经验的增加它会升值，接近退休时它会贬值。 这就是人力资本。 它是投资组合中的安全资产，能够与股票之类风险较大的投资组合相互配合。

然而，接近退休的人不再能够长期拥有人力资本这种安全资产，所以他们必须在债券之类的安全资产和股票之类的风险资产之间寻找某种平衡。

时间偏好率（time preference rate）

但是有一种因素阻碍着年轻人运用上面所提到的长远投资策略。人们对未来的考虑会因时变化。 举例来说，年轻人自食其力的本事较少，他们为未来的打算也很少。 他们也很少经历需要为其作出认真打算的生活挑战。 而随着年龄的增长，人们就会经历生活困苦，并因此而将视野展开，这时他们就会更愿意为未来做计划，更愿意在今天小心谨慎地过日子。

年轻人需要动用财富的地方也较少。 他们常常还没有孩子要养育，或巨大的房债要负担。 收入或经济安全的变动带给他们的既不是什么大不了的结果，也不是随着年龄增长而来的恐惧感。

经济学家将这种效应总结为时间偏好率的变化。 他们指出，年轻人对未来的贴现率较高，因此年轻人的储蓄率低。 由于贴现率高，现行的利率水平使得借贷变得很有吸引力，这促使他们进行举债而不是进行投资。 有意思的是，年龄大的人同样也这样做，但是他们并不是因为缺乏人生经验，而是因为他们来日不多。

那些处于年轻人和老年人中间的人被认为是最愿意为未来做计划的，相应地，他们也有最高的储蓄率。 我们能用图 8.1 来总结上面所讲的情况。

这张图为我们展示了储蓄率是如何随时间变化的。 开始的时候，储蓄率可能是负的，因为年轻人为向教育和培养人力资本投资需要借款。 当步入中年时，人们最热衷于储蓄和股票投资，一方面因为他们的房子在升值，一方面因为他们想为退休生活积累更多资金。 退休

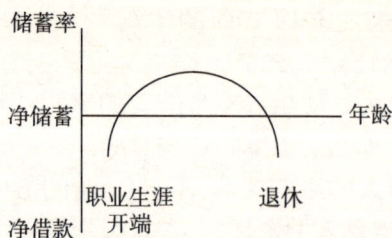

图 8.1　生命周期中的储蓄模式

后，人们就会从退休账户中支取收入，甚至可能以反向抵押贷款（reverse mortgage）的方式卖掉自己的房子。如果设计精当，当他们辞世的时候储蓄和股票正好被用完。不过，由于人们并不能对自己的去世时间了然于胸，老年人可能不会花完自己的储蓄资金，他们可能会将余下的让后人来继承。

性别与风险厌恶

研究者甚至发现性别也是影响风险厌恶的一个因素。例如，一个研究者指出，风险厌恶发生在各种各样的风险活动中。玛格丽特·布雷宁（Margaret Brinig）报告说，女性比男性更不愿冒被指控超速的风险。在更近的时候，詹尼·赫尔什（Joni Hersch）发现女性比男性在抽烟、系安全带、看牙医以及参加医疗检查之类的事情方面更少作出有风险的选择。

科罗拉多州立大学的南希·阿蒙·杰那科伯罗斯（Nancy Ammon Jianakoplos）和亚历山大·伯纳斯科（Alexandra Bernasek）观察人们的金融决策后得出了相似的结论。最近他们发现，随着财富的增加，单身女性对风险资产的投资相比于单身男性来说更加缓慢。

例如，他们的研究报告显示，被调查的单身女性表示她们有 40% 的投资财富来源于风险资产，被调查的单身男性则有 46% 的投资是风险资产。相比之下，更加富有的结婚夫妇将其 50% 的财富投资于风险资产。有意思的是，他们报告说其他研究者的成果显示，生活方式决策中的风险行为也同样存在着性别差异。

杰那科伯罗斯和伯纳斯科根据他们的调查和对数据作出的计量分析结果得出结论认为，女性比男性更加谨慎。他们也指出，收入增加时女性对风险的排斥也会变得更少。不过，她们的风险厌恶是从一个较高的基点下落的，并且其下落速率小于男性。　因此，当财富增加时，这甚至能使女性和男性之间的风险厌恶差距变得更大。

　　当孩子的数量增加时，女性也将持有更少的风险资产。　有意思的是，他们发现单身黑人女性平均来看能比单身白人女性、单身男性和结婚夫妇更好地承受风险。　在金融世界变得更加多元化的未来几十年中，这种分析结果给全球投资增添了有趣的文化和种族内容。

　　由于女性比男性更少投资风险资产，她们也会被较少麻烦缠身，也因此，她们的收益也相应较低。　这也意味着，即使其他条件相同，单身女性的财富积累率也比单身男性积累率低。

　　这些结果对于人们未来如何应对有风险的金融市场有着重要的启示。　它也向我们表明，随着世界人口因素的变化，恐惧升水也是会变化的。　例如，我们知道发达国家和发展中国家存在的人口老龄化现象。　随着更多比例的人口步入老龄阶段，我们能够预见风险厌恶的增加以及对市场动荡恐惧反应的增多。

　　未婚女性的比例也在增加。　现在，加入发达国家行列的国家正在迅速增多，如果这些有着不同文化的国家也出现发达国家的晚婚现象，那么，整体风险厌恶的增加也是可以想象的。

　　尽管杰那科伯罗斯和伯纳斯科发现单身黑人女性比单身白人女性及单身男性都能更好地承受风险，他们的研究范围仅限于美国。　他们承认，至于在其他文化下和在未来时期这个问题的结果如何还是一个很有意思的开放问题。

　　不过，尽管新崛起的国家日益参与到全球金融事务中来，这些国家人们的财富基础却比发达国家的低。　如果他们也像我们之前在发达国家发现的那样，在低财富水平下的人们对风险有较低的承受度，我们也许就会看到，随着第一经济世界和第二经济世界的不断融合，市场上总的恐惧和风险厌恶都将增加。

　　下一个讨论主题将是增加的恐惧是如何影响市场动荡的。　现在，让我们看看恐惧升水和市场动荡是怎样影响市场价值的吧。

第九章
风险厌恶的微观经济学

在描述风险环境中决策的经济学方法之前，我先讲一个故事。 经济学家虚构出了拥有超级理性的经济人（Homo economicus），并认为人们能够像经济人一样运用理性工具来分析市场和人类行为。 不过，到现在为止，如果我们大多数人不会像经济人一样行事，这是没有什么问题的。 一个简单的例子能够说明这种情况。

我们来看看《我们来做个交易吧》（*Let's Make a Deal*）里面的一个经典悖论。 《我们来做个交易吧》是 1963 年至 1978 年间美国的一档流行电视游戏节目，节目中参赛者被要求选择三扇关着的门，门里面的东西就是参赛者的奖品。 三个门中的两个藏的物品不值多少钱，但是另外一个门中藏着的可能不是一次免费的夏威夷之旅，就是一辆崭新的汽车。 当参赛者选定了一扇门，但未去开启它的时候，节目主持人蒙提·霍尔（Monty Hall）会开启剩下两扇门中奖品不丰厚的那一扇。 主持人随后会问参赛者要不要换另一扇仍然关着的门。

大多数的参赛者选择不交换，因为他们认为选择剩下两扇门中的任意一扇获得丰厚奖品的概率都是一样的。 这是一种错误的想法。 但这是为什么呢？

霍尔先生当然知道他打开的是奖品不丰厚的那扇门。 换句话说，他借这扇门向参赛者提供了关于丰厚奖品不藏在何处的更多信息。

然而，人们总有为各种不确定事件赋予相同概率的倾向。 也就是说，参赛者起初认为任意一扇门后面藏着丰厚奖品的概率是三分之一，霍尔先生打开参赛者选定的之外的一扇门之后，他们就认为剩下两扇门中的任意一扇后面藏着丰厚奖品的可能性都是二分之一。

为了看清这种错误，我们运用以 18 世纪的基督教牧师和数学家托马斯·贝叶斯（Thomas Bayes）的名字命名的贝叶斯定理来解释这一现象。贝叶斯写道：

"未来可能发生事件的概率都是由如下两个数值确定的一个比率，即由已发生事件的期望而计算得到的数值，和根据可能发生事件的发生情况而确定的数值。"

（The probability of any event is the ratio between the value at which an expectation depending on the happening of the event ought to be computed, and the value of the thing expected upon its happening. [an essay towards solving a problem in the doctrine of chances] ）

用通俗的话说就是：一个事件的发生概率应当根据我们之后的新发现进行修正。在上面的例子中，我们知道开始的时候，参赛者初始选择的门后面藏着丰厚奖品的概率是三分之一，另外两扇门后面藏着丰厚奖品的概率是三分之二。这些都不会发生改变。一旦霍尔先生打开另外两扇门之中的一扇，并且其中没有藏着丰厚奖品，那么，藏着丰厚奖品的那三分之二的概率只能赋予后两扇门中没有打开的那扇。我们首先选择的那扇门的后面藏着丰厚奖品的概率没有发生改变。

事实上，我们现在面对的是两个选择——选择初始的那扇门，赢得丰厚奖品的概率是三分之一；选择另外一扇门，赢得丰厚奖品的概率是三分之二。换了门之后，我们就将获胜的概率扩大了一倍。不过，很少有参赛者换门。他们傻傻地坚持着人们通常的想法，将那些未知事件赋予相同的概率。

我们比蜜蜂聪明吗？

这种背离理性的思维在人类和动物身上都是相对普遍存在的。举例来说，夏弗（Shafir）等人在他们的一系列试验中发现，人类和蜜蜂都会在环境的模糊性发生改变的情况下对期望收益相同的事件展现出不同的态度。

在他们试验中的一部分，一些学生被要求在确定性的 3 分和概率为 80% 的 4 分之间进行选择。从风险策略中得到的期望收益是 0.8 ×4 =

3.2 分，这超过了确定能获得的 3 分。

当学生们能清楚地认识到这种情况时，他们在绝大多数时候都会选择有风险的方案。 研究者之后增添了分辨确定性方案和风险方案的难度，但是，各种方案的实际概率和回报都没有发生变化。 在这种更加模糊的环境中，学生们倾向于选择风险较小的方案。

蜜蜂也一样面临着两种选择，一种能确定地获得较少的回报，一种有较低的概率获得较多的回报。 研究者再一次使环境变得更加模糊，但是每一种选择的平均回报都没有发生改变，这时，蜜蜂倾向于变得更加谨慎。

这两个试验都说明，当环境变得更加不确定或动荡时，我们倾向于从事风险更小的活动。 换句话说，随着模糊性和动荡的增加，恐惧和风险也在增加。

市场动荡时期的恐惧和投资

这种经验结果对于市场动荡时期的金融活动有着显著的意义。 我们有两种选择，一种是把我们的储蓄以现金形式持有，一种是将之投资于股票市场，后一种情况平均能给我们带来更高的回报和风险。 在市场波动不大或者走向趋势比较清楚的时候，我们倾向于在金融市场进行投资。 不过，在市场看起来更加随机或动荡的时期，我们见证了大规模资金从投机性较强的市场撤出的情形，甚至在评论家大声呼喊市场低迷预示着未来收益更高的时候，投资者还是照撤不误。

我们怎样来确定确定性回报和更高但是更有风险的回报之间的恰当平衡点呢？ 尽管前面我们讨论过风险升水和确定性偏好的理论基础，经济学家们还是无法直接测量一个人为获取更多回报愿意从事风险的意愿。 从上面所讲的试验中我们也能看到，我们的意愿是情境性（situational）的。

不过，我们能够通过观察风险资产的收益与更具确定性的资产较低的收益之间的比较结果来了解人们在总体上是如何权衡风险和收益的。 在我们的例子中，我们能够将美国国库券——公认的无风险资产的收益作为比较的基点来衡量其他资产的风险和收益。

资本资产定价模型（Capital Asset Pricing Model，CAPM）正是如此做的。 这个模型始于威廉·夏普（William Sharpe）在博士候选人时候的工作，但最后它竟为哈里·马科维茨（Harry Markowitz）教授、威廉·夏普教授和默顿·米勒（Merton Miller）教授赢得了诺贝尔经济学奖。 资本资产定价模型是关于金融市场上风险和收益的早期工作的自然扩展。

这份革命性的工作的基础是马科维茨教授对风险和收益的研究。马科维茨第一个描述了所称的"最优投资的效率边界"（the efficient frontier of optimal investment）。 这个边界是描述市场在高风险低回报与低风险高回报之间进行权衡的基础。

尽管很多方法可以用来测度风险，但最常用最容易的计算不确定性的方法是考虑一种资产的回报率标准差。 如果我们考察股票的回报与时间的关系，我们就能用两个参数来进行刻画。 一个参数是平均回报，另外一个参数是回报与平均回报之间的偏差。 举例来说，人们通常认为，一只年平均回报率是 10% 但是每年的回报率都会上下浮动的股票比一只每年的回报率都是 10% 的股票有更大的风险。

利用通常的统计学工具可以从股票数据中计算出其平均回报和标准差。 这种计算假定股票回报服从正态分布，因为人们发现很多物理现象都是服从这种分布的。 尽管随后这种方法在假设方面进行了改进，利用平均数和标准差来衡量风险和回报仍然是最简单、最容易计算，同时也是应用最广泛的手段。

如果想测度各种各样的股票、指数以及投资组合的回报与风险，我们可以按照图 9.1 的方式画出回报和风险的组合。

图中的点表示各种股票或投资组合的回报与风险组合，而实线表示的是回报与风险最优组合的外界。 如果一种投资组合代表的资产集处于边界上，那么就可以说其持有者在给定的风险下会获得最高的期望收益，或者反过来说，在给定的收益下他有最低的风险。

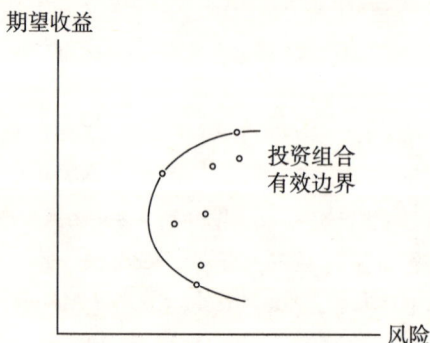

图 9.1　或然收益与风险的组合

如果只有横轴最左边的点代表无风险点，我们就会发现图中所有的投资都是有风险的，尽管我们确实知道一些资产几乎是没有风险的。回忆一下，110 规则建议我们根据自己的年龄将投资划分为由股票与低风险或无风险的债券所组成的组合。诸如美国国库券之类的资产能使我们画出另外一个点——图 9.2 中纵轴上的那个点代表了一种有收益无风险的资产。

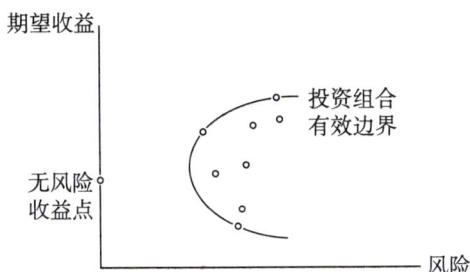

图 9.2　投资组合有效边界与无风险收益

金融投资组合并不必然只包含在投资有效边界上有着最高回报率的资产，或者只包含无风险资产。投资组合能够将这两种资产都包含。

假设一个投资者希望拥有无风险资产和市场能够提供的最好资产的某种组合。我们知道这个组合中的一点对应着图中的无风险点。我们可以从这一点出发画一条斜率为正的直线——斜率为正表示投资者为了取得更大的回报愿意承担一些风险。图 9.3 中的直线就表示了这一情况。

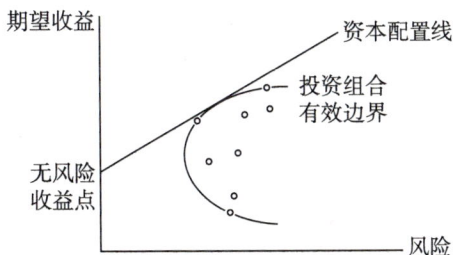

图 9.3　资本配置线

这条线并不是随便画出的。它始于无风险资产对应的那一点，其倾斜程度正好使其切于投资组合有效边界。这条线稍微陡峭一点就不会与任何可能的资产组合相交，稍微平缓一点就不能使投资者获得既定风险下的最大期望收益。

投资者可以根据这条无风险资产和有效边界之间的线段设计出某种投资组合。 投资者甚至能够达到超过这个线段的某个点。 例如，如果投资者能够达到的点与无风险资产点之间的线段是原来线段的两倍，那他将不得不购买两次投资组合，并承担两次风险。

又是高杠杆

这种情况确实会发生。 投资者可以用现金购买切点处表示的最优投资组合，然后借入等量的资金使其投资组合倍增。 如果他们以"保证金"（on margin）方式购买的这些额外证券需要支付的利息与无风险回报率相等，他们就能到达资本配置线（Capital Allocation Line）上任意的点。

高杠杆的投资者甚至能够选择一个大大超过投资组合有效边界的点。 对冲基金和投资银行能够以30比1甚至更高的比率来撬动它们的股票购买。 因此，他们能够获取远远超过受到限制的小投资者的回报。

当然，实际上投资者选择的点也依赖于其对风险的个人偏好。 我们在前面章节中已经看到，人们对风险的偏好因为受到很多因素——他们对风险的评估、他们承受风险的能力、他们内心对风险的厌恶、他们的年龄和金融安全程度以及他们的规划年限等等影响而显得不同。

那么，最后一个问题就是确定个人投资者将选择停留在资本配置线的何处。 从无风险点出发，那些有着低风险承受度的人希望风险增加一定程度时期望收益能够获得显著增加。 换句话说，他们在图9.4中的低风险承受度线上有着相同的效用水平。

不过，那些有着高风险承受度的人愿意在收益增加一定量的时候从事更有风险的活动。 这些人在图9.4中的高风险承受度线上的各点处是会感到无差异的。

事实上，对于低风险承受者、中等风险承受者和高风险承受者，我们都能画出无数条这样的线来表示其选择。 我们能够使用任何风险－回报出发点，就像图9.5表示的高风险程度者的情况一样。

每一个投资者都能在资产配置线上找到自己最喜爱的收益／风险权衡点，它由最高的可获得曲线（the highest attainable curve）表示。 从图9.6中我们能够看到，低风险承受者在资本配置线上选择的点靠近无

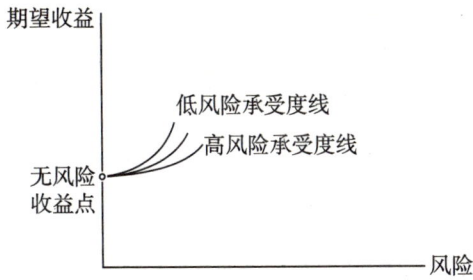

图9.4 不同个人的不同收益与风险权衡

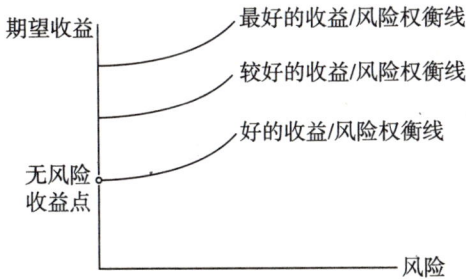

图9.5 同一个人面对不同投资机会时不同的收益风险权衡点

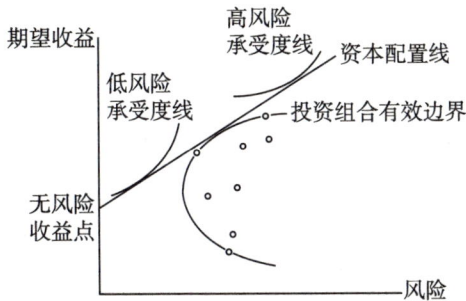

图9.6 具有不同风险承受度的投资者的不同投资组合选择

风险点，而高风险承受者可能会通过抵押贷款方式而使选择的点超过资本配置线与有效边界的交点。

　　上面的分析展示了不同的投资者是怎样选择风险和收益组合的。后面我们还会讲到恐惧如何影响投资组合有效边界和资本配置线。我们也会讨论金融危机如何使一些高风险承受者的风险线向下移动。

　　不过，紧接着我要讨论的是，不同的激励方案如何影响一些人的风险，而它们常常又是怎样使其他人付出了代价。

第四部分

与风险相关的问题

在某些条件下，我们每个人都愿意承受一定程度的风险。不幸的是，有时我们面临的风险比我们料想到的要多。风险可能会被一些人的作为或无为而扭曲。一些人可能会将本应由自己承担的风险转嫁给别人。这一部分讲的就是一些扭曲风险的经济现象。

首先我们关注的是道德风险问题。当一些人从自己的策略中获得某种形式的收益，同时却又将自己行为引起的风险强加到别人头上时，道德风险问题就产生了。第十一章说明常常是长期股东那些纳税人来承担他们未曾期望的额外风险。

股东也必须关注逆向选择问题。投资者想要使自己的收益最大化依靠的是他人履行作出良好决策的责任。然而，能够确保我们的"代表"在大多数时候代表我们的根本利益行事的完美补偿方案并不存在。

最后，我们必须区分赌博、投资以及投机活动。尽管投资和投机活动都试图管理风险，赌博却基本上是一种零和游戏，除却赌场将一部分赌资留下之外，赌博一方的所得基本上就是另一方的所失。而投资却能从创新和技术进步中获取收益，所以它是一种正和游戏。不过，投机以及内部人交易却会榨取投资活动的收益，结果可能会使投资活动演变为赌博活动。

第十章
道德风险

有人可能会想，风险就像物质（matter）一样既不能被创造也不能被消灭。然而，有时公司活动决策者进行的选择确实能够增大风险，只能索取剩余物的股票持有者只好承担他们制造的烂摊子。

为了更好地理解这种情况，我们必须定义一些名词。经济学家称决策者为"代理人"（agents），他们为之谋事的人则称为"委托人"（principals）。对于上市公司来说，其委托人是股东，因为他们享有的是所有要素和应付账户以及债务人得到补偿之后的利润，所以他们又被称为剩余索取人（the residual claimants）。剩下的利润归于股东。如果没有剩余，这家公司就会宣布资不抵债，并可能在法庭的破产要求下进行重组或清算。在这个时候，剩余索取人只有在所有其他人都得到补偿的情况下才能获取剩余。

委托－代理问题对于我们来说是一个严重的问题，并且到现在为止还没有任何经济理论成功地将之彻底解决。为了让读者领略一下委托－代理问题，我给大家转述一个故事。给我讲述这个故事的是一个财富500强公司的前首席执行官，现在他是一个商学院的伦理学教授。

在他担任首席执行官的一天，他从财物部门收到一份新的投资策略报告。这份报告严格依赖房地产价格。这些年轻的金融新星们向他描述了如果房地产价格上升5%，这个公司能够赚多少钱的情况。他们也计算出来了房地产价格上升10%甚至15%的时候公司将会赚多少钱。

这位首席执行官有些不耐烦，他问道，如果房地产价格下降公司会怎么样呢？ 那些年轻人回答说，他们的方案里没有考虑这一情况，因为房地产价格从来没有下降过。 在他们的经验范围内，那他们就是正确的。 直到2007年，全国水平下的房地产价格确实是与时俱增的。

这个首席执行官充满疑虑地问他们竟然提出这样一种计划的原因，因为这份计划成功时确实能使这些年轻人获得以百万美元计的分红，但是一旦计划失败，它却可能摧毁公司和千万股东的投资。 不过，我们也知道，如果公司破产了，这些金融精英们要做的不过是另谋高就而已。

这个故事简单地描述了道德风险问题。 当决策者不会受到他们自己制造的风险的冲击时，常常就会有严重甚至悲惨的事故发生。

不幸的是，道德风险一词还是最近的时候才广为人知。 不久前，这个词语还几乎仅仅限于经济学家和政策事务的讨论中。 不过，现在它已是金融评论员口中最常用的一个词语了。

道德风险与保险

起初道德风险一词被用来描述保险业中的一些问题。 在保险行业，单单是考虑到避免损失就会使一些人采取通常他们不会采取的行动。

举例来说，那些给车上了防盗保险的人就相对较少锁好自己的车。或者，那些上了碰撞保险的人相比于那些没有上保险的人就会更加鲁莽地驾车。 这些问题都引起了保险公司的担忧。 保险公司被迫提高有这些问题的人需要缴纳的保险费。 但是因为有所有参加保险的人来承担单个有道德风险问题的保险参加者所造成的后果，保险公司需要做的就不多了。

然而，这并没有使保险公司停止恰当分担风险的努力。 事实上，它们的手段非常多，如利用免赔额来分担成本，提高经常进行保险索赔客户的保险费，使用客户驾驶记录、年龄之类的信息，它们甚至会直接把一些参加保险的人拒之门外。 所有这些手段都是想迫使参保人承担一些风险，并相应地调整自己的行为。

健康保险也一样，它会诱使病人比在不参保的情况下多看几次医生。 不过有意思的是，这个道德风险问题实际上能降低社会总体的风险。

不过，那些购买医疗保健的人也被另一个问题所困扰。 他们保持健康的努力为雇主和家庭提供了好处，也维持了自己的生产力和教育这类为社会所看好的物品的价值，同时这种努力也降低了自己的疾病传染给他人的可能性。

经济学家称这些因素对于病人来说都是外部性（external）的。 外部性（externalities）是指那些由我们的行为产生的既不能使我们受益也不能使我们受害的结果。 在努力进行医疗保健的例子中，结果是产生了正的外部性，因为很多与之相关的人从中受益却不用支付费用。 结果，由于不能获取健康保健行为中的所有好处，人们就会拒绝购买充分多的健康保健。 不过，人们参加保险后就会购买更多的健康医疗服务。 如果健康保健的提供量达到了最优水平，外部性问题可能就会使道德风险问题得到消解。

然而，通常我们不会这么幸运。 尽管我们努力设计能够恰当分担风险的激励措施，结果却不尽如人意。

委托－代理问题

为了理解委托－代理问题，我们先来考虑其中的道德风险问题。如果我们希望确保公司和股东，也就是委托人在相应的回报下承担适度的风险，那么，我们怎么才能促使管理者或经理，也就是代理人作出最有利于委托人的决策呢？

这个问题之所以存在，部分原因在于公司的性质。 公司被视为法人，它能承担债务，获取收益，也能够与他人缔结契约。 与个人宣布破产一样，公司也能够宣布自己资不抵债，然后拍拍屁股离开自己的债务和大部分资产。 上市公司能够发行股票，在股东之间分配所有权。有限责任公司也能够在资不抵债的时候保护股东只承担有限责任。

与自己管理公司的独资经营者（sole proprietor）或生产者的情况不同，上市公司深受委托－代理问题的困扰。 股东以及代表股东的董事会将公司的日常运作委托给一些人打理有其必要性，不过，这些人可能不能从公司的兴隆中获得同样的好处。

委托人和代理人之间利益方面的不一致性引起的问题使上市公司的优点打了折扣。 如果公司的所有权凭证能够在成熟的金融市场上交易，公司就能够更加容易地筹集投资资金。 股东如果相信这些股票具有一定的流动性，能够以相对容易的方式、相对较低的成本转化为现金，他们也就乐意购买这些股票。 不过，所有权和经营权的分离带来的不仅是这些优点，而且它也会带来新的、艰巨的挑战。

公司裂缝（corporate disconnect）——短期盈利能力

第一个挑战是对短期收入的强调。 股东对回报和流动性都很重视。 一些股票每年能转手 25 次，人们对销售性强的股票青睐有加。最近的一天之内，美国银行八分之一的股票就会转手。 如果上市公司能够更经常地分发红利、每季度都能公布报告、制定出雄心勃勃的能够更加快速、直接地反映在股价上的短期策略方案，那么其股票的可销售性就会获得提高。

董事会对于其委托责任的反应就是给公司的管理人员施加获得快速回报的压力，而管理者就通过证明公司每季度都取得了财务进步来作出应对。 在本质上，公司的表现就好像它面临着一个很短的生命周期和时间范围，因而它的决策就倾向于获得即刻回报，即使这是以长期利益为代价的。 这种行为与那些风险厌恶程度更低的年轻人所做的有很大相似之处，实际上都是将未来进行贴现。

上市公司的这种短期意识与封闭型控股公司（closely held company）的决策有很大不同。 封闭型控股公司常常由所有者直接参与公司的运作。 公司所有者与管理人员之间的利益及规划年限都更加一致，因此，在这种公司，委托 – 代理关系至少在部分程度上得以解决。

封闭型控股公司的所有者和管理人员更有可能推崇强调长期盈利能力的策略。 尽管有时候这种公司使用的策略与上市公司的短期策略是相同的，但是由于它们不用非得创造出短期利益来满足金融市场的要求和保持股票的流动性，它们能够使用的策略范围就更加广泛。 不过，约束的减少必须转化为更大的盈利能力，也必须转化为股东价值和公司策略之间更加紧密的匹配关系。

第二种委托 – 代理问题涉及管理者和员工的补偿。 设计一种良好补偿方案的艺术在于使人们的薪酬与表现恰到好处地关联起来。

管理薪酬

这些日子报纸上经常提起管理层薪酬问题。 首席执行官们以及他们的管理团队必须根据其给公司带来的一般的和特殊的技术与能力获得补偿。 管理一家有效率的公司的一般技术要求一份有竞争力的报酬。然而，一个极其有能力的经理拥有的特殊技术需要从这种特殊技术创造的特殊收益中获取补偿。

于是，对这种一般技术与特殊技术的组合进行的补偿就包括两方面，一方面是有竞争力的管理层薪水，一方面是对管理表现进行的额外补偿。 通常情况下，额外补偿根据管理者使公司的股票价格升高的幅度来进行界定。

很多时候，管理者以公司股票的形式获得补偿。 如果股价上升，补偿的价值也会上升。 不过，对于那些完全以股票形式获得补偿的人来说，这会给他们带来税收方面的一些不利影响。 管理者可能需要卖掉一些股票来为家庭取得收入，这时，两种纳税义务就会降临到他们头上，他们一方面因为获得股票而要缴纳收入所得税，另一方面因为卖掉升值的股票需要缴纳资本利得税。 因此，在可赎回优先股之外，管理者也会获得可观的薪水。 可赎回优先股购买时按照固定的价格，但是赎回时按照市场价格。 当然，只有赎回价格超过固定价格的时候管理者才接受这些股票。

不幸的不对称

管理者希望在他们雇主的股票价值上升时获得奖励，而股票价值下降时不会遭受惩罚。 也许这是在错误的基础上得出的想法，有人可能会想，公司获得可观收益全要归功于管理者的辛苦，公司遭受损失则是由于管理者无法控制的事情作怪使然，因此管理者不必为之负责。 有时候经理办公室和董事会会议室之间确实存在着这种非常惬意的关系，管理者能够通过享有以事前商定的有利价格购买股票的期权而获得部分补偿。

在这种方案下，如果股票的价格上升，管理者就可能会履行期权，以事前议定的价格购买股票，随后立即以更高的价格将之卖掉，这样他们就获得了回报。 如果股票价格下跌，管理者只要选择不履行期权即可。 因此，管理者不用承担工作不力或者计划失败引起的任何下行风险——当然，被解雇这一任何补偿方案都不能消除的风险不在其列。

奖金也有这一特点，它能使管理者因为利润上升获得回报，却不能使员工承担下行风险。 举例来说，在 2008 年的全球金融危机之后，对

093

美国银行的救助资金达到了 100 亿美元之多，但是同年美国银行对高层管理人员的奖励资金却达到了 109 亿美元。 对摩根士丹利的救助资金也高达 100 亿美元，然而不久之后这家投资银行就发放了 20 亿美元的奖金。

银行业引发了全球金融危机，并造成了全球经济 600 000 亿美元中250 000 亿美元的财富损失，但是 2008 年却又见证了大范围的银行救助。 同时，规模巨大的奖励却照发不误，这令监管者、立法者和纳税人都感到非常愤怒。 因为这一次，人们能比其他时期更清楚地看到，管理者的薪酬来自于纳税人提供的资金而不是由竞争性的金融市场带来的回报。

当然，这些奖金和管理补偿的接受者会有不同的看法。 不过，在纳税人背下非其所愿的黑锅时，必须对管理者那些自私自利的接口加以限制。

一种负责的补偿方案

针对这种困境，一些银行提出了能使报酬和责任更加匹配的解决办法。 由于一些重要的信用市场几乎彻底崩溃，恐惧控制了市场并造成了财富的大量蒸发。 投资银行和对冲基金是设计引发了金融危机的新式金融工具的主角。 这些引发市场动荡并使许多世界上最大的投资银行轰然倒塌的抵押贷款证券和信用违约互换已成为臭名昭著的有毒资产。

尽管银行的问题行为给自身和全球经济造成了重大损失，而愤怒的纳税人却又不得不对之进行拯救。 不过，在很大程度上瑞士信贷银行（Credit Suisse）将下行风险的做法称为一种理想的惩罚措施。

这家在笔者写这本书时市场资本总额为 270 亿美元的国际性投资银行当时有 50 亿美元的有毒资产。 它原本期望美国政府出台《问题资产救助计划》后将其有毒资产买下，不过后来又放弃这一期望。 瑞士信贷为了避免未来的道德风险以及为了使风险和回报匹配而实行了一种堪称经典的方案：将有毒资产作为奖金发放给高层管理人员。 套用一句话就是：厨子得尝尝自己做的饭是什么滋味。

公司及其员工还能够通过另外一些方式将下行风险转嫁给他人。举例来说，有任期保证的工作或者工作清闲却领高工资的岗位仍然能对人们行为的负责任性构成挑战，受到工会诸多保护的员工实际上能豁免于极其严重的错误之外的那些过错。

公司也同样会依据一些使之能够转移风险的条款履行其非常重要的契约。 例如，国防工程或公共工程的承包商在成本加成条款下行事是很常见的做法。 尽管他们必须制定出预算，并需要在项目的竞标中胜出，其超支的成本却只能由纳税人而不会由自己来承担。 通常，只有这些不负责任的行为达到了责任事故或犯罪程度时，承包商才会被迫承担一些下行风险。

次贷问题

道德风险问题不仅仅限于管理人员的补偿方面，收取佣金的抵押贷款销售人员也要为信用市场的危机及随后全球金融危机引发的恐惧负起相应的责任。

进入 2000 年后，抵押贷款公司在非常活跃地销售一种新产品。 那种产品就是现在广为人知的次级贷款。 房地产经纪人获准进行处理地方性的抵押贷款，并获取相应的佣金，不管抵押贷款能否得到清偿，他们都能免于任何风险。 由于房地产和抵押贷款市场不断高升，他们甚至被鼓励提供 "忍者（无收入、无工作、无资产）贷款" （NINJA loans），贷款的资金能够达到房屋估值的 100% 甚至更多。 在有些情况下，他们甚至与地方上的房地产估价师维持良好关系以确保评估结果能使他们放出更多的抵押贷款。

然后这些贷款就会被加工、打包，最后会在金融市场上被卖掉。这些活动还是不会给他们带来任何风险。 为了增加这些打包产品的可信性，中间商会要求证券评级机构对这些抵押债务工具进行评级，打包商甚至能够使评级机构竞相打出有利的级别。 这些高评级的产品在市场上销售后，就会在共同基金、投资银行和商业银行的投资组合中出现。

现在我们知道，这些抵押贷款是次级贷款，而那些抵押债务工具就是有毒资产。 最终，就是这些满载风险的有毒资产使世界信用市场陷入低谷，并使我们陷入了自大萧条以来最严重的全球金融危机中。

这些有毒资产是一个责任缺失的金融时代的产物。 抵押贷款经纪商尽其所能诱使新房屋购买者使用实际上他们支付不起的抵押贷款方式。 开始的时候，经纪商提供的利率很有吸引力，低收入者也能够至少暂时地支付利息。 通过这些手段，他们开启了一个前所未有的市

095

场。 不过，由于购买者通常不具有拥有房屋的经验，经纪商和贷款者被指责通过次级贷款合同对这些购买者进行了欺诈和剥削。

当然，在狡猾的经纪商和新科购房者之间有信息不对称问题，而且这种不对称的程度前不曾有。 购买者和经纪商都是理性的，他们认为，他们总是能够在甜头利率到期之前轻松地将房子卖掉，然后小赚一笔。 只要房地产价格不断上升，伤害就不会发生，因此也就没有后来的谩骂。 幸运的第一批购买者和第一批经纪商心照不宣地共同谋划了这件事情——很短暂的串谋。 当时，无人愿意想象一旦这种阴谋被过度使用将会带来什么样的影响。

大捞一笔

那些让我们付出了惨重代价并使市场陷入了恐惧和混乱之中的始作俑者不仅转嫁了风险，而且收益颇丰。 当然，那些默不作声的经纪商获得了自己的无风险佣金。 作为次级贷款发起人中最臭名昭著的一个，全国房屋贷款公司（Countrywide Home Loans）的前首席执行官安吉鲁·莫兹洛（Angelo Mozilo）在离开他的公司时，公告有2 400万美元的养老金，2 000万美元的递延补偿，以及当时价值近600万美元的公司股票。 债券评级公司也从投资银行那里收到了佣金，而投资银行通过向投资者销售证券获取了打包费用。 最终承担起所有风险的却是纳税人、房屋主以及银行。

特别救助

即使是世界上最大的银行也会遭道德风险之害。 随着当前全球经济危机的蔓延，我们开始竭力救助那些最大的银行，因为人们认为，这些银行太大了以至于不能倒闭。 小银行被大银行兼并受到鼓励。 美国的《问题资产救助计划》规定的7 000亿美元救助资金中一大半都以当时最好的条件借给了那些受次贷危机伤害最深的银行巨头。 这些银行在2005年和2006年获得了创纪录的利润，到了2007年和2008年，它们又获得了政府对其损失进行的创纪录的救助。 道德风险再一次抬起了它丑陋的头颅。

这些损失与抵押贷款市场见底时房价下降引起的真实损失相比则是

小巫见大巫了。 一朝被蛇咬，十年怕井绳，银行因次贷问题受到损失后，除了那些最好的客户，它们怎么也不愿意放出抵押贷款了。

不幸的是，在房地产市场，可得到房子的供给与有资格进行抵押贷款购买房子的人组成的需求之间的不平衡并不能给人们带来多少安慰。卖房子的人通常没有条件等到市场上过剩供给得以消除的时候，这些人可能会他乡谋职，致使人去楼空。 尽管如此，税务、供热、抵押贷款利息却仍然需要支付。 甚至明明知道会损失惨重，这些人也必须将房子卖掉，这又迫使全国的房价平均下降了20%到30%。

这时，所有人都得承担那些愚蠢活动造成的风险。 我们自己的房价也下降了，许多人为抵押贷款所累，他们剩下的抵押贷款本金甚至超过了房子的价值。 更多的人则正在认真考虑一走了之，抛弃价值缩水到不够偿还贷款的房子。 当他们这样做的时候，银行、银行的客户、纳税人甚至自己的邻居都会跟着遭殃。

这些例子表明，当风险被转嫁时，它也常常会被放大。 将风险强加到那些本不应当承担的人身上所造成的后果更加严重，所创造出来的额外风险也更加棘手。 这种风险在不能得到相应控制的时候就会导致恐惧在市场上横行。 同时，我们也需要弄明白市场不能有效运作，市场不能增进总体经济利益这类问题的原因。

第十一章
私人收益与社会成本

　　在次贷危机发生之前，抵押贷款市场已经有效运转了几十年。 最初为地方银行、抵押贷款公司以及储蓄和贷款所推动的这类市场将那些长期的借款者和贷款者进行了良好的匹配，借款者有良好的抵押，贷款者也重视长期借贷。 因为接近60%的购房家庭珍视这个美国梦，并为之努力拼搏，所以抵押贷款市场上的风险比较低。 然而，时代已经不同了。

　　不过，风险也不完全是新出现的。 回忆一下弗兰克·卡普拉执导的电影《生活多美好》中演员詹姆斯·斯图尔特（James Stewart）饰演的乔治·贝莱（George Bailey）一角所经历的场景。 因为当当地的储蓄和贷款协会受到调查时，乔治·贝莱就经历了一场典型的银行挤兑事件。 当忧心忡忡的储户们嚷嚷着要求提取存款的时候，乔治·贝莱向人们解释，他们的短期现金已经作为长期抵押贷款发放了出去，要将之召回实在是不容易。

　　这种长期抵押资产和短期存款债务之间的不匹配性对于银行来说是一个必须进行管理的风险问题。 抵押贷款打包证券的发明能够增强银行管理这种风险的能力。 这些金融工具随后会在全国市场甚至国际市场上出售，银行能因此从资产和债务的不匹配性中得以解脱。

　　将这些抵押贷款打包成有更多抵押贷款支持的证券是一种创新，也是一种相对安全的办法。 然而，在这个过程中，作为地方银行业基础的三C原则——品德（Character）、抵押担保品（Collateral）和信用（Credit）中的第一个C（品德，Character）就丧失了。 通常情况下，品德只能被当地人观察，而汇集和打包的抵押贷款却可能来自一个州或一个地方的各处，最后它们进入的是一个更大的债务工具市场，一个借款者的品德无从反映，因而，个人品德也就没有了太多意义。

实质上，商品化（commoditization）取代了品德。政府于 1938 年和 1968 年分别赞助成立了别名为房利美（Fannie Mae）的联邦国民抵押贷款协会（Federal National Mortgage Association）和别名为房地美（Freddie Mac）的联邦住房抵押贷款公司（Federal Home Loan Mortgage Corporation），目的是将抵押贷款标准化，并对之进行营销。通过设计一系列贷款标准，并保证抵押贷款是借给了拥有良好信用的家庭来购买稳定、可销售的、保险的房屋，这些机构有助于降低抵押贷款资金的风险。这个过程也促进了全国抵押贷款市场的发展，并且它也促使地方银行从第一线贷款者向抵押贷款经纪商角色转变。

这个创新不一定就是坏的。因为这个创新，房子得以标准化，信用适度标准得以很好发展。抵押贷款辛迪加（syndication）也使市场能够更好地归集风险。在这之前，小的借出者可能会因为贷款违约这种灾难性的下行风险而不愿意放贷。即使违约率仅仅是百分之一，违约的后果对于只开展了一项抵押贷款业务的小借出者也是极其恐怖的。考虑到我们稍早之前讲过的风险厌恶问题，这样的小借出者非常可能对哪怕是百分之一的风险退避三舍。

然而，在抵押贷款能够汇集的情况下，下行风险是很小的。如果 100 宗违约率都是 1% 的抵押贷款汇集起来，那么它就能够以几乎确定的 99% 的概率提供给借出者本金和利息。这是因为，一大群随机事件的变差（variation）等于其中一个随机事件的变差除以这个群中随机事件的个数。伴随着事件的汇集，风险会快速降低，因此，大数定律就会产生对借出者有利的结果。

甚至是 100 个投资者向这个集合中提供资金，我们也能看到这种汇集过程的正效应。这个由 100 个抵押贷款组成的集合中的每一个投资者都能获得与单个投资者相同的经济收益，但是后者面临的风险却是前者的 100 倍。

当然，尽管这种汇集过程能够降低非系统性风险或每一项潜在抵押贷款的内在风险，但是它对于诸如经济下滑这类可能同时影响所有抵押贷款以及更广泛市场的系统性风险却无能为力。不过，在辛迪加和抵押贷款商品化之前，市场也不能免于这类风险的损害。

这个系统相对顺利地运转了几十年。然而，在 2007 年的信用危机之前，美国政府推出了一项全国性的目标：扩张房屋所有权。那些之前不能支付房屋所有权的人被排斥在传统的抵押贷款市场之外有许多原因。他们可能不是传统的借款者，或者，他们可能不能轻易地达到联邦抵押贷款公司要求的严格的、主流的资格认定。

现在，银行被鼓励，甚至是迫于压力向非传统的借款者放贷。房利美也开始开展一些保证抵押贷款能够获得支付的业务。因为这些新的贷款者不是传统的最好的贷款者，"次级抵押贷款"一词就被用来描述这种比较容易获得的抵押贷款。

另外，由于20世纪90年代经济的强劲表现，以及自大萧条以来全国范围的房价从来没有下降过，"忍者（无收入、无工作、无资产）贷款"就开启了潜在的房屋购买者这一全新的市场。

这种贷款的承销商认为其风险是很低的。人们也认为，房价上升得这么快，即使房市每况愈下，哪怕是一个不那么幸运的购房者也总是能够将房子卖出，将贷款还上，而且还能获得可观的利润。

次贷危机

几乎没有人预见到房地产泡沫的破裂会使次贷市场崩溃。不过，有人确实看到了一些警示性的征兆，这些人中最著名的当属就职于首都华盛顿的经济和政策研究中心的迪恩·贝克，以及爱德华·格兰里奇，之后美联储的一些理事也意识到了这一情况。全国房地产市场中的一些区域性案例——最广为人知的是20世纪80年代末期马萨诸塞州的情况和加利福尼亚州、佛罗里达州以及西南地区的泡沫——证明房地产市场上会出现非理性繁荣，之后会出现深度下滑，房地产市场价值能够缩水30%甚至更多。然而，也许因为大家都在过好日子，无人想结束这场经济盛宴，所以，批评并未引起人们的重视。

这些预言者超越他人的地方在于他们知道，即使市场能够通过汇集过度贩卖的抵押贷款而将巨大的非系统性风险加以分散，市场中仍有大量没有精确评估和不能分散的系统性风险。不管怎么说，人们支付抵押贷款的能力以及人们在经济条件窘迫的时候出售房屋的能力都依赖于总体经济的健康程度。如果经济严重下滑，首先受到影响的非常可能就是那些不再有资格获得传统抵押贷款的个人，在这种情况下，这些人就会求助于次级贷款工具。

公平地说，那些将抵押贷款打包、出售以及购买的人身上也有应有

101

的审慎。 他们要求评级机构对这些工具打出好的评级。 后面我们会详细地说明，这些评级机构并没有对次级贷款的本质风险精确定价。 不过对于现在来说，认识到投资者不是被误导了就是没有理解这些抵押贷款的本质风险已经足够了。

错误定价的风险、道德风险问题以及逆向选择问题共同导致了次级贷款市场上的一些危机。 有时危机发生的原因可显示出明显的无能，另外一些时候，引起危机的则可以说是不折不扣的犯罪。 然而，这些危机基本上都没有达到使所有机构都屈膝投降的程度，也从来没有使整体经济陷入崩溃。

抵押贷款工具变成了使全球信用市场冻结的臭名昭著的有毒资产。人们也不再能够轻易、透明地评价抵押债务工具的安全性了。 结果，资金的借出者就撤出了市场。 原先那些被信用行业视为宠儿的合格贷款者现在却与"忍者"被一视同仁。

普通大街上的恐慌

是什么使一个市场上的非系统性风险演变为自大萧条以来所不曾有的污染所有市场并使全球市场濒于崩溃的系统性风险的呢？ 答案是一个词——恐惧。

稍后我们会讨论市场心理因素在扩大市场恐惧中所扮演的角色。首先我们探讨的是一种多米诺骨牌效应——一个市场上的失灵怎样影响其他市场。 尽管这些失灵中的每一种也许只是始于某个行业中的某些失败的决策，可是由此产生的风险最终可能会波及到其他地方。 我们来看看从最近一些臭名昭著的失误中产生的风险最终导致了什么样的结果。

近期重大失误的历史以长期资本管理公司（Long Term Capital Management，以下简称 LTCM）在 1998 年遭受惨重损失为起始点。尽管 LTCM 的损失在当时可谓"个中翘楚"，现在看来却相对不那么巨大了。 不过，LTCM 确实为我们之后如何处理重大失误画出了"蓝图"。

LTCM 是现代对冲基金行业中一家最早、最重要的公司，也是这个行业的一个典型代表。 具有讽刺意味的是，LTCM 最初用以获取利润的策略对它自己来说是没有风险的。 当然，它的获得就是其他人的损失——就像我们在后面会看到的。

在一种新概念上诞生并孕育出丑闻的 LTCM 由所罗门兄弟公司（Salomon Brothers）前首席债券交易员约翰·梅里韦瑟（John Meriwehter）于 1993 年创办。 梅里韦瑟在所罗门兄弟公司陷入被指控操纵债券价格的丑闻后辞职。 梅里韦瑟的债券部门开发出一套策略企图规避财政部出台的一项政策，目的是防止重要债券竞买者在国库券的拍卖中操纵价格。

后来人们发现，作为当时唯一最大竞买者的所罗门兄弟公司利用假名头购买了超过市场份额 35% 的国库券，而 35% 正是政府政策规定的一个买主能够购买国库券的上限。 丑闻披露后，大股东沃伦·巴菲特（Warren Buffett）坚持要求进行公司管理部门的改革，这也导致了梅里韦瑟的辞职。

不过，梅里韦瑟没有失业太久。 利用与金融专家、数学家同时又是诺贝尔经济学奖获得者的迈伦·斯科尔斯（Myron S. Scholes）和罗伯特·默顿（Robert C. Merton）的关系，梅里韦瑟创建了长期资本管理公司。 该公司注册于特拉华州，在康涅狄格州办公，通过开曼群岛上的合伙人进行交易。 由于开曼群岛受到更少监管的控制，它成为很多对冲基金的老巢。

LTCM 自创立起就非常成功。 在 1994 年开始进行交易之前，它已经筹集到了 10 亿美元。 LTCM 的交易策略是寻找在不同市场上交易的或者在赎回期方面稍有不同的长期债券在价格上的细微差别。 尽管每交易一美元，它只能获得一美分的几分之一，但是将价值数百万甚至数十亿美元的交易重复地进行，这个公司便能够通过利用其他人信息和进入市场渠道的不完美性赚取可观的收益。

因为这些交易几乎能够没有风险地带来可靠的回报，因此 LTCM 能够从其投资银行联合中取得大量贷款，LTCM 有价值一美元的投资证券，就几乎能够获得 30 美元的贷款。 事实上，这可以使 LTCM 在偿还贷款利息之前将回报扩大 30 倍。 为了确保其主要证券投资者留下尽可能多的回报，LTCM 甚至竭力构造能够规避长期资本利得税的交易，这种策略使投资者逍遥于美国国内税务署管制之外。

LTCM 运用这种策略取得的丰厚利润一步步提高了初始投资者的期望，也吸引了新投资者的加入，他们要求公司以新的方式开发出新的机会来获取同样丰厚的回报。 LTCM 获得回报的基础在于从不对称风险中挖掘出盈利的机会。 然而，对于一场大的金融危机可能引发的损失，他们并没有准备好应对之策。

LTCM 首先成为 1997 年亚洲金融危机的牺牲品。 危机的开始是泰铢的大幅贬值，结果导致泰国的外债变得更加沉重。 这是因为，泰国的外债多以美国美元计价，泰铢贬值后，泰国的外债自然就越发沉重。在金融业得到数年显著的发展后，泰国在技术上陷入了破产的境地。

许多人因此开始反思，泰国的经济奇迹是否只是一种金融现象而不是实体经济的发展。 类似的对金融奇迹的怀疑也发生在韩国、日本和中国以及其他亚洲国家的身上。 同时，很多人也认为许多亚洲金融市场混乱无序。 那些投资于这些国家金融工具的投资者付出了惨重的代价，其中就包括 LTCM。

祸不单行，LTCM 在亚洲金融危机中遭受损失后，又在 1998 年俄国威胁说其财政部发行的价值数十亿美元的债券可能会在违约的情况下付出惨重代价。 俄国的行为是经济危机的继续发展，同时它引起的担忧也传染到了世界上其他的债券市场，好的债券和坏的债券都面临着同样的命运。

经过了几年显著的发展和盈利，LTCM 却在短短的几个月里就积累起了令人难以想象的超过 40 亿美元的损失。

当然，LTCM 的策略本身并不创造价值。 它的辉煌之处在于，它有榨取债权持有者腰包的利润的能力。 另外，LTCM 也不会遭致巨大的风险。 和其他许多过度聪明的投资者一样，LTCM 本质上就是一个金融扑克游戏的玩家，在这种零和游戏里，有赢家就有输家，有输家就有赢家，可就是没有产出。 至少在 LTCM 遭受重大失误而其他人承担下行损失时，这种本质暴露无余。

当这些不断积累的巨大风险得到报应的时候，沃伦·巴菲特，这个世界上一个最富有的、被誉为奥马哈先知（Oracle of Omaha）的人表示愿意对 LTCM 提供个人救助。 然而，LTCM 的合伙人却拒绝了，因为他们认为他们有更好的买卖可做。 这些人知道，LTCM 非常庞大，它所犯的失误又足够使本已动荡的金融市场陷入更加可怕的境地，所以，最终它会获得救助以免于倒闭——至少在某种程度上来说，这是一种变异了的、残酷的经济达尔文主义。

最后，美联储纽约银行——美国联邦储备体系中的一个区域性分支组织对 LTCM 实施了救助，几家著名的全球性投资银行提供了将近 40 亿美元的资金。 尽管金融系统躲开了 1998 年射出的子弹，这个事件却开启了一种新策略的按钮，时至今日，这种策略依然阴魂不散。

此后，每当面临潜在的重大金融问题时，我们就得充当冤大头。

104

麻烦制造者犯下了致命性的错误，无辜的纳税人和投资者却要分担这些风险，否则的话，全球市场都可能得付出更大代价。 我们开启了潘多拉的魔盒，却无法将之关闭。 这些事件证明，可观的利润归于私人，巨大的成本归于社会，而道德风险一词也从此进入了大众的口头语。

2008 年的全球金融危机

下一场金融危机源于次贷问题带来的有毒资产的崩溃。 回忆一下，20 世纪 90 年代和 2000 年后快速增长的财富不可避免地演变为不断上升的房地产价值。 与此同时，美国和世界上其他国家进行的增加房产所有率的努力也起到了火上浇油的作用。 所有人都有丰厚的好处可得，并且在美国的经济文化下，没有人会问那些会使经济盛宴不欢而散的问题。

我们确实是在享受一场盛宴。 诸如美国的全国房屋贷款公司和英国的北岩银行使任何人都能非常容易地实现拥有住房的梦想。 许多原本没有能力购买房子的人也被拐进了购房风潮，他们认为一旦处境不妙，自己总是能够卖掉房子并获得可观的利润。 不过，一旦房地产市场上的泡沫破裂，拥有住房的梦想就会变成一场噩梦。 这场噩梦不仅带来了严重的全球经济衰退，而且直到现在它还在纠缠我们。

第一个倒下去的是贝尔斯登（Bear Stearns）。 贝尔斯登长期以来都是一家强健的全球性投资公司，但是现在它发现自己比大多数投资公司更容易受到新抵押证券及其前所未有的衍生品的伤害，这些证券是在政府鼓励下由坏的次级债务重新打包而成的。

较早时候，在美联储新任主席本·伯南克（Ben Bernanke）看来，全球金融市场担负不起贝尔斯登被有毒资产整垮的后果，人们对此的期望也在不断上升。 在此之前，美联储的策略一直是"等着瞧"（wait – and – see），而在许多人看来它等着瞧的却可能会演变为不仅仅危及一个公司而且会危及全行业的金融危机。 尽管很多人也强烈地认为，盈利的公司留下利润，失误的公司获得救助，这会鼓励道德风险行为，可是美联储不得不采取行动。 首先它向贝尔斯登提供了贷款，最后又联合了 J. P. 摩根公司（J. P. Morgan）在 2008 年 3 月对贝尔斯登实施救助。

这场救助实际上就是用纳税人的钱来重组位列投资银行前五的贝尔斯登，使其免于倒闭的厄运。 而为什么美联储所做的又超出了协调救

105

助的角色呢？ 不管怎样，贝尔斯登被次贷崩溃中的抵押贷款证券伤害甚深，而我们知道投资银行业中又充斥着丑恶的联姻关系。

很快，事情变得很明朗，如果贝尔斯登倒闭，其他很多投资者和投资银行就会受到威胁。 尽管有人呼吁让那些投资不善的公司倒闭，有人表示对道德风险问题的担忧，美联储却感到当时的处境有可能对金融市场造成太大的伤害。 于是，强制的合并被实施，美联储反过来也向忧虑的公众保证它将对这些之前缺少约束的部门进行更加严格的监管。

眼不见，心不烦

在此之前，美联储以及世界很多国家的政府都不愿对类似的公司展开救助。 关于长期资本管理公司的记忆已经消褪，20 世纪 90 年代的富足和 2000 年后小布什政府放任市场的举措使人们对市场有了更多的信任。 很多监管部门虽没有遭受被拆散的命运，但是其职能权力却被消除或弱化了。 通常管理经济和政府机构的那种实用主义被自由企业的热潮和自由市场的信念所取代。

结果，人们忽视了全球金融市场将出现重大危机的信号，对无法回避的市场失灵的反应也显得软弱无力。 在 2007 年和 2008 年的早期仍然是世界金融的领导力量的美国，在危机的开始阶段，依靠的是两种非常传统而力度又不足的手段。

小布什政府作出了自己贫血般的反应，也许这只是为了表明它还没有从人们的视野中消失，而不是真心愿意干预和处理不断升级的问题。《2008 年经济刺激法案》（*The Economic Stimulus Act of* 2008）提出了退税措施，它规定自 2008 年 5 月开始向美国的纳税人返回不到 1 000 亿美元的资金，不过从一开始，很多人就认为这项计划的额度太小，实施也太晚。

仅仅四个月后，国会就展开辩论并最终批准了相当于之前七倍资金额度的《2008 年紧急经济稳定法案》（*The Emergency Economic Stabilization Act of* 2008）。 甚至这总和达到 7 000 亿美元的资金在那时也来得太少太晚了。 不到六个月后，紧接着的 8 250 亿美元的救助计划仍然被很多人认为力度不够。

在 2008 年的全球金融危机中，美国几乎付出了 2 万亿美元的代价，世界其他国家付出了更多万亿美元。 不过，从国会传来的消息只是大幅增添了人们的恐惧。 一场自 75 年前的大萧条以来无法比拟的严重经济衰退似乎在所难免。

欧洲展现领导力

当美国的银行陷入困境时，欧洲各国政府的警惕性日益加强。 尽管美联储表示了对对冲基金和市场动荡的关注，美国证券交易委员会（The U. S. Securities and Exchange Commission）却给人留下跑得很快而不是很超前的印象。 在这种真空领导的情形下，欧洲的中央银行开始向大西洋另一岸提供其所缺乏的领导力。 在世界范围的中央银行和财政部还没有开始紧密合作的时候，欧洲吹响的号角也许有助于刺激美联储、美国财政部以及美国国会一同更加直接地处理快速恶化的问题。

随着主要的投资银行先后损失掉它们在对冲基金和抵押贷款债券中的投资，美联储也开始采取行动。 它注入了数百亿美元的资金以防止整体市场的崩溃。 为使投资银行免于倒闭，美联储甚至扮演起协调救助和担保贷款的角色。

与此同时，英国的前财政大臣，现任首相戈登·布朗（Gorgon Brown）通过其修正快速恶化的市场的努力变成了事实上的全球领导人。 布朗之前已经意识到需要对银行贷款进行协调以隔离不断升级的信用危机。 他的行为也指向了大西洋两岸各方显著不同的监管反应。

全国房屋贷款公司和北岩抵押贷款银行分别是美国和英国的两家抵押贷款公司，它们随着 20 世纪 90 年代和 2000 年后房屋所有权的增长而获得快速发展，同时它们也因为次贷危机而遭受严重损失。

由于向无偿付能力且在问题出现时一走了之的那些人提供抵押贷款，这两家公司都受道德风险和逆向选择问题之害。 当经纪人获准兜售这些抵押贷款却不用承担其风险时，道德风险问题也会出现。

美国对这种困境的应对之策是鼓励美国银行收购全国房屋贷款公司。 相似的是，遭受巨大损失的英国的布拉德福 - 宾利银行（Bradford & Bingley）被迫将其次贷业务以不到之前 10% 的价格卖给了西班牙的桑坦德银行（Grupo Santander）。

而英国则认为这可能是解决银行越来越不愿扩张信贷这一问题的机会。 出于实用主义目的，英国政府决定通过创建英国金融投资有限公司（UK Financial Investments）而将北岩建屋互助会（Northern Rock Building Society）国有化。

这样做使得政府宣称一些主要的银行实体拥有了清偿能力和可信

性，从而英国的信用市场也获得了某种程度的扩张。

与此形成鲜明对比的是，美国政府采取了更加自由放任的做法。不过，它的视而不见并没有能够阻止美国信用市场继续恶化下去。它强制实施了贝尔斯登这家重要投资银行与其他公司的合并，准许了雷曼兄弟（Lehman Brothers）的破产，这家投资银行后来被英国的银行业巨头巴克莱银行（Barclays Bank）收购。美国政府还批准了对美国国际集团（American International Group，AIG）的救助，这家庞大的公司在不断恶化的次贷危机中因为恶名远扬的信用违约互换而积累了大量负债。美国的监管举措似乎总让人们觉得还会有后续的措施出台。

最后，美国被迫采取了更加一致、有着更多干预色彩、更像戈登·布朗在英国所作的那样的措施。国会山上令人惊恐的证词表明，全球信用市场几乎完全冻结，在恐惧的驱动下，国会以压倒性的多数通过了《问题资产救助计划》。国会阐述的意图是，用这些资金来购买那些使美国投资银行资产负债表不平衡的问题资产。

美国的应对之策

2008 年 3 月贝尔斯登出现问题后，美国作出的干预措施正好落在欧洲第一轮的反应之后，人们认为它力度太小、来得太迟。人们要求显著扩大美联储作为商业银行（而不是投资银行）最后贷款人的传统作用。这时美联储已经将其对商业银行短期贷款的利率从 2% 下调到了 0.25%，但是这些行动却没能有效阻止问题的不断升级。这给全球金融市场带来了浩劫。随着金融市场变得急剧动荡，恐惧逐渐取代了理智。

美联储每发出一项干预声明，道琼斯工业平均指数大概就会飙升 300 点，但是如果第二天没有同样大的干预跟进，道琼斯工业平均指数就会跌回原值。市场对利好信息上了瘾，如果一天没有抚慰性的语言和可信的行动，大批资金就会撤离。同时，世界股票市场变得更加动荡。

到 2008 年 10 月份，道琼斯工业平均指数一天下跌 300 点已经是好消息了。实际联邦基金利率已经下降到了 0%，不过，美联储仍然表示会在必要时候继续采取措施。不幸的是，对隐约可见的灾难善意的忽视并没有使美联储的措施发挥出效力，这是因为，家庭已经危险地走到了凯恩斯主义者所谓的"流动性陷阱"（liquidity trap）的边缘。在这种情况下，利率变得非常低，家庭觉得费心地参与金融体系已经不值得，因而，它们就会退出所有的金融市场。

《问题资产救助计划》的问题

随着《2008 年紧急经济稳定法案》的被批准和《问题资产救助计划》的出台，人们意识到，曾经强大的投资银行和抵押贷款公司只剩下了躯壳。雷曼兄弟、美林公司（Merrill Lynch）、花旗银行（Citigroup）、美国银行、卡莱尔集团（Carlisle Group）、北岩银行、摩根士丹利（Morgan Stanley）、瑞士联合银行（Union Bank of Switzerland, UBS）、全国保险公司（Nationwide Financial）和高盛集团（Goldman Sachs）不再是资金的源泉和主要提供者，不再能够吞并小的竞争者来积累庞大的财富和资本。事实上，这些历史性的投资银行和抵押贷款巨人中的几乎一半已经不再以先前的形式而存在了。

由于这些公司经常需要政府和中央银行的资金以及其他银行和金融机构救助，可以说，这些著名的金融公司是最新版的太大以至于不能倒闭的例子。《紧急经济稳定法案》规定的 7 000 亿美元中的一半资金已经用在了重新恢复美国金融市场的完整性和可信性方面，作为交换条件，政府获得美国的银行新发行的优先股。

《问题资产救助计划》的问题在于，它并不是为了真正地给问题资产消毒。银行仍然没有被充分地纾困，它们也不愿意放出贷款。美国财政部一招不行，又换新招，尽管有些措施确实阻止了事情向更加糟糕的方向发展，但是，没有任何措施使事情好转起来。甚至美联储前主席艾伦·格林斯潘（Alan Greenspan）之类的人也不得不承认，对于现在来说一些干预性的政策有其必要。

新的出口品

金融混乱已经成为美国新的出口品。全世界的国家都仰仗着美国的消费主义。随着全球财富蒸发了几乎一半，也就是说将近 300 000 亿美元，随着房地产和股票市场上数十万亿美元的缩水造成消费下降了数千亿美元，美国的金融危机也开始向全球蔓延。中国、印度以及其他国家的股票市场都开始急剧下跌，日本的日经指数（Nikkei index）跌到了其历史上的最低点。 美国的各种指数的下跌幅度也超过了大萧条以来的任何时期。

大多数经济学家都认为到 2008 年底，美国已经一年多都处在深度衰退之中。 大多数人也都认为衰退将是长期和严重的。 有人甚至担忧出现全面萧条——公认的定义是国内生产总值下降 10%，并伴随着物价紧缩的局面。

最可怕的是消费者信心的不断崩溃。 由美国经济评议会（Conference Board）每月发布的消费者信心指数在 2008 年 11 月降到了创纪录的低点，并且此后继续下降。 消费者信心调查始于 1967 年，它被用以描述消费者的乐观程度，指数越高，表明消费者越乐意进行消费，因而，它是一个非常重要的经济指数。 官方发布的公告称美国已经处于衰退之中，这仅仅证实了消费者此前已经知道了的事情。 消费者对衰退的反应就是勒紧他们的裤腰带。

恐惧何时退却？

最给人希望的信号来自于新当选的经济总司令，他认识到了问题的严重程度，并清楚地表示要通过大规模的政府刺激来带动私人支出的增加。 我们看到一些乐观情绪得到恢复。 尽管我们仍然面临着更多的破产、金融丑闻、失业以及财富缩水，但是问题的严重性已经得到了共识，而且新当选的领导人开始展现有所作为的决心。 他的关注产生了正效应。

对问题的清楚认知是很重要的。 如果消费者不愿意重新进行投资，我们就无法前行。 尽管前面还有相当多的苦痛需要承担，也许还要挨上一年或者两年的苦日子，然而，隧道尽头最终会露出光明。 到那时，一切都会彻底改观。

未来的挑战在于进行真正的改革。 仅仅将引起风险的责任豁免掉的做法并不能解决风险问题。 这种做法只是简单地将风险由决策者转移给了无法对管理决策进行控制的股东和纳税人。 无法对个人作出一点控制的下行风险正是我们对恐惧的定义。 不过，现在人们越来越多地意识到回归生产这一立足点上的重要性。

最后要说明的是，现在并不是我们不再相信资本主义。 相反，需要给斯蒂夫·乔布斯（Steve Jobs）和斯蒂夫·沃兹尼亚克（Steve Wozniak）那样的企业家更多的权力。 当年这两个人坐在车库中发明了苹果电脑，他们玩得公平，他们获得自己的回报也就理所应当。 同样，如果银行家设计出了更好的金融工具，它不会使无辜者蒙受风险，并且能使市场更有效率，甚至能使房产所有权更容易支付，那么，我们也应该给他们更多的权力。

然而，那些商学院的毕业生离开校园的时候所期望的，是通过做好事而实现自己的价值，还是嚷嚷着要从固定的经济蛋糕中切下一大块来？ 我们委托经理等管理人员来代表我们作出各种决策，然而，我们提供给他们作决策的教育和工具、提供给他们足以防止近来越来越经常看到的失误发生的激励了吗？ 也许，金融危机好的一点是，它能让我们停下来反思一下，我们是否真正创造。

第十二章
逆向选择与不完美信息

　　在生活中，我们经常将我们的公司有效运行、市场有效监管、资产安全储存这样的任务委托给其他人。　不过，我们并不总是能够确保所雇佣的代理人会真正地履行这样的责任。　在不完美信息环境中，会产生很多使我们的信任落空的问题。

　　信任对于某些种类的交易来说非常重要。　我们每天使用的钞票不过是由美国政府或其他货币当局"充分信任和尊重"（full faith and credit）的纸片而已。　我们相信银行会使我们的储蓄安全，保险公司会对我们的房子和汽车进行承保，医生和教师会使我们获得健康和知识。然而，我们如何才能确保我们的领导人、经理、代理人、经纪人、总裁和首席执行官们将我们的公共利益置于其个人利益之上呢？　我们能相信他们在将风险最小化、将收益最大化吗？　在这个密室议事和信息不完全的世界里，我们能够确保选出来代表我们的那些人不会做出对我们不利的事情，我们能够确保我们手中美元的价值总是被信任和尊重的吗？　答案也许是：不能。

　　如果市场完整，我们的信任也就有合理性，然而，现实却是，这个市场存在着大量问题。　最近，我们比历史上的其他时候更清楚地看到，我们的信任被辜负了。

　　信任作为一个问题已经有几百年的历史了，实际上，自从金融市场出现以来，这一问题就产生了。　以 16 世纪爱德华六世（King Edward Ⅵ）统治时期金融家格雷欣（Gresham）的名字命名的格雷欣法则（Gresham's Law）说明了信任被辜负所产生的成本。

格雷欣的祖上曾被多个国王封为爵士。 他自己也被国王亨利八世（Henry Ⅷ）封为托马斯爵士，部分原因在于他表现出了不可思议的管理能力，那个时代当然比现在有着更多的管理不善问题，所以这一点显得尤其难能可贵。 不过，非常具有讽刺意味的是，当他设计出一套重新对英镑进行定价的方案时，从皇室得到了很大好处。 那时，由于亨利八世的政策使外债的利率下降到了令人难以忍受的低水平，安特卫普（Antwerp）的银行家担心这些债务会违约，于是，英镑开始贬值。 托马斯爵士想出了一套办法。 他每周都会秘密地在安特卫普的外汇市场上买进英镑，同时他又建议国王出台一项政策迫使那些在安特卫普以某个汇率获得英国信用抵押的商业船队在伦敦以更低的比率得到偿付，而英国国王则获得了套利利润。

　　托马斯爵士也因为创建伦敦皇家商业交易中心（Royal Exchange）而为人所知，这个中心是进行股票和商品交易的中心场所。 这种交易也不禁让我们怀疑，托马斯爵士到底代表了谁的利益。 他利用伦敦市的钱建造了皇家交易中心，但是他又通过向中心的所有者收取租金而为自己牟取了大量利益，因此，他受到了人们的指责。

　　尽管以格雷欣名字命名的经济学规律事实上并不是他所提出的，但是他为提高作为交易媒介的货币的质量而作出的努力却给人们留下很多启示。 格雷欣法则最简单的表述就是：劣币驱逐良币。 它也表明，对于信任的辜负会导致人们很难信任任何事物。

　　特别的是，这条法则告诉我们，容易伪造或削减成色的货币会污染整个市场，并造成好的、足值的货币退出市场。 很容易想象，伪币的持有者希望将之换取合法的货币。 如果进行这种交易的人获取了利润，那么，合法货币的持有者就会遭受损失，于是，他们就会希望将合法货币拿回家中，至少在信心得以恢复之前他们不会用之进行交易。 不过，在这种情况出现之前，人们很快就会发现，进行交易的货币都是劣币，进而，人们会对这些货币作为交易媒介的可信性发出疑问。

　　在现代金融市场的很多方面都能够找到与格雷欣法则相对应的例子。 例如，我们可以看到，传统的稳定、有用的市场可能会被有毒资产污染，因为这些有毒资产会使人们质疑所有资产——无论是好资产还是坏资产的价值。

114

次贷中的信任问题

作为一个例子，我们可以看到次贷危机引发了一系列格雷欣法则所阐述的问题。 如果说传统的房地产市场是长期投资者和代理人的乐园，这些人会因为自己声誉的提高而获得回报，那么，近来的房地产市场已经成为不可靠的投机者的天堂，他们都在想着通过"扔了那所房子"（Flip That House）而获取快钱。 我们不再轻易相信房子是坚固的，是维护良好的，我们甚至不仅对进行交易的房产不放心，而且对所有的房产都不再信任。 房地产市场就是因为有了这样的变化——我们才不会再将房地产作为一种良好的中期投资工具了。

同样的道理，那些将很多抵押贷款汇集起来的抵押贷款证券当然也会包含某些好的、值得信赖的抵押贷款，然而，它们也会包含风险更大的"忍者贷款"。 正如我们很难看清房子墙壁里面的建筑质量一样，我们同样很难看清一个抵押贷款复杂集合的质量。

在这些集合中，好的抵押贷款处于不利的位置，这是因为，为了卖掉这些可疑的集合需要支付给投资者的利率对好的抵押贷款和坏的抵押贷款是一样的。 最后，次贷问题会污染所有类型的抵押贷款市场，并造成信贷市场的完全冻结，这时，即使那些风险不大的好的抵押贷款也不可能获得了。

我们可以看到，格雷欣法则在金融市场上的表现结果就是，风险和恐惧上升，市场波动得更加厉害，净收益下降。 尽管次级抵押贷款只占所有抵押债务工具集合中的一小部分，但最后同一家族的所有证券都会受到怀疑，金融市场的价格下跌，资金的融通受到抑制。

柠檬市场

格雷欣法则在乔治·阿克尔洛夫（George Akerlof）的论文《柠檬市场：产品质量的不确定性与市场机制》中得到了延伸，该文为他赢得了2001年的诺贝尔经济学奖。 在这篇影响巨大的论文中，阿克尔洛夫指出，某些种类的交易比其他交易对信任有着更强的依赖性。

尽管一个苹果坏了或者熟烂了可能是很容易鉴别的，但是，一辆二手车是质量可靠的还是一个有问题的"柠檬"（lemon）①却不容易鉴别。 因此，那些无道德原则的人就受到更大的激励去兜售次品车，人们在二手车市场买到次品车的概率就会增大，于是，二手车的价格就会下降。

另一方面，假设你有一辆质量上乘的二手车，人们对二手车愿意支付的很低的价格就会阻止你将车卖出，因为你自己对车的评价要高于买者愿意付出的价格。 最后，市场上只有次品车在卖，同一类型质量上乘的二手车都将退出市场。

市场上的污染会造成整体市场信心的崩溃。 不过，2001 年诺贝尔经济学奖的另一位得主迈克尔·斯宾塞（Michael Spence）给出了一个可行的解决方案。 如果市场上高质量的物品能够以次品所不能的方式向买者发送信号，表明自己的品质，那么，市场信心会得到恢复。 这些信号可能来自于惩罚售卖劣质产品的监管者，也可能是卖者提供给买者的产品质量保证书，那些能够检查、评定市场上产品质量的机构也能起到发送信号的作用。

稍后我们会讨论评级机构作用的失灵，它们没能充分地扫除有毒资产。 现在，我们来进一步观察这些有毒资产是如何使甚至不相关的市场受到影响的。

市场污染

许多现在仍然在世的人经常会回忆起大萧条。 那是最近一次恐惧和狂乱大规模控制金融市场的事件。 那些经历过大萧条苦难的人的共同的记忆就是对金融机构整体的不信任。 这些不幸的人们学会了将辛苦赚来的钱放在被褥底下，他们也竭力避免举债，因为害怕经济灾难降临时债主会对自己冷酷无情。 总之，他们学到的就是，宁愿不享受金融市场带来的好处，也不愿承受金融市场带来的风险。

在之前的讨论中，我们知道良好运行的金融市场在减少风险和增加回报方面有一些重要作用。 然而，当少数害群之马使市场变得有毒之时，他们的贪婪甚至会损害与其决策无关的人的利益。 负外部性——某种交易损害非交易参与人的情形——是市场无效率的一个重要原因。这种无效率最终会降低其他人的收益，增加其他人的风险和恐惧。

---

① Lemon 在美国俚语中意指次品。

政策制定者认识到，当一些人试图不顾公众利益而竭力从市场中满足自己的贪欲时，人们都会遭受严重的损害。 事实上，我们已经有了反垄断、金融串谋、洗钱、内部人交易之类的多种法律来制止这类有害行为。 那些被成功控告的人会得到相当于其可验证损害三倍的罚款。

之所以要控告这些人，是因为我们认识到，他们的不法行为撕裂了金融市场和金融制度的完整性，并损害了我们对它们的信任。 之所以要处以三倍的罚金，是因为我们不仅要阻止类似行为的再次发生和要他们为可验证的损失负责，同时我们还要让他们为破坏市场完整性付出代价。 这种处罚也反映了一个事实：很少有害群之马被发现和控告。

然而，如果每四个拙劣商人中只有一个被发现，那么三倍的罚金其实是不够严厉的。 实际上，抓获不法之徒的几率远低于四分之一。 因此，有时候我们会对被逮着的人广为宣扬，希望以这种相当于古代在犯人身上涂满柏油和插满羽毛游街示众的方法来达到杀一儆百的目的。

金融市场中的环境保护者

我们不能仅仅期望由起诉人管理市场并恢复我们对金融机构的信任。 那么，还有什么来使我们重新建立起对金融市场的信心和对金融机构的信任呢？ 恐惧和信任的消解归根结底来源于某些人的贪婪和不可思议的高收益，以及我们无辜的人承担他们造成的风险。 如果说之前这一点没有被所有人认识到，那么，信贷危机和全球金融危机之后它几乎被普遍理解了。 甚至艾伦·格林斯潘这位自由市场的法老最近也变成了金融启示录的辩解者（Apologist of the Financial Apocalypse）。尽管他与自由市场有着长达一生的恋爱关系，现在他却发现，完全自由的市场不过是一个很有吸引力但却虚幻的理想而已。

2008 年 10 月 23 日，星期四，在韦克斯曼（Waxman）领导的美国众议院监督和政府改革委员会举行的听证会上，格林斯潘表示："我们中间那些指望通过贷款机构的自身利益能保护股东权益的人，特别是我自己，正处于一种让人不敢置信的状态。"当被问到他是否依然相信市场能够自我修正和自我监管的时候，他说："所有的智力大厦都在去年夏天轰然坍塌。"然后，他接着承认贪婪的作用已经超过了好的公共政策：

"强而有力的证据表明，如果没有证券化制造者的过度需求，次级

117

抵押贷款（不可否认次贷是本次危机的起源）的规模会小得多，违约率也不会如此之高。但是，次级抵押贷款被打包、证券化之后在全球进行销售，并迅速成为全球投资者的投资对象。由于在背后支撑这些证券的抵押贷款是"次级"的，因此，为了补偿高风险，这些证券的利率很高。不过由于美国的房价持续上涨，次级贷款的违约率和止赎率看起来总是很低，损失也很小。对于世界上大多老练的投资者来说，投资这些证券如同'白拣便宜'。"

市场犯下了大错。复杂的金融市场想象着能像地方性农贸市场贩卖苹果一样销售越发复杂的金融工具。而事实上，完全竞争是需要以市场各方拥有不受损害的完全信息为条件的，但是，当交易的工具如此复杂、交易过程又是如此不透明以至于风险无法真正评估的时候，完全信息根本不可能获得。如果说，透明性是完全信息的一个标准，那么，从这一条来看，今天的金融市场怎么说都不算是竞争性的。

正如这位前主席不久前向公众宣告的，在他治下的金融天才们所构造的模型中，并没有包含进诸如房地产等关键市场的价格会下跌这一因素。格林斯潘自己也承认他在对市场的评估方面犯下了严重错误。20世纪90年代和2000年以来金融大厦里端坐的那些最聪明的人们认为，只有刚刚过去的事情才是他们新开发的金融工具风险和收益的最佳预测指标。所以，他们模型的基础就是：价格在过去获得了上涨，任何违背这一趋势的现象都被视为异常事件而不予考虑。然后，这些人将他们的想法贩卖给自己的主管，而这些主管可能也不能完全理解他们的模型。不过，最后市场却也认账——直到一切都为时已晚。

恢复信心

要使市场信心得以恢复，使引起市场动荡的犬儒主义（cynicism）得以消除，第一步就是理解是什么造成了第一波的市场危机。我们必须确保那些引起风险的人也得承担起相应的风险，而不能让他们将风险推卸了事。我们必须摒弃那种以社会成本为代价获取私人收益的观念，另外，我们也必须确保管理人员在表现出色的时候能够获取充分的报酬，在表现平庸或管理失误时被处以惩罚。

我们选出来的代理人可能会以各种各样的方式损害我们的利益，经济学家对此作了总结。我们必须改革当前的报酬制度，给予代理人的报酬必须与其团队在贯彻我们目标时的表现挂钩。 2008 年，华尔街分发的奖金达到了历史上第六高的水平，而同一年，由其发端的金融危机造成了超过 250 000 亿美元全球财富的蒸发。 华尔街上的管理人员毫不羞耻地分发奖金，似乎我们给这些代理人制定的目标就是使我们陷入全球金融危机的泥潭。

与此同时，我们必须确保代理人确实努力使其团队向前进步，而不只是制造出团队合作的假象。 怠工的现象必须受到抑制，建立人际网络之类的行为必须是为了提高团队的表现，而是不为了提高某个人在市场上的地位。

我们慢慢发现，缺乏弹性的工作标准和工作配额可能会迫使经理们作出最优的选择，而他们会避免那些有着更高收益同时风险也更高的项目，尽管这些项目可能会使其更容易实现目标。

与此相反，有时候我们的好心可能会使经理们更愿意从事风险活动。 如果出现失误不会受到惩罚，而打了全垒打会有丰厚的奖励，那么我们的代理人可能就会被诱使获取长球，而这个过程充满了风险。另外，如果中层管理人员将晋升视为锦标赛，公司中表现相对比较突出的员工会获得提拔，那么实际上这就可能使员工陷入恶斗的局面。 中层经理们甚至可能对上升期的新人充满恐惧，甚至可能压制或者解雇那些揭发内部违规的人（whistle blower），因为，在他们看来，这些人非常可能掀起不合理的薪酬制度下荒唐行为盖头。

设计出以股东利益为依托恰当平衡风险和收益的员工薪酬方案是很困难的，另一方面，将表现与薪酬完全脱钩的方案也是非常危险的。一家企业如果实行固定工资，平庸的员工就会留下，而优秀的员工就会另谋高就。 固定工资也会促使人们寻求其他获取收益的方法。 当劳动力市场不能为优秀人才提供高收益时，馈赠（patronage）、贪污、接受额外利益（perks）以及非金钱好处等行为就会发生，这些都是委托－代理问题不良解决办法的成本。

逆向选择问题的每一个解决办法似乎都有缺点，并带来新的成本。代理成本——有效激励代理人所带来的成本和风险，以及削弱委托－代理问题需要花费的成本——是非常巨大的，并最终需要股东来承担。举例来说，为补偿管理人员的表现而提供的股票就会使股东的价值得到稀释，为表明代理人的变现如何定期发布的财务报告也需要大量的花销。

最近这类成本又有了一个重大出处。 为促使经理们代表股东和社会的利益行事，国会出台了《萨班斯－奥克斯利法案》（*Sarbanes－Ox-ley Act*）。 这项法案又名为《2002 年公众公司会计改革和投资者保护法案》，是美国在 20 世纪 90 年代晚期出现一系列公司丑闻后出台的。安然公司（Enron）、世通公司（WorldCom）、阿德尔菲亚通信公司（Adelphia）、泰科国际有限公司（Tyco International）等企业的道德堕落造成了股东、员工及其养老基金数十亿美元的损失，但是这些公司的经理们却基本上没有受到处罚。 在第二十四章我们还将讨论引起《萨班斯－奥克斯利法案》出台的道德缺失问题，以及该法案所造成的成本。

不过现在可以指出，据 2008 年 12 月 21 日《华尔街日报》的社论中所作的估计，尽管《萨班斯－奥克斯利法案》有助于恢复对上市公司的信任，它却给美国的公司带来了将近 2 000 亿美元的巨额成本。 后面我们还会谈到道德缺口及恐惧所产生的效应。 现在却可以说，这些问题发生的原因就在于不可思议多的、令人吃惊高的失误的存在。 尽管修复这些问题需要支付巨额的成本，我们却别无选择。

总结一下，我们必须确保代理人既代表股东的利益，也维护公众的利益，在此过程中，我们也需要提供给他们适当的激励。 自由市场的可持续发展依赖于此。 不然的话，市场就会出现很多问题。 例如，如果金融市场不能良好运转，那么它就会使本应成为谨慎、理性的长期投资变为与赌博无异。 下一章就会谈到这一点。

120

第十三章
风险、不确定性、恐惧与赌博

  我们都渴望将辛苦挣来的钱"投资"于金融市场后获得的回报能够超过国库券提供的无风险回报。 如果通货膨胀率是3%，而债券的回报率还不及3%，债券当然就不能为舒适地度过极有可能延长的退休生活积累起充足的物质条件。 然而，我们的储蓄资金中有多少是真正地用于投资，又有多少只是在进行赌博呢？

  为了使我们的投资更像是在进行明智的资本积累，而不是像是在进行赌博，我们必须承担相当程度的风险。 第一，我们必须竭尽全力构造一个良好平衡的、分散化的投资组合来使风险最小化；第二，我们必须确保自己的投资策略是透明的，并能对不易鉴别的市场信号作出快速反应；第三，我们必须能够获得那些内部人拥有的信息；第四，投资必须是一场正和游戏。 接下来，我们依次讨论上述几点。

市场赌局

  尽管将很多钱投资于一只或两只股票可能极具娱乐性，也非常刺激，但是，这种非分散化的投资策略给人的感觉更像是观看一支自己非常喜爱的足球队的比赛，而不是真正地在作投资。 如果真的使用这种策略，就需要把很多心智投入其中，但是从长期看，它的回报很可能没有很好分散化的投资组合甚至指数基金（index fund）的回报高。 当然，有人可能会交好运气，会在高风险的条件下获取更高的回报。 但是，总体来说，这种策略的回报率更像我们最喜爱的那支球队获胜的几率，而无法与充分设计的投资策略产生的结果媲美。

以游戏比喻投资并非不恰当，其原因有多种。 首先，游戏的类型有三种。 大多数娱乐游戏是零和游戏，这种游戏没有产出，如果与一个旗鼓相当的对手比赛，人们平均会有50%的概率获胜。

如果是在赌场进行碰运气的游戏，那么获胜的概率就会更低，这是因为，赌场常常从赌资中收取一部分作为收益。 如果购买彩票，赚钱的概率就会更加的低，因为大约40%的彩票收入通常会用到多种有益的社会事业中去。 从中可以看到，赢家的收益要比输家的损失小，所以，这些游戏是负和游戏。

经济学家也研究了另外一种游戏——正和游戏。 在这种游戏的进行过程中，一些收益会得以产生。 正和游戏的参与者仍然可能遭受损失，但是总体收益会超过总体损失。

我们必须确定股市投资是正和游戏、零和游戏还是负和游戏。 为了更好理解游戏理论的奥妙，我们以扑克比赛为喻进行说明。 我们假设没有"赌场"收取场地费，换句话说，我们忽略掉股票市场中为弥补交易成本而收取的少量佣金。 事实上，交易成本越来越小，特别是在电子交易技术使匹配股票的买者和卖者的成本大幅下降之后。 甚至那些获取丰厚佣金的庄家和场内经纪人也不能像之前那般对买卖双方的资金平衡性产生影响了。 一句话，所有的赌金来之于参与者，最终也归于参与者。

握紧自己的牌

很少有使参与者掌握所有信息的游戏。 如果真有策略性因素的话，参与者是不会将其策略告知其他人的。 参与者知道自己的牌，同时也知道桌上已经出去的牌，但是他们并不知道其他人手中都是什么样的牌。 参与者制定的战略能够衡量其技术和经验，自然也是其超过他人战略和信息的能力的反映。 在这些游戏中，通常更有经验或技术的参与者赢得更多。

如果所有的参与者都有着相当的技术和经验，所有人都能制定出同样有效的策略，没有人拥有信息优势，那么，我们能够预测，参与者不会一直赢或者一直输。 在这种非常平衡的零和游戏中，除非有人在这个过程中得到娱乐，或者坚信自己拥有某种优势，否则它就没有任何意义。

122

零和游戏

在我们更深入地讨论之前，我们仍然必须确定股市交易是正和游戏还是零和游戏。

为了叙事的方便，暂时不考虑信息不对称的问题。 那么，股票交易中有什么因素能在本质上给工业增添价值吗？

很多人指出，股票的价值确实是随着时间而上升的。 技术在进步，也总是在创造新价值。 某些行业的市场规模也会随着人口的增长而扩大。 不过，如果某些行业的产品因为有更好的产品竞争而显得过时或无用，那么其股票的价值就会下跌。 与此同时，创新性企业的股票价值则会上升。

有些行业能够通过提高产品的效率或人们利用新资源的能力，或者只是通过打造出一套更好的管理体系而进行真正的创新。 创新、人口增长以及全球总体需求的扩大都会使这些股票的价值上升，并总是能够增大整体市场的价值。

回想一下前面对借贷资金的分析。 一些企业为了满足对其产品不断扩大的需求，就会通过借债来扩大生产能力。 如果一个企业认为它能通过扩大新产品的生产能力而稳定地获得 10% 的年收益率，而同时只需支付银行 5% 的年利息率，这家企业就会选择贷款。 在此过程中，补偿了所有其他因素之后，享有剩余索取权的股东就会获得增加的利润。

因为作为剩余索取人的股东能够得到债务偿付后所有增长的市场价值，所以，他们获得的其实就是经济系统中所有上市公司的增长价值。

股票价值的上升应当与不可预期、不能明了的增长和创新一致。然而，有人认为，能够合理预测的增长应当从一开始就反映到股票的价值中去。 如果我们赞同套利理论，如果有大量的流动资金时刻准备着在今天投资到明天获利，那么，在某种程度上，他们的看法就是正确的。

正和游戏

除了创新之外，金融市场也确实能以另外一种重要方式创造价值。通过很多人各自经常地对股票及其所属行业前景的研究，一个新的市场

123

诞生了，这就是前所未有的信息市场。 通常他们会投资于很有潜力的股票，当共同洞察到股票及其所属行业将要下行时，他们就会撤出资金。 这些人的实际行动对我们也是有利的。

这些人提供的信息能够指导资金流向获得最高收益的地方。 它也能使那些产品很有前途、股票很有价值的企业以其市场资本总额为基础更加容易地筹集资金。 另一方面，它还会加速那些基础条件不佳因而股票也不再受到欢迎的企业的死亡。

这些人的活动就像千百束灯光，能使公司的财务报表更加清晰，公司的每一个角落暴露无余，并能预测公司所属行业的前景。 因此，公司的荒唐活动、问题行为以及委托－代理问题就会呈现于众，某种程度的公司透明性因而得以实现。

最后，这些市场能使那些不再喜欢某一家企业提供的收益－风险组合的投资者很容易地清算手中的证券，同时投资者和企业都不会受到任何损害。 而充分的流动性又能使新企业很容易地通过首次公开募股（Initial Public Offerings）筹集资金。

负和游戏

然而，最近我们看到，市场有时可能会以牺牲很多人的很多财富为代价来使少数人发一笔小财。 对于持有极端自由企业观点的人来说，即使它造成了很多无辜者财富的损失，这些活动也是合理的。 不过，那些挖自由企业墙角的行为无论如何也不能正当化。 而我们现在也意识到，我们不能总是期望那些不受约束的人来做正确的事情。

赛马

到现在为止，在我们的讨论中，投资还有超出完全赌博之外的其他功能。 现在来看看约翰·梅纳德·凯恩斯（John Maynard Keynes）在其经典著作《就业、利息和货币通论》（*The General Theory of Employment, Interest and Money*）中所写的：

"据说，当华尔街交易旺盛时，至少有半数投资卖买，卖买者想在当天就脱手。物品交易所亦然。"

七十多年前，凯恩斯就关注到，有大量的股票和物品交易不是对新信息的反应，而只是为了在闭市之前赚取快钱。 时至今日，由于全世界的日内交易者（Day Trader）能够坐在家中紧盯着互联网进行交易，并且这些人只想在闭市之前卖掉手中的证券获取利润，投机性的人工交易现象变得更加活跃。 尽管这些交易者的活动在客观上可能给市场增添了一些流动性，但是流动性的增加给金融市场带来的好处与这些人的成就和交易规模相比却是不成比例的。

甚至，这种交易也是具有伤害性的。 隐藏在这些交易活动背后的是人们能够通过投机获利的观念。 但是，如果不能真正地做大经济蛋糕，也就是说如果做的不是正和游戏，那么，这些人的活动只能降低长期投资者的收益。 问题是，他们不仅浪费了原本可以做大经济蛋糕的心智，而且他们的活动还必定减少长期交易者的收益。 结果就是，从短期看，他们做的是零和游戏，但是对长期证券市场来说，他们做的却是负和游戏。

再来看看信息不对称的问题。 如果大众轻易地相信游戏并不是事先确定的，并且所有必要的信息都已经完全反映在股票的价格上，那么，可能出现的结果就是，拥有更多内部信息的人进行的是投资，而其余的人只是在进行赌博或投机而已。

投机者还是投资者？

凯恩斯还指出，我们必须将被人们共有的心理因素驱动的投机活动与更有经济意义的投资活动进行区分：

"假使我可以用投机（speculation）一词，代表预测市场心理这种活动，用企业（enterprise）一词，代表预测资产在其整个寿命中之未来收益这种活动，则投机亦未必常常支配企业。但投资市场之组织愈进步，则投机支配企业之危险性愈大。纽约为世界最大投资市场之一，在此市场上，投机（依照以上所下定义）之势力非常庞大。但即使在理财领域以外，美国人也过分喜欢推测一般人对于一般人之看法，这个民族性弱点，亦表现于证券市场。"

显然，七十多年前凯恩斯就关注到了往好处说是投机往坏处说就是赌博的活动对有益的、有用的企业进行支配（predominance）这一现象。 另外，即使在当时，他好像也对美国式资本主义抱有某种程度的反感。

我们每个人都非常需要作出这种区分。 如果我们是真正的投资者，唯一的目标就是通过打造更好的管理体系或更有效地使用资源而创

125

造长期价值，那么，我们就要适时投资，并进行充分研究以在长期获胜。 或者，假设能够消除一些前面讲过的委托－代理问题，我们也可以雇佣其他更有研究能力的人来为我们作投资。

　　然而，如果我们是期望着挑选的马会在下次比赛中获胜的投机家，不管乐意承认与否，我们就与赌徒有了更多相像之处。 同样，我们也就很容易染上各种赌徒身上都会有的毛病。 如果我们清楚自己的局限，并对理智战胜情感有信心，还能视任何损失为这种特别形式娱乐的成本，那么，将一些人的活动称为投机也许并不重要。 相反，如果那些日内交易和投机活动是有利可图的，并且如果它们不仅无助于提高长期资本积累，还会降低他人的长期回报，投机活动就会起到压制长期投资者的作用。

　　不过，扑克比赛者和投机者或许只有名义上的区别而已。 后面一部分我们来探讨越发投机、越发动荡的经济具有怎样的性质。

126

第五部分
风险与市场

消费者在本质上是风险厌恶者。然而，如果相应的收益足够大，我们还都愿意参与一些带有适度风险的活动。下面我们就将探讨人们是如何对风险与收益进行权衡的，我们也会看到市场波动如何加剧了对风险的厌恶。

　　首先，我描述了当市场条件发生变化时，人们对伴随着更多收益的更高风险的态度。我们会发现，市场波动确实会影响人们的投资意愿。

　　之后，我构造了《纽约时报》恐慌指数，并且，我们发现这个指数与市场收益无关，而与市场波动相关。我将这个结论扩展到了第 16 章，证明了恐惧因素最终能够影响市场收益，并能使我们陷入恐惧和怨恨的深渊，就像人们在 1929 年的大崩溃和 2008 年的全球金融危机中经历的那样。

　　从这一部分我们能够看到，恐惧情绪已成为影响市场表现的重要因素，在像 2008 年全球金融危机这样的时候，它甚至能成为一种起主导作用的因素。

第十四章
市场动荡与市场收益

当市场风险增大时，通过利用资本配置线所得到的结果可以让我们探索市场到底会发生什么。 我们先来回顾一下什么是资本配置线，这是一条连接无风险利率和市场风险资产有效边界上任一点的连线，如图 14.1。

市场中某些资产组合满足在相同的风险水平下具有最大的收益或者在相同的预期收益下具有最小的风险，而市场风险资产有效边界（Efficient Portfolio Frontier）则包含市场上所有这样的组合。 在组合中的一些资产具有高收益和高产业风险，而另一些资产则具有低收益和低产业风险。 通过资产组合我们可以分散掉组合中资产的非系统风险，却对组合中影响所有风险资产的系统风险无能为力。

为了阐述得更明白，我们假设整个市场固有的总体风险上升，而其他市场基本要素均不发生变化。 事实上这种假设并不成立，因为上升的市场风险必然导致借贷的成本增加，这时一些贷款者就会选择退出借贷市场。 我们在下一章节中将会看到市场风险增加时收益会如何降低。 但是眼下为了更好地理解市场的动态变化，我们看看当有效边界向右移动——整个市场的系统风险和动荡都变得更大时，将会发生什么。

如果有效边界向右移动，资本配置线将必然围绕其支点向下移动。

向外移动的有效边界和随之向下移动的资本配置线一定会迫使投资者沿着新的直线降低各自的无差异曲线（Difference Curves）。 在他们各自新的平衡状态上高风险承受者和低风险承受者的收益都会降低，一些投资者可能会因此选择更低的风险，而其他人则可能不得不承受更高的风险。

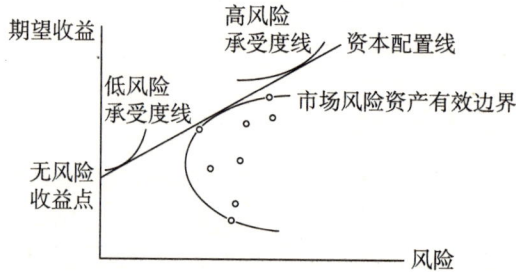

图 14.1　具有不同风险承受度的投资者的不同投资组合选择

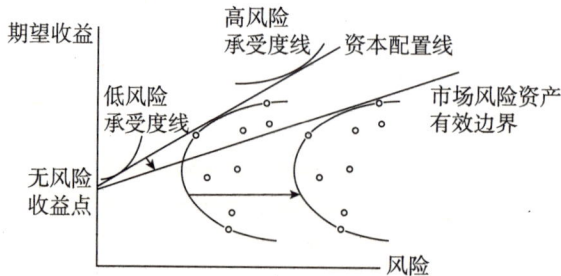

图 14.2　风险不断增加的市场的影响

　　如果我们可以证明更高的市场风险会减少投资者的收益，那么相反的情况事实上可以让我们得到金融领域（high finance）的一个潜在优点。　比如某个金融模型确实可以降低风险，有效边界便会向里移动，随之所有投资的收益都会增加。

　　当降低风险的同时却不减少收益成为金融理论中的圣杯，这种追求同样也使我们开始寻找金融的炼金术。　旨在降低风险却不减少收益的金融理论和模型越来越复杂却似乎都未达到效果。　一些固有的系统风险不能被分散掉，而其他大量的风险却仅仅需要稍做分散就可以减少。愈加复杂的金融模型却有可能愈加无效，因为这些模型在试图降低风险而同时不减少收益的努力中都会受到边际收益递减规律的约束。　更确切地说，模型的复杂甚至有可能带来一种新的风险——当模型太过晦涩或不易被理解时所引起的复杂风险。

聪明过度

诸如乔治·索罗斯（George Soros）和沃伦·巴菲特这样杰出的投资家已经开始质疑这些太过复杂的模型。 很多人指责这些模型至少对于次贷危机、旋即导致的信用危机以及我们现在正在经历的全球金融危机负有某种程度的责任。 如果一个金融模型太过复杂以至于只有它的设计者，一个拥有数学或者物理博士学位的人才能看懂，那么这个模型极有可能是不可信的，尤其是在我们还必须依靠这些设计者向我们解释模型，我们还必须依靠他们才能知道该模型什么时候不适用的时候。

即使这些模型的表现令人失望，我们也不可能期望这些金融学家们会客观地舍弃自己的模型。 相反，这些金融学家们会很自然地仅仅注意那些支持自己观点的数据。 因为科学的进步会被这样的客观性缺失阻碍，所以科学伦理精神要求科学要坚持科学的方法。

按照科学范式，没有一个理论可以被证明是绝对正确的。 相反，所有的理论都被认为是它们在追求更加正确道路上的短暂停留。 相互竞争的研究者们通过实验得出一个成功的理论，这样能暂时避免这个理论的覆灭，或是用结果去反驳另外一个理论。 这种具有主动性、竞争性、透明性甚至有时对抗性的过程正是成功科学的精髓。

然而，金融理论却是那些受雇于顶级投资银行的王牌研究员闭门造车的结果，这些理论并不经历前述过程中同样谨慎的审视。 一家投资银行雇佣这些金融科学家们编写保密且私有的模型来为公司赚取私有利润。 因此毫不夸张地说，一些模型仅能被一个人理解。 我们可能希望每个公司的研究员们可以客观地甚至批评性地看待自己一生的工作，但这种希望却不是人性合情合理的反映。

也许真正地更进一步显著地减少市场系统性风险的希望是非常渺小的，至少从金融角度上来说是这样的。 一些社会、政治、经济政策在这方面可能会有令人期待的效果。 可能有一些金融模型能给投资银行带来较之竞争对手短暂的优势，从而在短期内获得超额利润。 大规模的投资抛向了充满愈加复杂金融模型的金融市场，这在现在看起来似乎成了愚蠢的选择，特别是当我们想到这些黑盒爆炸而我们遭受数万亿美元损失的时候。

131

收益与风险权衡的移动

如果市场风险增大，导致有效边界向右移动，这将会降低给定风险下的收益。 举例来说，如果人口增长率开始下降，需求的增长也将下降，给予股东的利润和收益就会减少。 总的效果接近于有效边界向右移动时的情况。 无论对于高风险承受者还是低风险承受者，新的风险收益均衡点都会或多或少地向下移动，这意味着在相同的风险下投资者得到的收益将减少。

类似地，如果无风险利率下降，资本配置线的支点也会向下移动。资本配置线变得更加陡峭，甚至有效边界向上移动，这样可以使公司取得低成本的贷款来投资其他赚钱的项目。

变得更加陡峭的资本配置线会减少低风险承受者的收益，却有可能提高高风险承受者的风险和收益。 利率的降低使得获得资金的成本降低，这些资金便可交付保证金购买更多的股票。

由利率降低所带来的增加的收益如果足够可观，那些中等风险承受者也会受益。 当无风险利率下降时，那些中等风险承受者会发现自己为了更多的收益需要承担更大的风险，而高风险承受者可能会承担更大的风险，同时也能获得明显增加的收益。

过于宽松的货币政策

有人认为前美联储主席艾伦·格林斯潘（Alan Greenspan）制定的政策产生了此种影响。 由于在 2001 年 9 月 11 日的恐怖袭击后，他主张人为控制低利率，现在他被指责助长了市场风险和人为扩大了房地产和投机泡沫。 自 20 世纪 50 年代的艾森豪威尔时代（Eisenhower Era）以来都不常见的这种持续的低利率政策提供了充足的流动性，使得对冲基金和中小投资者都能借贷和投资于金融市场。

企业贷款的规模也往往与联邦基金利率联系在一起。 企业贷款的利率也变得非常低，公司于是能够增加一些在高利率时在经济上不可行的投资项目。 这进一步增加了公司的收入并提高了公司股票的价格。

由于宽松的货币政策及其保持低利率所产生的效果，消费者也同样有机会获得更低的借贷和抵押贷款利率。 低借贷利率意味着消费者只需牺牲更少的未来消费就可以换取更多的当前消费，这样消费得以扩张。 第二次按揭（Second Mortgage）和住房抵押贷款（Home Equity Loan）的低利率促使家庭继续维持着负债累累却过度消费的生活。 住房抵押贷款所需要支付的利息甚至可以从他们的收入所得税中减免。

最终，低利率减少了新抵押贷款的付款额，使得他们可以购买更加昂贵而原本支付不起的房子。 高档住宅的紧缺使住房的价格和住房的质量得以提高，也迎来了纷纷建设高档住宅的浪潮。 与此同时，次级抵押贷款（Subprime Mortgage）的借款人可以购买那些搬进高档住宅的家庭空出来的普通民宅。

泡沫破灭

大量的新住宅、现有的住宅、股票以及从股票和次级抵押贷款中衍生出来的新的金融工具最终换来了投机泡沫。 道琼斯工业平均指数（Dow Jones Indusrtruial Average）从 2002 年 9 月 27 日的 7 701 点上升到 2008 年 10 月 12 日的 14 093 点。 这表明了这个时期收益 10% 的稳固增长，我们将在今后经济相对停滞的岁月里怀念这个时期。

这种增长趋势的逆转在大多数人的记忆中比历次来得都惨烈。 道琼斯工业平均指数从 2007 年 10 月 12 日的 14 093 的最高点狂跌到 2009 年 3 月 8 日 6 547 的最低点。 市场在 7 500 点到 9 000 点的范围内波动了数月。 2008 年 10 月，全球股票市场出现了大规模的撤资，大小投资者亲眼目睹自己的投资亏损了近一半。 但投资者还会回来。

狂跌的股价导致股东们的投资收益大幅度下降。 有效边界向下移动，全球投资者总计损失了大约 30 万亿美元的财富。 正因如此，投资者变得更加厌恶风险。 许多投资者无法容忍股价虽然每日都向上或向下的波动但实际上却基本维持不变——他们意识到他们不会实现太大的收益或损失，但他们却总要忍受相当大的波动。

当恐惧溢价与日俱增，许多参与者仍然选择置身事外，我们很难想象市场会有东山再起的一天。 目前的恐慌是自 1929 年的第一次大崩盘（Great Crash I）以来程度最深的一次，它在一代人或两代人的时间里才有可能出现一次，后面我们便会看到这种恐慌是如何使一系列验证了市场恐惧本能的经济事件上演的。

理论告诉我们市场的波动性增大会减少投资收益，这点即使是对最理性的投资者也不例外。 下一章我们会探讨在市场充满风险和恐惧的情况下收益和市场波动的关系。

133

第十五章
恐惧、恐慌与市场收益

我们发现市场具有双重特性。 一种表现为理性谨慎的分析师的特性，参与者认真研究企业未来的基本盈利能力，对市场上的收益与风险作出最佳匹配，并形成自己的风险承受能力。 另一种呈现为两极性，在市场乐观时人们极度兴奋，在市场形势不妙时人们的情绪就会陷入低谷。

市场第二种特性的一个结果就是，情绪化的词语常常用来描述市场形势。 头一天市场可能还是风风火火的，第二天市场就可能陷入恐惧或恐慌。 金融评论员很多时候根据当天的活动对市场总体情绪进行评论。 类似"由于交易者担忧利率上升，市场行情下跌"或"盈利报告使市场变得兴奋"的评论正是这种市场情绪的典型象征。

当市场上存在兴奋情绪时，我们会发现主要股票市场的指数就会上涨，个人投资者得意于他们共同基金的收益，同时新投资者将部分现金投资于股票。 人们开香槟庆祝，连走路脚步都变得轻快起来。随着指数持续上升，越来越多的人进入股市，推动股市收益达到新的高度。

然而，市场下跌的时间稍一延长就可能导致混乱的发生。 市场情绪低落，个人投资者开始担心并可能会卖掉部分股票以换取现金，一些人干脆退出股票市场。 理性投资者也许会利用这个机会用机动资金抢购一些具有良好价值的股票。 但是如果没有足够多的新资金流入市场来代替撤出市场的资金，我们就会开始用一个词来描述市场——那就是：恐慌。

《纽约时报》恐慌指数

在对股票市场的评论中并不经常引用恐慌这个词。 然而它被应用的次数却多于人们的想象。 为了检验这种关系，我搜索了《纽约时报》自 1928 年以来的文章，在从 1928 年初到 2008 年末的这 81 年中有213 603 篇文章提及股票市场，平均每年有 2637 篇文章或是每天有 7.2篇文章。

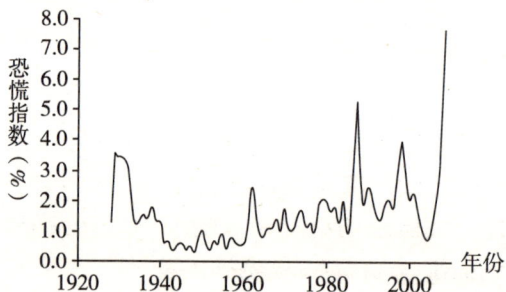

图 15.1　1928–2008 年《纽约时报》恐慌指数

然后我用"股票市场"和"恐慌"的组合搜索了从 1928 年到 2008年《纽约时报》的文章，结果发现了 3 796 篇符合条件的引文，平均起来每年合将近 47 篇，或每周不足一篇。 含有这种组合的文章仅占提及股票市场的文章总量的 1.8%。

这种比例并不是始终如一的。 第四高的恐慌指数出现在 1929 年大崩溃及其余波震荡时期。 第三高的恐慌指数出现在 1987 年，当年10 月 29 日仅一日股市就下跌了将近 25%，这种单日跌幅之高在经济史中是无出其右的。 由于 20 世纪 90 年代发酵的泡沫在 1998 开始破裂，也由于一波公司丑闻进入人们的视野，"恐慌"一词被再次高频率使用。

到目前为止，最高的恐慌指数出现在 2008 年。 7.7% 关于股票市场的文章援引了恐慌一词，恐慌指数高于 1929 年的两倍。 图 15.1 绘出了自 1928 年以来的恐慌指数。

136

低点比高点更能引人注意（the lows are lower than the highs are high）

为什么恐慌会引起我们这么大程度的关注？ 是什么使我们对不幸市场灾难的关注比对理性或非理性繁荣的关注更多呢？ 换句话说，为什么市场的低迷会引起人们精神上的极度痛苦，而市场高涨却仅能使人开怀一笑呢？

人类天生对自己的资源管理就是谨慎的。 我们辛苦一生就是为了创造经济安全。 当获得暂时的意外之财时，我们可能将其中一部分存起来以备不时之需，或者我们也可能会挥霍一段时间。 如果我们认为自己的财富或收入得到了永久性的提高，就会调高消费和储蓄的水平。

但是，一旦我们的财富或收入减少，不管这是永久性的还是暂时性的，整体经济的安全性就会受到怀疑。 我们会想起为了获得经济安全而经受的种种艰辛，并会为损失而伤心。 如果损失过大，我们甚至会经历之前提到的经济悲痛的五个阶段。 有时候，这些困难仅仅是短暂的，例如，市场很快从 1987 年的大崩溃中复苏过来，但是恐慌指数一直到年底都居高不下，其原因在于，我们对损失的恐惧会导致恐慌，而金融评论员会将这种恐慌反映在他们的文章中。

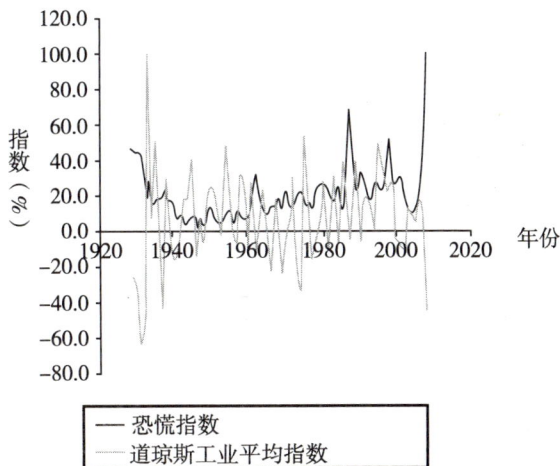

图 15.2　1928 - 2008《纽约时报》恐慌指数和道琼斯工业平均指数回报

137

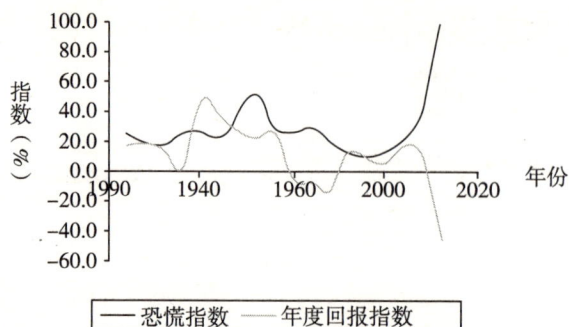

图 15.3　1991 - 2008《纽约时报》恐慌指数和道琼斯工业平均指数回报

　　这种恐慌是源于收益的损失还是源于对不确定性的恐惧？ 例如，如果一天早上醒来，我们发现以后我们只能期望获得更低的收益，我们会恐慌吗？ 不太可能。 但是，当市场走向无法预测的不确定性时，我们就会感到恐慌，因为在这种情况下，我们有理由认为市场大幅度下跌是很有可能的，并且它会威胁我们的经济安全。

　　我们从 1929 - 2008 年市场收益与恐慌指数的图形中并不能得到任何明确的模式。

　　即使我们将范围缩小到 1991 到 2008 年，我们也会惊讶地发现收益与恐慌指数之间几乎没有什么关系。

　　然而，恐慌指数似乎却与股票市场的波动幅度相关。

恐慌指数与恐惧指数

　　许多人认为是市场波动引发了恐慌。 当市场剧烈波动时，我们很难确定它会在哪里停下来。 当市场变得神经质时，大幅下降的可能性会引发我们对经济安全的极度担忧。

　　1991 年，一个被称为波动率指数（VIX index）的新波动指数被设计了出来。 这个指数根据芝加哥期货交易所（Chicago Board of Trade）期权期货价格的实时数据计算而来。 这个指数也常被称为恐惧指数（fear index），当市场波动比较厉害的时候，其值也较高。

　　据此，我们可以发现《纽约时报》恐慌指数是随着恐惧指数的变化而变化的。

　　同时我们也能研究恐慌指数是对恐惧指数的反映还是更准确地说是对恐惧指数变动的反映。

138

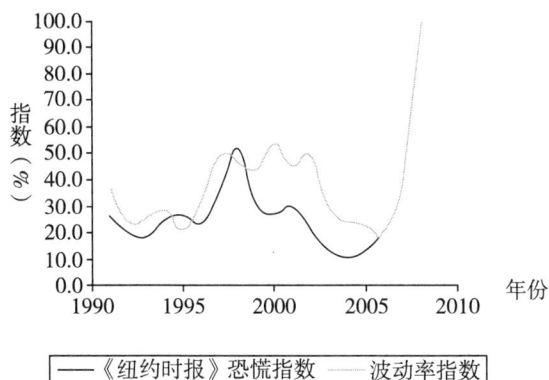

图 15.4　1990－2008《纽约时报》恐慌指数和波动率恐惧指数（设最大值＝100）

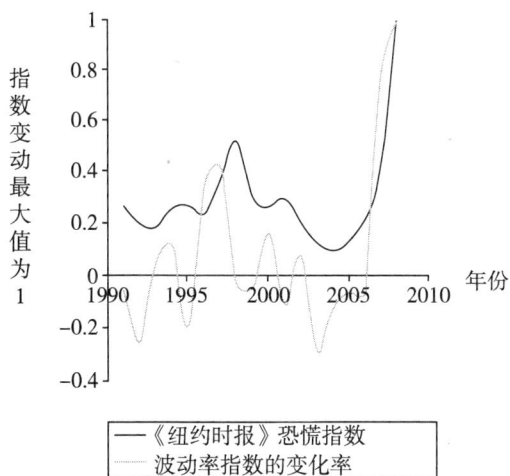

图 15.5　1990－2008《纽约时报》恐慌指数和波动率恐惧指数的变化

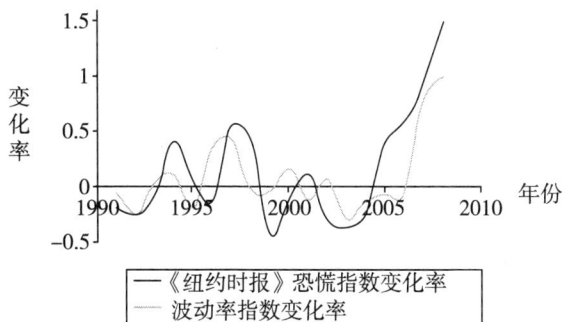

图 15.6　1990－2008《纽约时报》恐慌指数的变化和波动率恐惧指数的变化

139

当然，有许多社会、政治、全球问题会引起恐慌。 为了将这些因素与市场力量区分开来，我们接下来绘出恐惧指数的变化与《纽约时报》恐慌指数的变化之间的关系。

从图 15.5 和 15.6 可以看出，恐慌指数和恐惧指数共同运动，市场恐慌情绪滞后于波动率恐惧指数六个月到一年的时间。 我们注意到，恐惧指数是随后的市场恐慌程度的一个主要指标。 接下来我们讨论恐惧与波动能够引起市场收益多大程度的下降。 我们的养老金和共同基金报表中显示的收益下降，就是我们为了获得证券组合投资收益需要付出的成本，它也正是人们因为恐惧而付出的经济代价。

第十六章
恐惧因素

在恐惧、恐慌和经济危机之间有着明显的联系，这可以从后面的章节中看出。但是恐惧的真正成本到底是什么呢？

事实上，我们可以利用市场收益、生产者转移给金融家的利润来定量计算恐惧的成本。我们会看到，在恐惧和动荡发生的时期，金融收益（financial profit）会上升，而个人的股票和共同基金收益会下降。

我们可以更加直接地将波动的程度与市场收益联系起来。最终来看，市场期望的是以低风险获取高回报。我们看到，波动确实会损害收益。其部分原因在于，人们在本质上厌恶风险，市场波动会以此为基础影响交易者的决策。另外，我们也会发现，市场波动会引起恐惧和恐慌的发生，而恐慌又会造成市场收益的大幅下降。

我利用 1997－2008 年道琼斯工业平均指数的数值构造了另外一个指数，将其最大值设为 100。然后我将之与道琼斯波动指数（VXD）进行比较。道琼斯波动指数是芝加哥期权交易所（Chicago Board Options Exchange，CBOE）为衡量道琼斯指数的预期波动率而编制的指数，在进行比较的时候，我也将之标准化，最大值设为 100。比较结果反映在图 16.1 中。可以看出，这两个指数几乎完全成为镜像（mirror each other）。

当波动指数低的时候，道琼斯指数高。而当波动增大、恐惧产生的时候，道琼斯指数就会下降。

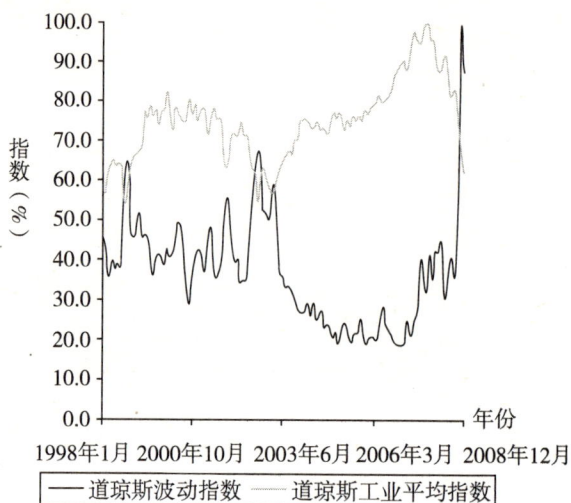

图 16.1 1997 – 2008 年恐惧指数与道琼斯工业平均收益

回归分析

我们也能够将市场波动与市场收益之间的关系进行统计回归。 回归（regression）是经济学中常用的分析手段，用以计算一个变量是怎样随着其他变量的变化而变化的。 它能给出两方面的信息，一方面是系数（coefficient），在本例中它能表示恐惧指数与市场指数之间的关系，另一方面的信息是这种关系可靠性的检验标准。 在进行回归之前，先将这些变量取对数，然后就可以直接计算出恐惧指数上升 1%，市场收益会下降百分之多少。

分别将 1997 年至 2008 年每月的道琼斯波动指数与道琼斯指数取对数，然后使道琼斯指数的对数对道琼斯波动指数的对数做回归，得到的系数是 – 0.2084。 就是说，市场波动上升 1%，市场收益下降 0.2084%。 换句话说，市场波动上升 5%，市场收益大约就会下降 1%。 市场动荡时期我们养老金和金融收益会下降，进而就会引发恐惧的产生，它的成本能够以上述方法衡量。

我们还能看到，两者的关系是相当强的。 尽管模型的可决系数相对比较低，为 0.294，表明还有其他的因素能够显著影响市场收益，但是直接衡量波动与市场收益关系显著性的 t 检验值却为 – 7.44，经济学家和统计学家由此就能知道，恐惧与市场收益之间存在着显著的负相关关系。

142

动荡行业

有人可能会指出，金融部门已经变成了一个在动荡中繁荣的行业。我们来比较一下证券和信托行业收益的变化与市场波动的变化。 图16.2 画出了这种比较，其中每条线的最大值都被设为 1。

我们看到，当波动快速上升时（波动指数曲线斜率为正且很大），金融收益同样快速上升。 2001 年后，市场波动下降，收益也同样下降；而在 2005 年之后，金融行业的收益和波动都上升了。 这个行业做的是动荡生意，当市场不稳定，风险和不确定性高的时候，它却在盈利。 尽管家庭投资者可能会在动荡时期损失资金，但金融资本行业却不可思议地获得了增长，在最近的动荡岁月中，它一直在赚钱。

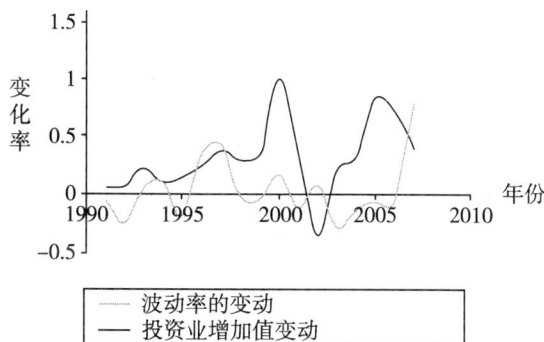

图 16.2　1991－2008 年波动率的变动与金融收益

恐惧升水的一种解释

在那些非常动荡的时期，美国的金融行业每年收获的利润超过了4 000 亿美元，与此同时，生产物品和服务的人获得的利润却在下降。近些年来，美国三分之一的利润流入了金融行业而不是日常生活产品的行业。 更大的波动意味着更多的财富从生产行业向金融行业转移。 换句话说，物品和服务的生产者支付给金融行业的价格随着动荡和恐惧的增加而上升。 恐惧能使资源由生产流向越发复杂的金融工具和金融衍生品，而这些工具和衍生品又越来越多地给我们带来了更大的恐惧。

我们在后面会谈到，恐慌持续的时间长短依赖于很多问题，其中包括引起恐慌的因素在多大程度上还没有被解决，是否有人发挥出经济方面的领导力以使我们摆脱天生的情绪化行为，甚至也包括媒体放大我们恐慌的能力到底有多大。

如果我们能够认识到，动荡会引起恐惧，恐惧会显著降低市场价值，而反过来又会有更大的恐慌和更多的风险厌恶产生，那么，我们是否有什么办法来打破这种恶性循环呢？这仍然是一个开放问题。不过，从历史看却很悲观：历史似乎在一遍又一遍地重演，尽管有些事件引起了惨重的后果。

第六部分

恐慌简史

理论告诉我们，恐慌是不断增加的市场波动与人们在自己的经济安全受到威胁时所作反应的产物。伴随着每一次经济下滑，人们对风险的厌恶就会增加，进而迫使人们紧缩开支并在很多时候卖出证券。它所引起的恶性循环机制很多时候会使市场陷入危机。下面我们以这种动态观念来审视过去的经济崩溃，从中能看到几种明显的模式。

　　首先讲述的是一系列市场恐慌事件。可以看到，这些恐慌有某些共同的特征，1929 年的大崩溃和由此发生的 20 世纪 30 年代的大萧条成为其剪影。本部分的最后讲述的是约翰·梅纳德·凯恩斯的深刻洞见。这位萧条时代（depression-era）的经济学家的见解因为 2008 年的全球金融危机而重新流行起来。

第十七章
恐惧控制市场的简史

　　恐惧似乎与市场本身一样历史久远。 过去的 200 年里，美国和英国经历了 12 次严重的恐慌，它们分别发生在 1819 年、1825 年、1837年、1857 年、1873 年、1893 年、1901 年、1907 年、1929 年和 1987年，也包括 1997 年的亚洲金融危机和 2007 年 – 2008 年发生的全球金融危机。 尽管这些恐慌的起因各有不同，它们却拥有一些重要的共同特征。 每一次恐慌都导致了使市场崩溃的恐惧发生。 理解这些危机各自的动态过程是有益的。 显然，我们的经济领导人现在正是如此做的。也许我们也应当这样做。

　　1929 年大崩溃之前历次经济危机包含的共同因素是，教条主义的政府不愿担负可信、协调的责任来进行干预，以防止经济灾难的发生。当时主流的经济理论认为，自由市场陷入了危机，它本身也必定能找到问题的出路。 也许，这些危机让我们看到，人们未能认识到协调工作的缺失与它们所造成的恐慌和市场动荡一样严重。

1819 年的经济崩溃

　　首先讲述的是美国 1819 年的经济崩溃。

　　当时美国作为一个国家仍然处于其初始阶段。 刚刚结束了与英国进行的 1812 年战争（the War of 1812），美国开始了向战后复杂的、难以驾驭的经济快速迈进的阶段，而恐慌则是其发展的必然结果。 资助战争的巨大贷款使银行储备枯竭了。 同时，一些银行，特别是美国第二银行（the Second Bank of the United States）进行了过快扩张，但它们却没有更加成熟的银行业所具备的操纵银行工具的技巧。 过度扩张最终迫使大大小小的银行限制信贷和提款，并收回那些原本用于资助美国领土扩张的贷款。

面对如此大规模的问题，这个还不适应的国家陷入了恐慌。 门罗（Monroe）总统迫于压力进行干预。 不过，回头来看，他的干预并不充分。 实际上，它仅仅限于将软货币（soft money）对金银等当时硬通货（hard cash）的兑换延期。 然而，那些急于扩张的银行已经通过发放信用票据（credit notes）这样做了。 联邦政府以及一些州也开始发行纸币（绿背），但支持这些票据的只是表现了对政府的完全信任，而不同于在全世界都被认可的珍贵的金属货币。

尽管这种在信用基础上的扩张对于资助战争和领土扩张是很有用的，但只有支持这种政策的银行具有清偿能力时，它才是安全的。 当银行开始倒闭的时候，这种票据的基础就不存在了，这造成那些持有软货币的人开始恐慌。 曾经，软货币的快速发行和使用创造了购买力，并推动物品和土地的价格大幅上升，然而，现在，由于硬通货的稀缺以及票据很难兑换为硬通货，通货紧缩就发生了。

通货紧缩效应，以及银行清偿能力的丧失或对提款的延期偿付，是随后经济恐慌历史中的一个共同主题。 通货紧缩因素意味着的，通俗地讲就是，那些以土地为抵押而举债的人发现自己的资产缩水了。 如果一项价值仅为100美元的资产的按揭却为1 000美元，那么，撇开道德责任（moral imperative）不谈，其持有者就没有任何理由来继续承担沉重的抵押贷款。 个人逃避这种责任，实际上相当于银行宣布破产，这又使那些拥有票据的银行处于更加危险的境地。

就像现在的情形一样，当时人们呼吁两种方案。 一种是豁免债务人，起码应当部分程度地或暂时地豁免；另一种是提高货币供给以使资产价格上升到之前的水平。 两种方案都会对社会的这个集团或那个集团产生严重影响。 如果能有一个看管着银行体系，使其远离危险的货币当局存在，这两种方案原本都可以避免。 然而，中央货币当局的意义直到将近一百年后才能被理解。 随着时间的流逝，这场危机的负面效应慢慢消失了。 然而，在不到一代人的时间之后，危机又来了。

148

1825 年的经济崩溃

虽然英国的货币制度比美国的更加精巧，但它也有自己的问题。

1825 年的经济崩溃与几年前美国的崩溃有着许多相同的起因。 英国也同样承担着过重的财政负担，因为它经历了 1812 年战争和拿破仑战争（Napoleonic Wars）。 战争过后，英国也通过软货币的创造快速扩张，尽管它已经是一个发达的国家，这个帝国还是继续向拉丁美洲以及其他地区扩张。

伦敦股票市场也出现了投机泡沫。 作为大英帝国货币当局的英格兰银行（Bank of England）对大范围的信用扩张可能引发的通货膨胀效应非常担忧。 它实行了紧缩性货币政策，就像我们今天为缩减货币供给而做的那样。 通过大规模出售国库券，这家中央银行确实吸收了私人部门的资金，减少了货币供给。 这种紧缩性措施迫使银行紧缩业务，收回贷款，这个过程中银行客户的违约率自然增加。

由于这些事故，储户要求提取存款，这造成了银行的恐慌。 等到中央银行意识到其政策的负面效应时，为时已晚。 危机首先蔓延到欧洲，之后又蔓延到大英帝国在拉丁美洲的新殖民地。 银行危机和信用危机也造成伦敦证券交易所（London Stock Exchange）的投机泡沫破裂。 英格兰银行受到了指责，人们认为它在经济上升阶段不仅未能充分控制货币和信用的扩张，反而粗心地加剧了这一现象，而在经济下行阶段，英格兰银行未能及时转变其紧缩性货币政策。 不过，令人吃惊的是，184 年后的今天，我们的金融系统看起来仍然像 1825 年时那样脆弱。

这家中央银行还被指责制造了通货膨胀和通货紧缩的环境，这使人们很难正确地评估风险和金融工具的回报。 最后一点，英格兰银行未能扮演好最后贷款人的角色，未能在银行系统处于无力清偿的边缘时给予它们必要的支持。 这种角色的缺失最终导致了银行恐慌，它也成为应对眼下这场全球金融危机的各国中央银行应当吸取的教训之一。

1837 年的经济恐慌

这场危机使美国陷入了长达五年的萧条，其影响的严重性可与 1931 – 1937 年的大萧条相比。 尽管这场危机使新当选的总统马丁·范布伦（Martin Van Buren）遭了殃，但是人们还是指责他应当为这场经济灾难负责，很大程度上这是因为他拒绝让政府以有益的方式干预经济。

尽管 1819 年美国的经济崩溃和 1825 年英国的经济崩溃本应当使人们对某一个货币机构充当最后贷款人这一角色的必要性有很好的认识，但是，当时的美国还是不愿意以这种方式进行干预。事实上，直到 1907 年的恐慌之后，美国政府才通过创建美联储而有了自己的中央银行或者说货币当局。

这场危机与以往的危机还有另外一点相同的地方，那就是首先资产的价格大幅上升，之后则大幅下降。范布伦总统，以及他之前的总统约翰·昆西·亚当斯（John Quincy Adams）和安德鲁·杰克逊（Andrew Jackson）都认为他们统治的是一个地大物博、欣欣向荣的国家。尽管之前已经发生过几次危机，但是这种对天赐之物（entitlement）的骄傲，再加上对自由市场的狂热信念，还是导致了范布伦总统选择对经济的无为而治。

市场以其繁荣表现更加增强了人们的这种信念。从 1831 年到 1834 年，资产的价值上升了三倍。由这种纸上财富（paper wealth）所创造的支出又造成粮食和棉花之类非资产物品价格的上升。事实上，通货膨胀经常与投机泡沫相伴而生。与此同时，财富未能充分流入工人的口袋，而他们又被之后发生的通货膨胀伤害最深。工人阶级很生气，结果导致了纽约市的暴动。

问题的种子实际上早被范布伦的前任，安德鲁·杰克逊总统种下。安德鲁·杰克逊下令将政府资金从美国第二银行（the Second Bank of the United States）取出，最终迫使这家银行失去了其存在的基础。问题是，当时的美国没有中央银行，美国第二银行在实际中起着中央银行的作用，它是纽约其他银行的最后贷款人。美国第二银行的关闭引发了多尼诺骨牌效应，全国几乎一半的银行因此倒闭或半倒闭。在此过程中，上亿美元的银行资本被一扫而光。

大银行倒闭后，小银行也无法生存，因此而愤怒的人们开始在纽约市发起骚乱。不久，那些依赖银行的企业也开始倒闭。失业率大幅上升，资产以跳楼价出售，通货紧缩的情况发生，那些还在苦撑着的银行和借贷者同样都受到了威胁。由于安德鲁·杰克逊总统未能认识到银行系统崩溃会造成什么样的结果，由于马丁·范布伦总统不愿创造充当最后贷款人的机构，通货膨胀及其导致的萧条使美国沉沦了整整五年。

150

1857 年的经济恐慌

尽管 1857 年的危机没有 1837 年那次严重，但它却是第一次的全球金融危机。

像所有其他恐慌一样，这场危机开始的时候是一些银行的重大失误，接着导致了无法控制的多米诺骨牌效应。 也像美国过去的恐慌一样，联邦政府仍然缺乏技术和最后贷款人来阻止一个小问题演变为一场大灾难。

恐慌始于俄亥俄人寿保险和信托公司（Ohio Life and Trust Company）一位职员挪用了该公司的几乎全部资本金这一事件。 这家重要公司的信心危机以及世界贸易格局的转变促使一些大的国际账户的资金从美国撤出。 而贸易模式的转变降低了美国商品的价格。 最后则是美国财政部因为"中美洲号"（Central America）蒸汽船的沉没而损失了大量硬通货，这进一步削弱了人们对美国通货的信心。

尽管这些各自的事件本身并不会造成整体信心的危机，但是美国政府却没能发挥经济领导力扭转危机的演变，因此，它要为这场一直持续到 1861 年美国内战（U. S. Civil War）爆发的严重经济衰退负责。

当然，1837 年经济危机的根源更加严重，而贸易格局的转变在美国建国早期是很平常的事情。 政府对衰退的应对之策是将西部的土地进行赠拨（land grants）和降低关税。 然而，这些反衰退政策只是将这个国家引进了更多的争论之中。 南方人担心向西的扩张是用来创造更多非蓄奴州（anti-slave states）的，而东部人则抱怨关税的降低削弱了他们以高价格出售农作物的能力。 这个国家不仅在经济上分化（divided economically），而且很快就会陷入实质分裂（divide physically）的状态。

1873 年的经济恐慌

1873 年的危机是第一次开始于国外而后传染到美国的经济危机。当时，美国已经结束了内战，德国也刚刚取得了对法国的军事胜利，两国都在快速发展。 在那个充满不法行为（malfeasance）与骗局的狂野时代（wild era），美国和德国都在快速扩张其铁路系统。

1873 年 5 月，维也纳证券交易所（Vienna Stock Exchange）崩盘

151

了，这造成了一系列银行的倒闭。 柏林的铁路投机泡沫破裂，美国的杰依·库克公司（Jay Cooke）也因为投资一个重要的铁路企业而破产了。

与此同时，美国决定单方面终止金银复本位制，实行金本位制。这造成银价的大跌，美国西部羽翼未满的银工业受到了损害。 实际上，支持财政部的贵金属的短缺减小了货币供给的规模，通货紧缩再一次发生，债务人陷入了危险的境地。

最后，总统选举之战开始，双方争论的主要议题就是什么本位制对美国来说才是合适的。 尽管大选围绕着本位制进行在今天看来似乎不可思议，但是当时却进行得相当激烈。

维也纳证券交易所崩溃之后，纽约证券交易所也差点因为资产价格的下跌而崩溃。 事实上，铁路大建设的时代结束了，全国四分之一的铁路公司相继倒闭，纽约证券交易所因此被迫在 1873 年 9 月关门十天。 不久，失业率上升到了两位数，工人罢工严重打击了美国，长时间的萧条一直持续到 1879 年。

仍然需要等到三十年后，美国刚刚经历了另外一场银行危机，它才认识到采取行动保持金融流动性的重要意义。 而美国还得忍受更多次铁路引发的危机，同时还得听到更多关于货币本位制的争吵。

1893 年的经济恐慌

从某种程度上来说，1893 年的经济恐慌是二十年前恐慌的翻版。这个国家仍然还没有建立起能够阻止基本恐慌因素再次形成的机构。

和过去的经济危机一样，在 1893 年的经济恐慌发生之前，铁路在其扩张期的末期还是获得了显著的发展，19 世纪的技术革命也如火如荼地开展起来。 1893 年举办了纪念克里斯托弗·哥伦布（Christopher Columbus）发现新大陆 400 周年的世博会（World's Fair），它也成为展示现代科技进步的舞台，诸如荧光灯、电影、发电机、杰克饼干（Cracker Jack）、赫氏巧克力条（Hershey bar）、弗累斯摩天轮（Ferris wheel）、黄箭口香糖（Juicy Fruit gum）以及汉堡包等都闪亮登场。 就像我们在一百多年后的网络泡沫（dot. com bubble）中看到的一样，数百家铁路公司开始了兼并和收购的浪潮，过度开发市场和这个国家。 这些扩张活动基本上都是在举债的基础上进行的，这使得证券持有者处于高杠杆的状态，因此，他们可能会因为小小的问题而受

152

到巨大的伤害。

小小的问题确实不负众望！ 1893 年，费城和雷丁铁路公司（Philadelphia and Reading Railroad）破产，接着破产的是北太平洋铁路公司（Northern Pacific Railroad）（这家公司在 1873 年的经济恐慌中也扮演了重要角色）和联合太平洋铁路公司（Union Pacific Railroad）等等。 银行因此开始倒闭，欧洲的资金开始撤离美国，债券市场枯竭了。

这场金融危机对美国东部的小作坊城市（small mill town）打击尤为严重，数百万失业的人被迫西进。 受不列颠哥伦比亚（British Columbia）地区淘金热（gold rush）以及美国西部领土上城市中心发展的驱动，这一风潮更甚。 这场危机引起的人口转移永远地改变了美国这个年轻国家的人口格局和经济地理。

1901 年的经济恐慌

尽管之前的经济危机主要是由于过度扩张和联邦政府未能进行干预所致，但是 1901 年的经济恐慌却根源于近乎垄断性的金融公司（financial near-monopolies），这场危机的发展也受到金融巨头的操控。 同样，北太平洋公司又一次处于经济危机的中心——这已经是第三次了。

另外，尽管此前的经济危机都使经济陷入了萧条之中，这次经济危机的影响却主要发生在金融市场上。

纽约证券交易所的狂跌源于几个巨头为争取对北太平洋铁路公司的金融控制权而展开的斗争。 一方面，从威廉·洛克菲勒（William Rockefeller）的第一国民城市银行（First National City Bank）和标准石油公司（Standard Oil）来的洛克菲勒资金，连同纽约的金融家、银行家詹姆斯·斯蒂尔曼（James Stillman）的财富刻意地大量购买北太平洋铁路公司的股票；另一方面，约翰·皮尔庞特·摩根（John Pierpont Morgan）和雅各布·谢夫（Jacob Schiff）却在支持爱德华·H·哈里曼（Edward H Harriman）垄断所有进出芝加哥铁路的错误做法。

哈里曼通过购买北太平洋铁路公司股票而加强其对联合太平洋铁路公司控制的行为导致了铁路行业的整体崩溃。 铁路股票的急剧下跌引发了羊群心理（herd mentality），人们开始出售手中持有的证券。 尘埃落定的时候，哈里曼终于使其铁路帝国更加壮大。 但是，他的胜利昙花一现。 不久之后，《谢尔曼反托拉斯法案》（*Sherman Antitrust*

153

Act）将其控制的公司分拆。 这项于 1890 年颁布的法案就是为了应对这种不测事件（eventuality）。

道琼斯平均工业指数失去了从前几年经济繁荣时期获得的光泽。而那些视股票市场在本质上不过是拳击比赛擂台的金融家获得了快感。不过，他们中的很多人也遭到了报应。 这次危机与之前几次不同的地方在于，损失局限于那些在短短数年间发了巧财的人。 它也警告那些举足轻重的金融家们，他们必须自我约束。 同时也告诉我们，如果政府不能出面维持秩序，约翰·皮尔庞特·摩根之流就会出来自封为"美国的拿破仑"。 这种事情并不是最后一次发生。

1907 年的经济恐慌

如果我们视经济恐慌为观赏性比赛（spectator sport）的话，这次的经济恐慌就是一场经典之作。 这场经济危机又是起源于某个市场上的囤积居奇行为。 当阴谋实施之后，纽约证券交易所前些年取得的一半成就已经灰飞烟灭了。

尽管处于风暴中心的股票不再属于北太平洋铁路公司，但铁路业这次仍然扮演了重要角色。

由于 1901 年几家金融巨头争夺北太平洋铁路公司的战斗造成了严重后果，以及之后芝加哥铁路线几乎形成了垄断，1906 年国会授权州际贸易委员会（The Interstate Committee of Commerce）管理铁路的收费事宜，它设定了铁路运费的上限。 然而，这些行为却产生了意想不到的效果，造成了铁路部门证券价格的整体下跌。 价格的下跌也有伴随效应。 由于当时铁路公司发行的债券在美国主要银行的贷款抵押品中占据着很高的份额，所以，当 20 世纪初叶的铁路出现问题时，整个市场都出现了问题。

另外，纽约市也遭遇了发行债券的失败。 并且，1907 年 10 月 14 日，星期一，金融家奥托·海因兹（Otto Heinze）开始了他那不成功的在美国铜股票市场上囤积居奇的活动。

奥托的兄弟 F·奥古斯塔斯·海因兹（F. Augustus Heinze）自己也是一个铜业巨头，他通过在布特（Butte）、蒙大拿（Montana）采矿发了财。 奥托说服了他兄弟来垄断联合铜业公司（United Copper Company）的股票。 奥托认为这些股票正被用于卖空（shell short）。 卖空的过程需要交易者从长期持有者那里借来股票，奥托在这里就是让其兄弟

154

F·奥古斯塔斯·海因兹充当长期持有者。 卖空者在时机成熟的时候就会卖出股票，迫使股票的价格下降，然后再以较低的价格将股票买回来还给其正当拥有者。 这个过程能让卖空者快速发财。

按照奥托的计划，下一步就是大举购买联合铜业公司的股票，迫使它的股价上升，卖空者于是只好以更高的价格买进借来的股票以归还原主（奥托弟兄）。 这是一个完美的金融阴谋。 奥托认为这能使其稳坐钓鱼台，最后获得非常丰厚的回报。

奥托、F·奥古斯塔斯以及一个名为查尔斯·莫尔斯（Charles Morse）的投资者——这个人之前在冰市场（ice market）上通过榨空头（bear squeeze）等手段发了财——通过大举借债来实施买进阴谋。 但奥托的计划失败了，因为卖空者事实上能够从其他地方买进联合铜业公司的股票。 于是，奥托一伙不得不疯狂抛售其手中的股票以期挽回一些损失。 联合铜业公司的股票价格见底了，而借给奥托一伙很多钱的尼克伯克信托投资公司（Knickerbocker Trust company）也倒闭了。

接着，奥托的经纪公司，以及其兄弟拥有的储蓄银行，也陷入了困境。 F·奥古斯塔斯控制着纽约一家重要的银行，在F·奥古斯塔斯的运筹下，这家银行控制了联合铜业公司的大量股票。 当储户们听说F·奥古斯塔斯等人进行的交易后，这家银行就经历了一场典型的挤兑，就像尼克伯克信托投资公司同时所经历的那样。

一家大银行、一家大信托投资公司和一家经纪公司的倒闭促使银行停止了同业拆借活动。 在中央银行未能创建的条件下，一家银行借给另外一家银行资金以保持整个银行系统偿付能力的做法实际上创造了一个私人性的最后贷款人（a privatized bank of last resort）。 现在，这个私人性的最后贷款人不愿意工作了，于是，纽约市和其他地区的一系列银行开始倒闭。

约翰·皮尔庞特·摩根，纽约银行和金融界的一个强人，同时也是当时世界上最富有的一个人，呼吁所有可能的银行家到他的藏书室来开一个紧急会议。 之前，他已经同财政部长乔治·科特柳（George Cortelyou）、第一国民银行（First National Bank）总裁乔治·贝克尔（George Baker）以及纽约国民城市银行（（First National City Bank of New York）总裁詹姆斯·斯蒂尔曼共同制定了一个方案来增加市场的流动性。 我们还记得，詹姆斯·斯蒂尔曼是导致1901年经济恐慌爆发的北太平洋铁路公司争夺大战的一个幕后推手。

摩根让人从外面锁上了藏书室的门，并告诉到会的银行家说，如果筹集不到足以防止更大经济危机发生的资金，谁都不能离开。

这些银行家后来共同保证筹集到足够使银行避免倒闭和股票市场开市的资金。 摩根甚至借钱给纽约市来使它还能运作。 同时，他们还组织了两个委员会，一个用来使媒体相信秩序已经得以恢复，另一个用来恳求牧师在星期天上午告诉祈祷的信众要对银行系统有信心。

不过，问题仍然巨大。 摩根等马不停蹄地与这些问题作斗争。 后来，几家联合起来仍然不能生存的危险企业在他们的主导下进行了合并。 这些人还曾经跑去首都华盛顿，恳请西奥多·罗斯福（Theodore Roosevelt）总统召开内阁会议，通过行政命令的方式来中止一项反托拉斯条例，因为，这项条例使一个关系证券市场生死存亡的兼并无法进行。 后来，西奥多·罗斯福还评论说，他认为这项法令使得整个证券市场的崩溃得以幸免。

尽管彻底崩溃得以幸免，道琼斯工业平均指数却从 1906 年超过 100 的高点下跌到了 1907 年的 53 点。 接着，全国经历了银行破产的风潮，第二年一整年，失业率都在两位数。 由于认识到只有通过干预私人部门，经济的完全崩溃才能得以避免，这个国家终于第一次有了一个联邦性的最后贷款人。 国会通过了《联邦储备法》（*Federal Reserve Act*），托马斯·伍德罗·威尔逊（Thomas Woodrow Wilson）总统于 1913 年 12 月 22 日将其签署，根据这项法律，美国联邦储备委员会终于诞生了。

然而，不幸的是，联邦储备银行并没能充分、娴熟、主动、有效地应对 1929 年开始的威胁全国银行体系的大恐慌。 因为对大崩溃和大萧条的讨论在全书的其他章节都有涉及，接下来我们跳过这一点来看看当恐慌成为全球性的时候，有效协调货币政策的制度是如何缺失的。

恐慌蔓延全球——亚洲金融危机（the Asian Contagion）

直到不久前，国际贸易还是各个国家和地区市场之间最重要的联系纽带。 由于国际之间的联系不强，经济危机还常常是地区性的。 但是，随着 20 世纪 90 年代证券和外汇的大规模全球化交易，一切都发生了改变。

第一次沉重打击全球经济的金融危机发生在 1997 年。 这场被称为亚洲金融危机的经济恐慌开始的时候也有其他危机的典型特征。 伴随着泰国和其他东南亚国家一个时期的经济持续发展，其资产的价格大幅上升。

泰国的经济发展很大一部分是由外债促进的。 这些债务主要以美元计价，通过传统渠道、国际货币基金组织和世界银行这样的国际机构进入了泰国。

当美国在 20 世纪 90 年代后期为抑制经济过热而提高利率的时候，资本开始转头流向美国，美元的需求增加，其价值也自然上升。 另一方面，这却伤害了泰国向世界其他地方的出口，因为泰国实行的是与美元挂钩的固定汇率制度。

为了防止出口的衰退，泰国政府意识到已经不能再保持泰铢的地位，于是，泰国开始实行浮动汇率制度。 这立即造成了泰铢的贬值，并实际提高了以美元计价的外债的价值。 结果，泰国沦落到无法清偿债务的境地。

投资资金从东南亚撤离，以及美元的升值造成借入美元的国家债务变重，这些因素共同造成了泰国出口行业的大规模失业。 接着，这又造成房地产的严重缩水。 就像通常看到的，伴随着房地产缩水的则是银行的倒闭和资产的蒸发。

由于泰铢的贬值，其他东南亚国家和地区，最主要的是马拉西亚、菲律宾、新加坡、韩国、印度尼西亚以及中国大陆和香港地区，也都不同程度地经历了保持各自货币价值的困境。 投资者将这些市场中的投资资金撤出，并把东南亚国家的货币兑换为其他国家的货币，这使对东南亚国家货币的需求变得更小，因而贬值更甚。 同样，货币的贬值造成这些亚洲国家以美元计价的外债上升，进而造成整个亚洲股票市场更多的下跌，于是，一场范围广泛的衰退在亚洲上演了。

亚洲的危机也影响到了世界其他地方。 由于经济萎靡不振，这些国家减少了对资源的需求，油价被迫下降。 俄罗斯的证券就是因此而大幅下跌，反过来，这又造成了美国长期资本管理公司的濒临倒闭。

全球最后贷款人

对于造成国际金融危机的问题，我们不能期望只由某一个国家的货币当局来解决。 一旦恐慌超出了国界，全球经济就需要一个更大的最后贷款人，并且需要一个机构来协调各国的应对之策。 许多人认为，世界银行和国际货币基金组织应当为亚洲金融危机的爆发承担一定的责任，它们应当在危机开始的时候采取更加主动、有力的行动。

特别的是，诺贝尔经济学奖获得者约瑟夫·斯蒂格利茨（Joseph Stiglitz）就批评了国际货币基金组织的应对措施，认为它们来得太晚，力度太小。考虑到他曾担任过多年的世界银行首席经济学家，他的观察是很有道理的。有意思的是，对 2007 年的信贷危机和 2008 年的全球金融危机迟缓而乏力的应对措施（初始阶段），斯蒂格利茨同样发出了批评的声音。

2008 年的全球金融危机

与其他危机没什么不同，2007 年的信贷危机也是由美国金融系统的信心危机而来。次级贷款的创新使得那些之前认为拥有住房遥遥无期的一大批人能够暂时地支付得起住房所有权。但是，在全国范围的房价以前所未有的强劲之势上升的当儿，也有很多人担心，除非我们能够创造出更多的房屋所有者，否则它就是不可持续的。与此同时，投资者也渴望获得能够比美国国库券微小的利息率带来更多回报的金融产品。

一些过于聪明的金融家发明了一种新的工具，抵押贷款支持的证券，这让他们将这些问题贷款打包销售给那些不知内情的公众。销售者甚至也会将这些新证券交给对之还不熟悉的评级机构进行评级，而这些评级机构非常喜欢这笔新买卖，因为它能够带来丰厚的利润。之后，风险被扭曲的工具就会被卖给银行、共同基金以及投资公司。

然而，一旦市场认识到这些债务的真实风险，事情就变糟了。这些资产的价值就会缩水，银行就会损失掉其投资组合中的很大部分，由于银行风险厌恶的增加而引起的抵押贷款市场的冻结就会减少房屋的有效需求，自然，房地产的价格就会下跌，而我们就会再一次发现自己置身于资产缩水引发的经济下滑中。

经济下滑对于整个投资行业有着重大影响。危险的投机、无能与骗局以难以想象的规模暴露。最后，重要的投资银行不是被迫进行了合并就是被准许破产了，金融丑闻跟着产生，世界各国的政府不得不恳求数万亿美元注入已经损失了将近一半价值的世界金融市场。

共同因素——无作为与恐惧

　　这一系列经济崩溃最突出的一面是，它们包含了一种共同的模式。它们通常开始于资产价格持续上升一段时间之后，在一些小危机的作用下加速爆发。　也许因为这些经济不至于引起消费者信心的大规模崩溃，它们没有引起领导者的充分重视。　由于随之而来的通货紧缩会使消费者处于财富缩水、债务/资产比上升或失业不确定性增大的危险境地，他们就会被恐惧控制，并会做出每次恐惧战胜理性后都会做的事情——削减支出。

　　下面，我们来看看直到不久前依然还是经济危机中老大的那一场——大崩溃与随之导致的大萧条。

第十八章
兴旺的二十年代与大崩溃

　　装饰艺术（Art Deco）、帝国大厦的建造、弗朗西斯·斯科特·基·菲茨杰拉德（Francis Scott Key Fitzgerald）、爵士、巴布·鲁思（Babe Ruth）、欧内斯特·米勒尔·海明威（Ernest Hemingway）、查尔斯·林登伯格（Charles Lindbergh）、妇女的投票权、莎士比亚以及迷惘的一代，这就是定义 20 世纪 20 年代的事物。 金融资本的大幅升值、汽车、电影、收音机的流行、DC–3 型运输机的设计以及大众性零售投资（retail investment）的大规模出现也象征了我们充满感情称呼的"兴旺的二十年代"（the Roaring Twenties）。 但是，这个狂野的、革命性的年代却在 1929 年 10 月 29 日那个星期二戛然而止。

　　第一次世界大战（Great War）结束之后的十多年里，一切似乎都有可能。 在美国和其他发达国家流行的是快速的城市化和工业化。 第一次世界大战一结束，克服了一次短暂衰退的美国就开始支出其享受的和平红利（peace dividend），五年之后的欧洲也开始做了同样的事情。沃伦·甘梅利尔·哈定（Warren Gamaliel Harding）总统、约翰·卡尔文·柯立芝（John Calvin Coolidge）总统和赫伯特·克拉克·胡佛（Herbert Clark Hoover）总统成为第一代的供给学派（supply side）总统。 消费主义和"保证金购买"（buying on margin）的时代来临了，对富人的减税又促进了这一情势的发展，反过来，这又使到那时为止最大的投机泡沫涨得更大。 那个时代和最近的时代相比像得不能再像了。

　　经济增长水平可能使兴旺的二十年代出现了某种程度的生产过剩。

道琼斯工业平均指数从 1921 年 8 月的 63.90 点上升到了 1929 年 9 月的 381.17 点，短短八年间上升了六倍，平均每年上升超过 22%。 同一时期，通货膨胀现象几乎不存在，劳动生产率每年上升的幅度超过 5%。 这段时间里，美联储的贴现率平均约为 4.5%。

从任何标准来看，资本和抵押借贷（margin borrowing）的成本都很低，经济增长很强劲，风险资产的回报很丰厚。 人们进行投资，想不大赚一笔都不太可能。 考虑到银行非常乐意以最优惠的利率对小投资者发放抵押贷款，不难想象很多在证券市场上投资的人能够连续几年每年获得 50% 的回报。

任逍遥

当市场整整十年持续上升的时候，那种"任逍遥"（let it ride）的情形也是非常引人注目的。 投资者每年都会将其收益重新投入市场，升值的资产甚至能够促使他们扩张信贷。 甚至小规模投资者也积累起了财富。 所有人都希望坐上这趟快车，数百万人确实坐上了。 这么多的资本涌入市场，吹起一个大的投机泡沫几乎无法避免。

衡量投机泡沫规模的一个标准是价格/收益率——就是股票的价格比上其每年的收益。 1921 年，价格/收益率达到历史低点，大约为 6。 这意味着，股票的分红和其他收益将能用六年的时间补偿其价格。 然而，价格/收益率却在短短的八年后，也就是在大崩溃发生前达到了历史性的高点，为 32。 在如此多的投机泡沫下，一只股票需要用三十二年的收益才能补偿其购买价格。 用价格/收益率衡量，此时的泡沫确实是很大的，事实上，也只有 2000 年那一次，这个比率才被超过。

尽管人们通常认为 1929 年大崩溃时投机泡沫的破裂导致了大萧条，实际上问题远不止如此简单。 虽然股票市场的下跌是非常严重的，但是它下跌的幅度却没有 2008 年我们所经历的大，就单日跌幅来说，也比不上 1987 年那一次。

投机泡沫并不是无端升起来的，它的基础是 20 世纪 20 年代科技的迅猛发展以及由此导致的生产力和生产效率的提升。 泡沫刚刚开始的时候，价格/收益率非常低，在 1921 年仅为 6，还不到美国通常水平的一半。

162

某日的开始

尽管 1929 年大崩溃的财富效应是惊人的，但是崩溃发生之后那一周工厂仍然在生产，失业率继续在 6% 的水平徘徊。 在 20 世纪 20 年代的后半期，企业在过度生产，它们可能在为应被叫做"美好的三十年代"（terrific thirties）的时期作准备。 不过，在 1929 年的下半年，企业已经开始进行某种程度的收缩，这正发生在大崩溃发生的前夕。

如果大崩溃不是显著加速了 1929 年后半年已经开始的市场收缩，那么，很有理由相信它只不过是一场完美风暴酝酿的一系列事件中的一件。 不断出现的发明引起了失业，而工业开始变得紧张起来。 银行业随着经济的快速增长以及为遍地都是的小投资者提供资金的呼唤而大举扩张。 在那个时代，债务人愿意为前线投资者提供三分之二购买股票资金，根据现在美联储的监管条例这个保证金水平是不合法的。

有些人在大崩溃前夕更加大声地批评不断膨胀的泡沫。 这时，美联储已经开始提高贴现率，并通过对新投资贷款的抑制来使经济放缓下来。 银行和投资公司也开始提高了保证金要求。 美联储也参与了一场国内大讨论，关于是否应当通过更大幅度地提高利率水平来减缓金融市场快速增长势头。 然而，美联储最后认为针对金融市场而不是所有市场的更加细致、巧妙的劝说（persuasion）才是比较恰当的。

最后，有人认为《斯姆特－霍利关税法》（The Smoot－Hawley Tariff Act）的通过也是这场完美风暴的一个起因。 1928 年，美国的生产已经开始有所低迷，为了保持国内的增长，美国通过了《斯姆特－霍利关税法》。 这个反贸易的关税法案试图抑制欧洲对美国的出口，而当时正是欧洲试图通过出口创造财富以偿还战争负债的时期。

生产的萎靡不振似乎总是让我们对其他国家的不良贸易企图产生深深的恐惧。 那个时候和现在一样，有人主张实行以邻为壑（beggar thy neighbor）的政策来限制进口。

恐惧、保护主义与恐慌

尽管遭到了全世界很多著名经济学家和政府官员的反对，《斯姆特－霍利关税法》还是被通过了。 在不到三年的时间里，从欧洲的进口锐减了三分之二还要多。 由于其他国家的报复，美国的出口也下降了相似的份额，全世界的贸易在五年多的时间里也下降了三分之二。

实际关税的增加相对来说很小，尤其是与这项法案及后来其他国家出台的相似法案对世界贸易产生的巨大负面影响相比。尽管这样，由于它所陈述的那些冠冕堂皇的理由，现在这项法案依然存在。那个时候，发达国家能从各国合作避免一场可能的衰退中获得最大的好处。可是有一个国家却实行了一项孤立主义政策，因为国内事务而损害伙伴的利益。我们一次又一次看到了这种向内看（inward looking）的政策，我们也一次又一次看到了市场恐惧因此而产生。

各种各样的因素，贸易政策、不断积累的存货、失业、对投机泡沫的担忧以及信贷的紧缩，使市场停滞不前。更糟糕的是，当时也没有一个传达出愿意放贷的可信意愿的声音，市场最终出现了恐慌。

1929年10月14日，道琼斯工业平均指数仍然高于350点，非常接近于其历史上的最高点。十天后，也就是1929年10月24日，在那个被称为"黑色星期四"（black Thursday）的交易日结束的时候，道琼斯工业平均指数已经以螺旋形下跌的形式跌破了300点大关，并且那天的交易量特别大。十天之内，道琼斯指数下跌了将近15%，之后，星期五短暂地反弹超过了300点，后面接着下跌，星期一跌到了260.64点，紧跟着是一个"黑色星期二"，跌到了230.07点，1929年10月29日，又下跌了23%。

第二年，市场继续下滑，但它甚至也在1930年4月17日爬到了294.07点。然而，到1930年9月19日，也就是说"黑色星期二"发生将近一年后，市场终于停止挣扎，跌破了230点，并在很长时间内一直处于这个水平之下。

市场还要朝坏的方向走很多年，到了1932年7月8日，道琼斯工业平均指数仅为41.22点。那些四十多岁还坚持持有股票的人可能在其有生之年也不会看到股票的价值完全恢复了，因为直到二十五年后，也就是1954年8月24日，道琼斯工业平均指数才又一次突破了350点。那时正是富足的艾森豪威尔时代，每家锅里有一只鸡每家车库停一辆车的承诺已不是遥远的梦想。

苦难的一代

这长达二十五年的低迷，跨越了一个大的经济繁荣时期、大崩溃、大萧条、第二次世界大战以及冷战的准备期，它更像是很多因素共同造成的后果。 然而，令消费者丧失信心的最大因素或许是紧接着大崩溃发生的银行系统的崩溃。

无可置疑，商业银行系统事前就是很脆弱的。 与现在相比那时银行能更加随意地放出更多的贷款，在缺少监督管理的条件下，银行业获得了显著发展。 这场危机之后，许多新的监管措施才得以提出，而在此之前，美国银行的数量从 20 世纪 20 年代的将近 30 000 家下降到了萧条最严重时期的 15 000 家。 伴随着美国银行系统的大规模崩溃，数百万家庭和企业的储蓄蒸发了。

如果说银行系统的崩溃是大萧条产生的重要因素，那么我们能说这是偶然的吗？ 在大崩溃之前和之后，金融市场都经历过更加重大的损失，但是它们并没有产生如此严重的后果。 之前，我们同样也经历过衰退，企业以裁员和增加存货的方式来应对衰退。 最后，我们也见证过投机泡沫的大幅缩水。 但是，无论如何，之前从来没有发生过这么严重的银行和信贷市场危机。 资本市场的冻结、储蓄资金的丧失以及对数百万消费者曾经依赖的机构的信心动摇所产生的影响，似乎就是摧毁了这个新的消费拉动型经济（consumer-led）的最重要因素。

我们已经学会了认识危机发生的征兆，现在也痛苦地认识到尽可能早、尽可能快速、果断地采取行动对于保持消费者信心有多么重要。不过，我们每次忘记的是在一场美妙的宴会举行的时候端走桌上的大酒杯。 我们当然也不希望自由市场的意识形态妨碍问题的解决，因为过去很多次它都只是起到了这样的作用。 有意思的问题是——我们是否愿意记住这些教训？ 我们是否充分理解了协调的缺失对于下一次经济危机来说意味着什么？

大崩溃导致了其后十年的消费者信心不足，这是下一章所要讲述的内容。 令人不安的是，我讲述的大崩溃发生之前和发生之后的所有情形都与现在非常相似——除了一点区别。 在 2008 年这场更大的全球金融危机发生之后，股票市场没有立即开始反弹。 时间会告诉我们 2008年的大危机与 1929 年的大崩溃是否有着同样的结果。

165

第十九章
被萧条控制的经济

任何经历过大萧条的人都会被集体遭受的苦痛永远地改变。 对于几代人来说，大萧条都是一个具有代表性的年代（defining era）。 只是，从大萧条中得来的教训现在却被忘记了。 不过，现在和那时情形的相似又让人们对大萧条时代重新产生了兴趣。

如果说兴旺的二十年代是技术、生产力和财富的时代，则大萧条留给人们的印象就是悲伤、改革和警惕。

事实上，大崩溃发生之后的一段时间里，经济形势和以前几乎还是一样的。 1929 年 10 月 29 日之后的一年，证券市场得以显著回升，经过 1929 年上半年的下降后，下半年企业和政府的支出都在上升。

消费者正在引导事情的发展。 美国已经快速变成了一个消费国家，因此，当消费者的支出哪怕下降 10%，都会产生极其严重的后果。 另外，1930 年夏天美国主要农业地区遭受了严重的干旱。 于是，"灰盆"（dust bowl）时代终于开始了。

信心危机

由于大萧条使消费者遭受了损失，所以他们变得很害怕。 显著的损失迫使很多人卖出证券，他们也因此缺席了之后获得回升的证券市场。 这些消费者－投资者不再像以前那样富有了，他们减少了消费，对风险也变得更加厌恶。

恐慌的消费者痛苦地抛出股票，也意味着他们将归还债务，因为很多人是靠抵押来购买股票的。 债务的清偿，惊恐的消费者和企业不愿借贷，都造成了货币供给的大幅下降。 货币供给——指的是现金和银行存款，在大崩溃发生之后急速减少。

风险厌恶行为还有另外很多影响，其中很多都对银行系统产生了影响。 当消费者从证券市场脱身并偿还债务的时候，银行会损失其贷款组合中的一部分。 另外，银行也拥有一些资产，大崩溃之后资产价值的缩水又一次损害了银行的账本底线。 商业活动也因为资产价值的缩水以及银行破产和倒闭的加速进行而受到很大影响。

资产、股票、房屋、贸易物品和农产品价格的下降导致了经通货膨胀调整后实际利率的提高。 1930 年通货紧缩现象开始出现，债务人意识到他们将不得不以更稀缺、更有价值的美元来偿还债务。 利率的上升有着相同的影响，本已警惕的消费者、商人和农民就更不愿意贷款了。 随着银行数量的稳步下降，家庭变得更愿意贮藏现金，反过来这又对银行产生了不利影响。

从 1929 年到 1932 年，工业生产几乎下降了一半，新房屋的建造量也大幅下降，大约 5 000 家银行破产倒闭。 另有 1 000 多万工人加入了失业大军，这实在让人难以对美好的经济前景抱有任何信心。 同时，也没有任何机构或单位提出了医治病态经济的良方。 因此，恐惧的产生也就不足为奇了。 而可怕的是，一旦恐惧控制了经济，谁也说不准接下来将会发生什么。

自我实现的预言

我们将会看到，恐慌和沮丧的出现是自我实现的预言。 消费者削减开支的那些行为显著削弱了经济和银行系统，这又验证和加强了消费者内心最大的恐惧。 他们对金融市场和银行都失去了信心，结果就是银行的倒闭。 随着银行系统紧缩业务以及货币变得稀缺，银行挤兑和企业破产变得非常平常。

银行家也陷入了恐慌之中。 他们看到消费者的恐惧日甚一日，目睹了其他银行的挤兑，并意识到贷款者偿付贷款的能力在以后会受到严重限制。 他们的应对之策是，收回贷款来拯救银行，削减信贷发放。反过来，这些行为又加速了经济的螺旋式下降。

由于消费者贮藏货币，银行收回贷款，购买资产的投资资本几乎不存在了，即使资产以跳楼价格销售的时候也是如此。 具有讽刺意味的是，消费者的节俭行为和减少债务的行为又进一步加速了他们资产财富的缩水。

现在，我们对这种恶性循环有了更好的理解：资产价值缩水加速了债务清偿和货币贮藏行为，反过来，这又加速了资产的进一步缩水。从 2008 年的全球金融危机到现在，这个动态过程又一次上演，不过这次的程度没有大萧条时候严重。

在 1930 年，我们还没有经济罗盘的指引，那时，创建不久的美联储还没有太多的经验和技术来处理危机。而现在已经不同。美联储的现任主席本·伯南克是一位倾注了整个学术生涯来研究 1930 年资产缩水循环的经济学家。所以，尽管 1929 年的美联储只是傻傻地看着美国纽约银行的倒闭，2008 年的美联储却不会再任由相同的情形发生在花旗银行的身上。

古典学派

现在的我们确实比那个时候强。在大萧条时期，我们并不理解很多恐慌、恐惧以及消费者心理产生的原因。至少等到大萧条已经非常严重的时候，新出现的消费者－投资者自我实现的行为才能被模型化。赫伯特·克拉克·胡佛总统任下的萧条已经由美国蔓延到其他国家，但是他还是坚信市场能够自我振作。尽管从来没有过的新问题已经产生，胡佛总统还是对古典经济学抱残守缺，他甚至在 1932 年通过增加税收和削减支出的手段来平衡预算——当然，这只会使经济进一步下滑。胡佛只不过是当时流行的经济思想学派的一个产物而已。这个学派认为，经济能够在没有干预的条件下达到均衡；供给能够创造自己的需求。供给能够创造自己的需求也被称为 "萨伊定律" （ Say's Law ），这是以 19 世纪法国经济学家和政治哲学家让·巴蒂斯特·萨依（ Jean-Baptiste Say ）的名字命名的定律。

萨伊定律认为，物品和服务的生产会创造新财富，这些新财富会支付给生产这些产品的工人，因此，这些工人也就有了购买产品的资本。根据这种古典经济理论，除了创造公平良好的环境以使私人企业发展之外，任何机构都无须再做其他任何事情。

在兴旺的二十年代，这种观点特别强大。科技的创新、经济的增长使能力主义（meritocracy）、经济和社会达尔文主义以及霍雷肖·阿尔杰（ Horatio Alger ）式白手起家实现美国梦的理想重新获得了人们的认同。

169

过度愚蠢

　　萨伊定律尽管经典却致命地简单，也不能为现代异常复杂的经济提供充分的指导。 它假设生产的产品反过来会被生产要素的所有者获得的补偿所购买。 这些要素所有者是工人（劳动要素）、财产所有者（资源要素）和资本家（工厂和专利的所有者，以及利润的接受者）。

　　在这三个集团中，只有工人几乎会将所有的获得用于消费。 而如果这个集团只获得了收入中的一个较小的份额，并且他们还偏好贮藏而不是消费，那么萨伊定律就不能成立了。 1929 年，占全国人口 1% 的最富有的人却拥有全国财富的 40%，新积累的财富并不必然用于购买市场上的产品。 兴旺的二十年代新财富越发集中到少数富人的手中，这似乎正是对萨伊定律的背离。

　　另外，有人也指责美联储在债务清偿或违约、家庭开始贮藏货币的时候没能增加货币的供给。 尽管获得过诺贝尔经济学奖的著名经济学家米尔顿·弗里德曼（Milton Friedman）曾有力地指出，大萧条之所以产生是因为货币政策的失败。 但是现在我们也意识到，如果消费者对银行系统和货币制度失去信心，那么货币政策就是相对无效的。 大萧条将催生一个银行和投资监管的新时代，也将使美联储扮演一个更加积极的角色。 只是，对于给发达国家造成现代历史上最严重伤痛的这场危机来说，这些创新来得太少、太晚了。

　　自由放任的经济理论只是证明了，我们对恐惧控制经济所造成的配置扭曲和经济伤痛所做的并不够。 因此，转变对于经济干预的理解、提高实施经济干预的意愿就不可避免。

其他国家的经历

　　当看到美国华尔街在 1929 年陷入崩溃和美国的消费需求大幅下降之后，大部分欧洲国家也与美国一起陷入了混乱。

　　从第一次世界大战中缓慢走出来的英国没能实现美国从 1921 年到 1928 年那种快速的经济增长。 英国的罢工此起彼伏，同时，财政大臣（财政部长）温斯顿·丘吉尔（Winston Churchill）恢复了黄金与英镑的金平价，这都使得英国在 20 世纪 20 年代的全球竞争力下降了。

　　大萧条刚开始的时候，英国也在美国之后实行了平衡预算的错误政策。 为了削减成本，英国还实行了价格管制，这进一步加剧了通货紧缩现象——通货紧缩正是 1929 年至 1932 年美国大萧条的根源。

英国很长时期以来都有一套发达的社会福利计划。 20 世纪 20 年代，这些计划变得非常沉重，政府被迫在大萧条开始的时候采取激进措施来进一步降低工资和削减支出。 直到准备打第二次世界大战的 1936 年，英国一直举步维艰。

与此形成鲜明对比的是，日本当时还能相对隔离于大萧条之外。 20 世纪 20 年代日本的经济非常强劲，其部分原因在于，由于美国错误的贸易政策，英国的贸易额下降了，而日本正好填补了这个空缺。 日本也实施了后来被称为凯恩斯主义的政策。 在凯恩斯完全、清晰地提出他的经济理论之前，财政支出、基础设施的改进等政策已经使日本在其他国家衰退的时候获得了经济增长。

事实上，日本增长得如此顺利，以至于其领导人竟然在大萧条引起通货紧缩和经济悲剧的时候担心起自己的增长来了。 日本国内试图削减军备支出的努力引发了反冲力，财政大臣因而辞职，民族主义情绪高涨，这使得日本政治力量的平衡点开始向军方倾斜。

日本的赤字支出和军备扩张事实上使其国内生产总值在 20 世纪 30 年代翻了一番。 而这正是美国、英国、法国、澳大利亚和加拿大显著衰弱的时候。 从这个民族主义时代（nationalistic period）中产生的，就是全球力量需要重新评判的意识。

积极政策的结果

美国经济在 1933 年开始反转，但是需要十年它才能完全恢复。 有人认为，之所以得到完全恢复，是因为美国为重新装备英国打第二次世界大战而作的努力。

富兰克林·德拉诺·罗斯福（Franklin Delano Roosevelt）在 1933 年就任总统，在他的领导下，许多制度得以提出，用来消除 20 世纪 20 年代以后的大萧条。 新政（New Deal）中的措施，如工作促进署（Works Progress Administration，WPA）和民间资源保护队（Civilian Conservation Corps，CCC）的成立等，促进了就业的增长。

在金融方面，出台了《1933 年证券法案》（*Securities Act of 1933*）。 这项法案改革了 1929 年大崩溃中所看到的金融市场监管缺失的局面。 新政还提出了《格拉斯－斯蒂格尔法案》（*Glass-Steagall*

Act），并创建了联邦存款保险公司，它们用来帮助遭受惨重损失的人们重建对于大范围倒闭的银行系统的信心。 实际上在胡佛总统任内建立的复兴金融公司（Renaissance Financial Corporation）用来为工业和州以及地方政府创造贷款——它们已经无法从传统银行获取信贷了。

更富有争议性的是，都在 1935 年出台的《全国工业复兴法》（*National Industrial Recovey Act*）和《全国劳工关系法案》（*National Labor Relations Act*）中。 《全国工业复兴法》使政府在控制经济竞争方面有了更大的作用，《全国劳工关系法案》使工人组织工会方面有了更多的权利。 这在那个劳工管理（labor-management）风潮盛行的年代意味着，恢复经济的效率至少会暂时地受到阻碍。 结果，罗斯福新政开始制止了经济的螺旋式下降，而其效率没有某些人想象得那样高。

这些问题使得原本慢慢恢复的经济又在 1937 年陷入了衰退。 此时，凯恩斯划时代的著作已出版一年了，它将有助于促使罗斯福政府实行大规模的赤字支出政策来刺激经济。

正是新政进行的同时，凯恩斯在英国对消费者的支出提出了新的解释，这种解释对于正在快速发展的现象给出了深刻的洞见。

172

第二十章
凯恩斯出现

当全世界的经济学家们一筹莫展的时候，英国经济学家约翰·梅纳德·凯恩斯正在发展他对消费者支出的解释，这个解释几乎是为他那个时代量身定做的。 凯恩斯的洞察既及时又深刻，当人们看到1929年的大崩溃与2008年的第二次大崩溃（Great Crash Ⅱ）、大萧条及当下的全球金融危机极其相像的时候，他的思想再一次复兴。

凯恩斯出生于一个精英家庭，父亲约翰·内维尔·凯恩斯（John Neville Keynes）是剑桥大学的经济学家，母亲佛罗伦斯·艾达·布朗（Florence Ada Brown）是一个社会活动家。 凯恩斯首先在伊顿公学（Eton College）学习，之后在英国剑桥大学国王学院学习数学，最后则转学经济学。 凯恩斯以剑桥大学讲师的身份开始了自己的职业生涯，不久他被指派为大英帝国财政大臣的顾问。

凯恩斯在第一次世界大战的关键时期在外汇市场上展现出了非凡能力，这使他能够快速进入英国最高级别的公共服务部门。 1919年初他作为英国财政部首席代表出席了"巴黎和会"，并以关于《凡尔赛合约》及其经济后果的文章而成名。 凯恩斯甚至预言了这项合约对于德国经济的损害和动荡效应。 果不其然，《凡尔赛合约》最终引起了两次世界大战期间德国的民族主义运动。

随着凯恩斯的影响不断扩大，他开始创作论述1919－1921年衰退原因以及货币政策改革必要性的文章。 他是最早认识到通货紧缩的问题以及通货紧缩对于信贷市场不利影响的人。 当时他就知道了我们现在都已经知道了的东西。

债务人都喜欢通货膨胀，因为这使得他们能够以价值变小的货币偿还债务。相反，债务人厌恶通货紧缩，因为在这种情况下，他们的资产价值变小，而偿还负债却需要更多稀缺、价值更大的货币。不管是通货膨胀还是通货紧缩对于信贷市场的健康和良好运行都是不利的，但是在凯恩斯之前，人们对通货紧缩效应的理解却很浅薄。

不过，凯恩斯影响最大的著作却是《就业、利息和货币通论》。也许这是 1776 年亚当·斯密（Adam Smith）的《国富论》出版以后最具影响力的经济著作，当然也是其 1936 年出版以来最重要的经济著作。在这本书中，凯恩斯以易懂的语言说明了为什么传统的经济理论在总产出严重下降的时候是失败的。

在《就业、利息和货币通论》的序言中，凯恩斯指出了能够产生巨额财富的现代政治和经济系统的一个重要缺点。他写道：

"作为本书余下部分主题的总产出理论在极权主义国家实行起来……要比产出和既定产出下的分配理论在自由竞争和自由放任国家的实行容易得多。"

不论是俄国那种左翼极权主义还是德国那种右翼极权主义凯恩斯都不是很赞同。相反，凯恩斯是为了指出，在私人市场观念基础上由自私自利的个人生产者和消费者创造的经典经济工具是总体经济一个过分简单的特征。尽管这些个体市场能够在不合作竞争的条件下繁荣发展，但是一旦经济协调成为必要的时候，它们作为总体就会惨败。

凯恩斯创造的也不是一部充满智力技术或数学推导的书。他主张的利用税收和债务资助政府支出的观点，早在 1820 年就曾在《论公债基金制度》中被著名经济学家大卫·李嘉图公开讨论过。他用的数学知识也是相对很简单的，相反，他的论点依靠的是他明晰的雄辩和自信的判断，毫无疑问，这些能力是他的家庭环境、精英教育以及在英国权力圈的短暂经历所造就的。

不管其天才来自何处，重要的是，凯恩斯在适当的时候适当的地点给世界范围的萧条开出了医治之方，同时，他也对危机的起因作出了合理的解释。

凯恩斯的写作有某种修饰性，这可能使他的著作在今天不那么容易被理解，尽管它们都是常识性的分析和基本水平的理论。不过，在那个人们听厌了政治领导人傲慢、谨慎辞藻都在积极寻找解释和出路的年代，凯恩斯的作品受到了热烈的欢迎。

174

尽管凯恩斯讨论了萧条时代经济中的一系列协调缺失问题，我们却可以将注意力集中在他最重要的观察上。他是提出消费者心理应当被视为现代经济系统的一个重要立足点的第一人。

四个新的经济部门

为了更好地理解消费的重要作用，以及为什么当经济下滑的力量出现时它会成为阿喀琉斯之踵（Achilles' Heel），我们将经济中的总需求分为四个不同的部门，它们分别是：国际贸易、投资者的支出、消费者支出和政府支出。

贸易拯救经济？

我们首先来讨论贸易。尽管对于大多数发达经济体来说贸易都是一个重要的部分，并且反贸易的行为当然也加剧了大萧条的发生，但它并不是凯恩斯思想的中心所在。

凯恩斯观察到，贸易有两个影响因素。其一是汇率。高汇率使得进口物品的价格相对便宜，出口物品的价格相对昂贵。不受管制的外汇市场通常能够形成一个使物品和服务的贸易以及金融资本平衡的汇率。

影响贸易的第二个因素是国内收入。当收入上升的时候，我们进口新物品的意愿就会更高。相反，随着收入的下降，进口也会下降，因此就会减少本国货币从这个国家流出的数量。在外汇市场上一国货币数量的减少会提高这种货币的价值，也会使出口下降，最后会使进口和出口重新获得平衡。

表面上来看，任何限制进口的政策好像都会鼓励国内的生产。每当经济下滑时人数都会增加的贸易保护主义者确实就是这样想的。然而，伴随汇率提高的也有出口的下降，因此，生产的部分收益就会丢失。

现在大多数经济学家认为操纵贸易并不是经济增长的一个良好办法，尤其是遭到外国报复的情况下，这更不可取。我们在前面已经了解到美国出台的《斯姆特－霍利关税法》促进了大萧条的发生。尽管出于对经济安全的担忧，这种政策是有吸引力的，但是我们最后就会发现，它们只会放大而不会消除我们的经济恐惧。

如果我们不考虑贸易政策为能够弥补经济下滑和萧条所造成的生产

缺口的办法，那么，我们就剩下了三种提高需求的手段——投资、消费和政府支出。

投资者在哪里？

下面我们来分析投资。

按照凯恩斯的观点，投资依赖于增加的资本项目创造未来收益的能力。 凯恩斯和其他经济学家用"投资"一词指对能够带来未来收益的资本物品的购买。 这与人们通常对投资的理解是不同的。 人们通常会将购买金融工具——不管这些金融工具是否导致了诸如工厂、设备、存货或新房屋等资本物品的购买——视为投资。 在经济学家的定义中，投资必须是提高经济生产能力的活动，而证券市场中的金融投资很少直接这样做。

在投资的这种定义下，凯恩斯注意到，低利率会使生产者拥有更多的项目选择，这些项目至少足够偿付利息。 因此，更低的利率意味着更多的投资——当然，前提是银行愿意和能够进行放贷。 尽管凯恩斯承认新投资与生产者能够获得的利息水平密切相关，它也依赖于生产者对于未来需求的预期。 如果他们预期未来的需求低迷，他们就不会进行投资。

在投资最终依赖于利率的观点之外，凯恩斯假设企业的投资决策是自主的（autonomous），这意味着投资与其最重要的变量——特定时期总的收入水平无关。

第一个"消费主义时代"

兴旺的二十年代见证了消费主义在经济中的基础地位。 那时和现在一样，消费者代表了绝大部分的支出，占到了经济中总需求的大约70%。 剩下的支出由其他三个部门——净贸易、投资、政府支出来弥补。

凯恩斯指出，消费实际上有两个组成部分。 不管是不是萧条时期，不管是富人还是穷人，人们都必须进行某种特定数量的消费来满足温饱等最基本的需求。 即使一个人没有收入，他也必须去乞讨、去借钱或者去偷窃来保持最基本量的消费。 凯恩斯称这种数量的消费为自主性消费，因为它不依赖凯恩斯模型中的其他因素。

不过，凯恩斯重要而新奇的见解则是，他认为消费从根本上来说依赖于经济整体中的总收入水平。 当收入增加的时候，消费者能够购买

176

更多东西，首先消费者会购买基本消费品，而后则会用收入中的另外一部分进行权衡性消费（discretionary cosumption）。

尽管收入与消费心理之间的关系看起来是非常明显的，但是它却有着深刻的含义。如果消费者按照他们的"消费函数"，以收入为基础进行支出，那么，当收入下降的时候，消费也就跟着下降。需求水平的下降会减少其他人的收入，这会造成总收入水平的进一步下降，反过来，又会造成消费的进一步下降。在消费和收入进行了相同程度的收缩之前，这种滚雪球效应会一直持续进行。

乘数效应

收入下降会导致消费的下降，反过来又会导致消费的进一步下降，如此等等，这种现象被称为乘数效应（multiplier effect）。当消费降到了其最终数量的时候，收入和消费的下降程度比引发这一滚雪球效应的收入的初始下降要大得多。

我们以一个简单的数字例子来诠释这一效应。1929 年，为生产美国购买的物品和服务支付的净报酬总量，也就是总收入刚刚超过 1 000 亿美元，可以用 Y 表示。为了使之更加简单，假设这一年的总收入就是 1 000 亿美元。其中，大约 750 亿美元是消费，用 C 表示；150 亿美元是自主性投资，用 I_0 表示；100 亿美元是政府自主性支出，用 G_0 表示；还有一个数量可以忽略不计的净出口（出口超过进口的数量），用 NX 表示。凯恩斯暂时称投资和政府支出是自主性的，也就是说这些种类的支出不会立即受到经济中总收入水平的影响。

这 750 亿美元消费中的一部分是自主性的，另外一部分则依赖于收入水平变化。我们假设不管在任何情形下都要进行的自主性消费是 250 亿美元，而其他 500 亿美元则是权衡性的，依赖于消费者口袋中的收入。

凯恩斯称消费变动额和收入变动额之间的比率为边际消费倾向（marginal propensity of consume, MPC），用 c 表示。假设每 1 000 亿美元的收入能带来 500 亿美元的权衡性消费，那么，边际消费倾向就是 50%。

这种根据心理分析而得的消费函数就可以写为：

$C_p = C_0 + c \times Y = 250$ 亿美元 $+ 0.5 \times 1 000$ 亿美元 $= 750$ 亿美元

同时，投资、政府支出和贸易构成了另外 250 亿美元的支出。因此，1 000 亿美元的总支出就和 1 000 亿美元的总收入是相等的了。会

177

计人员最喜欢看到这种收入与支出相等的结果了。 此时，经济处于均衡中，因为每个人都是按照原计划而做的。 正是在这儿，凯恩斯做出了他影响深远的发现。 如果收入与支出相等，即：

$$Y = C + I_0 + G_0 + NX \quad \text{或}$$

$$Y = C_0 + c \times Y + I_0 + G_0 + NX.$$

从数学上看，只有一种收入水平能够确保收入和支出相等。 解这个等式，得到：

$$Y = \frac{C_0 + I_0 + G_0 + NX}{1 - c}$$

我们来看看这是怎么得来的。 上式的分子为：$C_0 + I_0 + G_0 + NX = 250 + 150 + 100 = 500$ 亿美元，分母为 $1 - c = 1 - 0.5 = 0.5$。 分子除以分母，就能得到 1 000 亿美元，也就是收入的均衡水平。 现在，数学家也会变得很高兴了。

凯恩斯乘数

如果我们让这些自主性组成部分发生变动，事情就会变得非常有趣。 假设由于大崩溃，恐惧的投资者减少了 60 亿美元的投资，那么，在我们的例子中，投资就由 150 亿美元下降到了 90 亿美元。 投资的下降会增加失业，生产货物的工人或者建造工厂的工人现在没活干了。消费者的收入因此下降，他们也就会减少消费的数量。

在本例中，分子上只有一个量发生改变。 由于大崩溃，投资量 I_0 从 150 亿美元下降到了 90 亿美元，从而，分子也就由原来的 500 亿美元下降到了现在的 440 亿美元。 440 除以分母 0.5，可以得到一个新的均衡收入 880 亿美元。 乘数起了作用。

这个数字例子能够用来说明 1929 年到 1930 年间发生的事情。 那时，在新工厂、设备和房屋方面的投资下降了大约 60 亿美元。 但是，经济中总收入的下降却不止 60 亿美元。 换句话说，由于 $\frac{1}{1-c} = \frac{1}{1-0.5} = 2$，总收入下降了投资降幅的两倍，达到了 120 亿美元。

我们也可以不用数学来理解上面这个现象。 此时，需要认识凯恩斯发明的乘数（multiplier）这一概念。 $\frac{1}{1-c}$ 这个比率，也就是 1 与边际消费倾向之差的倒数，能让我们看到消费、投资政府支出或贸易的初始变化最后会产生什么样的影响。 大萧条那个时候和现在一样，支出减少后，经济下滑了更大的程度。 这就是乘数效应。 反过来，我们也

178

能运用乘数效应来刺激经济，走出衰退。

财富效应

从 1930 年到 1931 年，投资和政府支出进一步下降。 到了 1931 年，消费者变得非常恐惧，甚至减少了他们的自主性消费。 实际上，凯恩斯并没有阐释家庭将其消费调整到一个新的、更低水平的原因。 经济学家弗兰科·莫迪利安尼（Franco Modigliani）和米尔顿·弗里德曼指出，消费不仅依赖于收入，而且还依赖于持久性财富水平。 这个观察结果为他们赢得了诺贝尔经济学奖。

如果我们考虑到大萧条和银行倒闭造成了人们财富的损失，那么我们就会看到，1931 年消费的实际下降比凯恩斯模型中预测的更大。 现在我们知道，1929 年的大崩溃造成了 140 亿美元财富的蒸发，人们房子的价值也缩水了相似的份额，这两项会造成消费额外减少 100 亿美元，通过乘数效应，我们知道这最后会使总收入下降 200 亿美元。

总的来说，从 1929 年到 1930 年，国内生产总值下降了 120 亿美元，第二年又下降了 140 亿美元，从 1931 年到 1932 年，国内生产总值接着下降了 180 亿美元。 这几年间，国内生产总值下降总额超过了 470 亿美元，通过凯恩斯乘数效应和莫迪利安尼 – 弗里德曼财富效应，消费额的下降占到了 470 亿美元中的三分之二。 尽管打响第一枪的是华尔街，普通大街最终却遭受了枪林弹雨。

乘数效应的反向作用

凯恩斯并没有停留于此。 尽管他确实使经济学符合了"沉闷科学"（a dismal science）的标签，他还有一些其他的深刻见解。

首先，他指出，尽管这种沉闷的分析令人很沮丧，它也能够反向作用。 如果我们的目标是刺激经济，我们不必非得凑足 470 亿美元。 利用 470 亿美元的一半作为刺激因素，并让乘数效应以对我们有利的方式发挥作用，就能够达到我们想要的结果。 当然，230 亿美元也是一个巨大的数量，它比政府每年支出的两倍还要多。 但至少这是一个开始。

我们接着会问，谁能够在经济战场中打响这沉重的一枪呢？ 虽然 1929 年全国最富的 1% 人口拥有全国财富的 40%，许多投资者也聪明到能够使自己隔离于华尔街最糟糕的日子，然而，在 1933 年之前证券市场还是一直下跌的，这些人可不愿意将手中剩余的财富拿来拯救不确定

179

的经济。 即使凯恩斯已经出版了自己的巨著，尽管他能够说服人们相信自己的推理，投资界人士还是不愿意成为解决办法的一部分——他们却是问题的一部分。

想象消费者开始支出也是不合理的，因为他们的财富被一扫而光，他们大规模失业，他们担心恐惧，他们也没有看到消费能给他们带来多少好处。 我们也用了保护主义手段来减少进口，结果却发现《斯姆特–霍利关税法》不过使我们陷入了贸易大战而已。

只有一个实体能创造出足够多的支出项目。 如果它能将支出下降额的一半重新放入人们的口袋，消费者就能够来做余下的事情了。

尽管在罗斯福奔走于全国进行总统竞选的 1932 年夏天，凯恩斯还没有出版《就业、利息和货币通论》，但他已经在美国的杂志上阐述积极财政政策的必要性。 例如，他在 1930 年 5 月 10 日的《国家》（*The Nation*）杂志上写道：

"事实是——公众还没有认识到这件事实——我们现在正处于一场历史上最严重的国际性萧条之中。走出这场萧条，需要的不仅仅是银行利率的被动变动，而且需要非常积极、意志坚定的政策。"

富兰克林· 德拉诺· 罗斯福——第一个凯恩斯主义总统

即将当选总统的罗斯福似乎对于需要做什么有一种直觉感受。 他当选后就开始大规模支出了。 从 1933 年到 1938 年，政府支出几乎翻了一番，这使国民收入增加了 100 亿美元。 其他的政策使房价得到了恢复，这增加了消费者的财富，也刺激了他们的消费。 刺激私人企业投资的措施也出台了。 到 1937 年，这个国家的国内生产总值恢复到了919 亿美元，而同期通货紧缩使价格下降了 15%。 换句话说，实际国内生产总值在准备第二次世界大战的时候基本上已经完全恢复。

凯恩斯还有其他一些重要思想。 他于 1930 年出版了两卷本的《论货币》（*A Treatise on Money*），在这部重要的经济学著作中，包含了流动性偏好（Liquidity preference）理论的萌芽。 他的货币经济学理论认为，如果过度扩张的货币政策将利率降到人们宁愿把货币放在床垫下也不愿放在银行或借贷资金市场中的水平，信贷市场就会崩溃。

凯恩斯认为，当经济接近于充分就业的时候，货币政策可能是修正均衡的一个有效工具。 然而，当金融市场崩溃、消费者对于银行系统丧失信心、信贷市场不能有效运作以及银行不愿放贷的时候，货币工具的作用就具有了很大的不确定性。

节俭悖论

换句话说，凯恩斯认为必须通过谨慎、果断地利用政府支出刺激经济的方法来恢复消费者的信心并祛除其恐惧。 他给我们讲述了节俭悖论（the paradox of thrift），就是说，在经济低迷时期，我们减少消费的个人理性行为却不符合集体理性，它们加总起来会对整体经济造成损害。 这个悖论的解决办法是共同采取行动来扭转这种破坏性的节俭行为。

凯恩斯也强调了经济领导的必要性。 第一个凯恩斯主义总统富兰克林·德拉诺·罗斯福做到了这一点。 在当前这场与大萧条可怕的相似的经济危机中，凯恩斯的理论重新燃起了人们的兴趣，也变得再度流行起来。 凯恩斯和其他一些人在 1929 年 – 1938 年那个被恐惧控制的时期说出来的话到现在还很适用，这真让人觉得不可思议。

同样不可思议的还有恐惧和恐慌的历史为什么经常重演——这是我们下一部分讨论的主题。

第七部分
协调失灵

过去所有的经济恐慌都有某些共同的特征。它们通常都发生于一段强劲的经济增长之后；每一次经济恐慌都伴随着市场的动荡；在每一次恐慌中，"羊群心理"都会引起更大的恐慌；另外，在每一次恐慌中，信贷市场都不能有效运作，并经常因为银行偿付问题而陷入停顿状态。

下面我们就来尝试理解经济恐慌中的社会、经济和政治力量，它们通常就是问题的一部分，而我们却期望使之变为问题解决办法中的一部分。

本部分开始讲述的是，个人理性有时候会导致公共利益的损害。这是自由市场和非协调个人行为作用的自然结果。在第二十二章，我们将会看到科技有时候会放大人类的不幸倾向。本部分的最后，我们讨论的是评级机构如何来帮助人们处理信息缺失问题，当然，我们也会讨论在什么时候它们本身就是一个问题。

第二十一章
旅鼠市场，或两种文化的故事

什么促使投资大众变得恐慌并想离市场而去呢？ 谁又起到了领头作用呢？

投资者有时候就像一群动物。 他们没有获取内线消息的渠道，也没有独立验证信息以及分析整体市场或单个企业基本面的能力。 相反，他们的注意力集中在两种能够随时获得的信息上：一种是股票的当前价格或者股票指数的当前值，另一种是它们向上或向下的走向。

在这种条件下，恐惧能够非常容易地控制市场大部分参与者并决定市场的最终结果。 尽管这里说的投资大众不包括市场中最大的那些参与者，但是他们的行动还是会与头羊的活动有很大关联。

举例来说，我们已经看到了 1901 年和 1907 年的经济恐慌中少部分的投资者在铁路和铜业股票市场上的囤积居奇行为。 更近的则是 1980 年亨特兄弟（Hunt brothers）在银市场上进行的囤积居奇行为。 他们都试图操纵市场中的绝大多数人来获得个人私利。 在这些例子中，市场完全崩溃了。 然而，很多时候，操纵行为却获得了成功，大众的走向被控制，少数人赚得盆满钵盈。

悬崖边上的羊群

当恐惧产生的时候，我们就可能会在本能的驱使下走向显然不利于自身利益的方向。 在面对紧急情况而设计理性的决策也成为奢侈的时候，最原始的生存机制就会来指导我们的行动。 在这种情况下，我们就会假设别人面对相同的困境会有一套理性方案，而我们就会寻找能够获知别人所作决策的线索。

举例来说，如果有人在电影院里大喊起火了，成百人都往某个方向跑去，那么电影院中的一个人可能就来不及想其他人行为的原因而跟着他们朝同一个方向跑去。

市场中的恐慌会引起相似的现象。当市场急剧下跌的时候，大众可能连思考后面将会发生什么的时间都没有。如果他们慢慢地去思考，最后可能会发现自己手中的股票已经不值钱了。所以，大众会大举抛售并逃离市场。

不管引起抛售狂潮的传言是不是真的，也不管领头人的动机是不是道德的，大众都会这样做。如果大众都认为会有紧急情况发生而抛售股票，那么他们的行为就真的会导致紧急情况的发生，而不管这样的紧急情况事实上存在与否。

信仰问题

曾经，我们对自由市场制度有一种信仰，认为它能自我监管，也能依靠自己的力量从暂时性的衰退或过剩中走出来。现在，即使像自由市场的旗手艾伦·格林斯潘这样的人也认识到自由市场并不必然能够监管自己。这怎么可能呢？

作为艾因·兰德（Ayn Rand）的信奉者，艾伦·格林斯潘近乎陶醉于那种鼓励和奖励创新的制度之美中。但是，将公共政策与意识形态混淆起来通常是很危险的。在与美国众议院监督和政府改革委员会主席也就是后来的众议院能源与商业委员会主席亨利·韦克斯曼非常有意思的对话中，艾伦·格林斯潘承认了这一点。

在对亨利·韦克斯曼领导的委员会作证的时候，艾伦·格林斯潘说："我们中间那些指望贷款机构的自身利益能保护股东权益的人，特别是我自己，正处于一种不敢置信的状态。"他还说银行进行自我监管已经破产了。

面对众议员韦克斯曼的进一步责问，格林斯潘回答说："我发现了它的缺陷。"韦克斯曼追问："换句话说，你发现自己的世界观和思想观念不正确、不管用。""的确如此。"格林斯潘回答道。

那么，这个缺陷的本质又是什么呢？

186

美丽心灵

回忆一下关于约翰·纳什（John Nash）的那部电影《美丽心灵》（*A Beautiful Mind*），里面是不是有个绝顶聪明的学生在1959年5月发表了一篇只有27页的毕业论文？这篇部分打印、部分手写的论文使他顺利地拿到了普林斯顿大学的博士学位，而普林斯顿大学有着世界上最好的数学系啊！

约翰·纳什的贡献在于，他描述了他称之为非合作博弈中的策略行为。尽管他所思考的只是扑克游戏，但是结果却证明他的分析也适用于自由市场制度。他的见解如此深刻，以至于让他成为诺贝尔经济学奖得主中的唯一一个纯粹的数学家。

简单来说，非合作均衡描述的是，给定其他参与者的策略，博弈参与者是如何形成自己的经济策略的。这种分析显示，尽管参与者的行为是为了使自己的利益最大化，他们共同行为导致的结果却不一定符合社会整体的利益。换句话说，我们有时候聪明反被聪明误。经济萧条不过是这种悖论的一个特别的例子而已。

囚徒困境

为了明白我们是怎样走进痛苦的非合作均衡的——当前的全球金融危机就是一个巨大的例子——我们来看看经济学家所说的"囚徒困境"（Prisoners' Dilemma）是怎么回事。假设两个窃贼正携着偷来的DVD播放机在街上走，迎面过来一个警察。警察以占有失物罪将这两个人抓了起来。占有失物罪将能使他们被处以一年徒刑。

这两个人被带到了警察局，警察对他们分别审问。警察无法证明他们实施了抢劫——如果能够证明，这两个人就会被处以十年徒刑。但是，现在警察开出了一个条件：如果一个囚徒供认了罪行而另一个没有供认，则前者会被处以六个月的刑期，后者则将会被处以十年徒刑。

如果两个人都没有供认，他们的刑期都将是一年，不多不少。如果两人都承认了犯罪，他们的刑期将都是十年——记住，警察开出的条件是，只有一个人供认才能有宽大处理。

纳什均衡表明，这两个人都会背叛对方，因而两个人都会面临十年的牢狱生活。 我们原本在使自己的利益最大化，为什么结果却变得更糟呢？

这两个囚徒都会想另外一个人将会怎么做，并以此为基础而采取对自己来说最有利的行动。 如果自己没有承认犯罪，而另外一个人承认了，那么，自己将会受到十年的处罚，同伙却只有微不足道的六个月刑期。如果自己表示绝对不会供认，另外一个人就有了更大的激励来承认犯罪。尽管从单个人的角度考虑他们都是为了使自己的处境变得更好，但是他们的行为却使他们进入了对谁都没有好处的非合作均衡中。

合作失败的修复

怎样才能防止我们的非合作行为伤害到自己和其他人呢？ 答案是或者我们通过联合决策进行合作，或者制定出规则、制度、政策来保证不会以别人的损失为代价来达到自己的私利。 尽管个人会认为这些规则是一种令人不快的负担，但是它们却能防止损害集体福利的非合作均衡的产生。 例如，一个对冲基金或投资银行可能会抱怨监管碍手碍脚，然而，如果监管能够保证银行系统的健康，那么它对于整个市场或者单个银行、单个对冲基金来说都是有好处的。

现在，我们的经济卡在约翰·纳什所描述的那种持续性的非合作均衡中。 对于这种经济困境，每个人都减少支出是一种自然的反应。 但是，这些行为加起来却造成了总支出的下降，从而也造成了对国内产出需求的降低。 雇主必须裁员，收入的下降反过来进一步导致了支出的减少。 我们对于衰退会产生的看法变成了一个自我实现的预言。

怎么才能走出这个困境呢？ 就像凯恩斯先前所说的那样，极权主义国家能够通过铁腕措施强迫生产者进行生产，消费者进行消费。 但是，自由市场国家却不能迫使企业进行生产或者家庭进行消费。 因此，尽管大规模政府支出不为自由市场国家的人们所喜欢，但政府却是唯一能协调我们的支出和生产并将我们从不好的均衡拉向正常经济状态的实体。

起先，约翰·纳什没有意识到自己的非合作博弈理论能够用来解释自由市场中最令人不安的性质。 约翰·梅纳德·凯恩斯很早之前就看到了经济中这个有时候非常致命的缺陷，但是他没有运用数学证明。凯恩斯也没有给出防止"囚徒困境"出现的办法。 想象一下人们面对经济危机时作的反应，我们就会知道也许这个问题永远也不会得到解决。

一种理论解释

事实上，研究者已经提出了假定"羊群行为"存在的模型。 在比赫詹达尼（Bikhchandani）、赫什利弗（Hirshleifer）和韦尔奇（Welch）的一篇重要论文中，作者们提出了下面的模型。 假设我们不知道世界的真实状态，但是我们可以观察到我们之前的其他人所作的决策。 如果我们接下来的决策是正确的，我们就会获得奖励。 我们的决策和我们前面人的决策可能从世界的真实状态而来，也可能从世界的非真实状态而来。 即使我们的决策是由非真实状态而来的，我们也可能是正确的。 同样，即使我们的决策是根据正确的信息作出的，任何的随机事件都可能使我们出现错误。

对于第一个行动者来说，只要从世界的真实状态中提取的信息很精确，他们的选择就很容易，就极有可能作出正确的选择。 然而，第二个行动者作决策就比较困难。 这个行动者也会看到两种信息集。 如果第一个行动者的选择与第二个行动者最有可能的猜想是一致的，事情就会变得很容易。 但是，当第一个人的行动与第二个人的直觉相违背的时候，第二个行动者就不再这么确定了。

随着行动的进行，我们必须在对于世界真实状态的直觉与他人的随机性选择之间进行权衡。 如果只有很少的信息使我们产生一个对世界真实状态的强烈直觉，我们最终可能就会被世界的无序性弄得晕头转向，这时，我们就可能会跟着别人走向错误的方向。 通过这种方式，"羊群心理"能够将旅鼠们带到悬崖的边缘。

生态损毁情绪病症

人们的行为有时候——尤其是被恐惧控制的时候会严重地损害集体的利益，这一点非常令人沮丧。 那么，我们能够指望引导我们方向的人表现出道德性行为或符合集体利益的行为吗？ 答案也许是否定的。

如果大群体的动态行为会促使一群动物涌向某个方向，那么，我们也会像动物一样跟随带头投资者（the alpha investors）的脚步走。 我的意思不是说我们追求金融学术语 alpha 值的最大化——而是说我们追求自己承受风险之上的超额收益。 我的意思是说，我们会跟随群中头狼的踪迹。

189

用瑞典心理学家托比龙·K·A·伊莱扎（Torbjörn K. A. Elizaon）的表述来说，金融寡头们有时候会患经济病（economic pathology），或者说生态损毁情绪病症（ecopathy）。一旦他们积累起了第一个十亿美元，他们的行为就不能用保障经济安全的需要来解释。如果这些投资者获得第一个十亿美元之后就金盆洗手，他们依然能够过上奢侈的生活，后半生平均一年也许可以消费一亿美元，或者说每天消费二十五万多美元。

不过，金融大鳄们渴望获得的是经济权力，而不是他们的财富和经济保障所能带来的奢侈消费。有些人想要那些金钱也不一定能换来的东西——对他人命运的控制。财富圈的新贵们经常表现出那种白手起家而终获成功的人所具有的傲慢与自大，这些人中的一些还没有"老钱"（old money）一族随着权力的获得逐渐意识到的责任意识。

当然，也有例外的情形存在。世界上最富有的一个投资者沃伦·巴菲特赚钱的目的就是为了用之使人们的生活变得更美好。巴菲特与比尔·盖茨、梅琳达·盖茨夫妇继承了慈善精神，他们认为，衡量自己价值的不是依仗自己的财富而获得的权力，而是运用自己的财富所能做的善行。

这种对于财富的成熟态度是经过一段时期的思考而获得的，思考的问题就是：对于能使巨量财富得以积累的制度，我们要担负起什么样的责任。那些在密室里谋划以他人的利益为代价来大赚一把的年轻金融家是不太可能获得这种意识的。这些人认为经济权力就是其人生价值的衡量标准。因为他们只顾自己的经济适应性而作出某种动物性的本能反应，我们的经济学或人类本质中的理性模型无法解释他们的行为。因此，我们也无法在事前制定出什么制度来防止他们只顾私利的阴谋出现。

事实上，对于经过一段时期的争吵和辩论才能制定出监管制度和措施的社会来说，人们很难获知下一个金融工具的后面隐藏着什么样的阴谋。

在这种不容易知道是谁呼喊失火了也不知其目的何在的环境中，恐惧不时出现并控制我们中的大多数人以及恐慌得以产生都不是什么难以想象的事情。

我们后面就会看到，科技也并不是像人们通常想象的那样总是能够帮助我们保持理性的平衡状态。

第二十二章
计算机与程式交易的作用

世界金融市场在 1987 年 10 月经历了一次令人揪心的崩溃。 在被称作"黑色星期一"的那一天，首先是亚洲的股市急剧下滑，然后又到欧洲和非洲，最后到达美国。 到当天闭市的时候，新西兰股市下跌了几乎60%，澳大利亚和香港股市下跌了 40% 多，欧洲、加拿大和美国股市的跌幅在 20% 到 35% 之间。 道琼斯工业平均指数下挫了 22.6%，这是历史上最大的单日降幅。 有人认为是科技引起了这么严重的崩溃。

科技确实起了重要的作用。 全世界同时进行交易的能力随着联网计算机和互联网的出现而出现。 在全世界的任何地方，实质交易都能被立即执行。 对于全球交易来说，为了把握机会获得某个市场或某家公司的股票——当然，在现在的例子中是为了快速逃离恶化的市场，这种执行速度是非常重要的。

我们利用科技代替人做一些精确性的监控和交易活动。 例如，按照一项谨慎投资政策，银行或保险公司可能会运用"止损"（stop-loss）策略。 如果投资组合中某种资产价值的下降使它不能满足作为抵押品的审核要求时，计算机就会自动来卖出股票。 有的计算机程序也能用来判断某只股票的运动方向，当股票开始上升的时候，它就会自动买进。 还有的程序能够发现什么时候期货市场表明的一只股票将会出现的价格与其当前价格之间出现价差，然后计算机就会通过买进或卖出的行动来获取套利。

撇开计算机的过错不说，我们先来看看一些引起股市大幅下跌的人为因素。

在 1987 年上半年，美国经济的很多方面都非常顺利。20 世纪 80 年代早期的一场深度衰退已经得以恢复，尽管为了实施里根（Reagan）总统的"星球大战"（Star Wars）计划并为摧毁其冷战对手开展的经济比赛，联邦政府需要大规模借债，但是债券的利率还是相对比较低。不过，美国的贸易赤字却非常大，尤其是与日本的贸易——日本是美国贸易不平衡的最大受益国。

二十年前，"日本制造"这几个字还意味着质量低劣的产品，但是到了 20 世纪 80 年代，它却象征着从索尼、本田、丰田、东芝及其他公司来的优质产品了。日本的酒好，美国也不怕巷子深，结果日本货在美国非常畅销。当然，还有另外一层原因，当时油价高起，而美国的汽车制造业却不能根据现实情况生产节油型汽车，这让日本汽车大行其道。

不幸的是，美国产品在日本消费者的眼中却不是同样的优质。结果，日本向美国的出口远超过了从美国的进口，这让日本积累起了巨大的美元储备。现在这一过程又一次上演了，不过主角已经变成了中国。就像现在的中国用很多贸易盈余购买美国的国库券以使美国的经济派对继续下去一样，当时的日本也是这样做的。

日本愿意在美国进行投资，因而，美国财政部也就能使利率保持在相对较低的水平。低利率水平对于长达十八年的经济增长来说功不可没，但是它同时也种下了投机泡沫的种子，而这个泡沫最后引发了1929 年大崩溃以来最大的经济恐慌。

充满丑闻的十年

同一时期，华尔街出现了一场又一场丑闻。从重要的场内经纪人和金融家因为可卡因滥用而被捕，到税收合谋（tax conspiracy），再到流氓金融家和市场操纵者伊万·布斯基（Ivan Boesky）和迈克尔·米尔肯（Michael Milken）的倒台，华尔街的这类话题似乎每天都不断。除了收益报告是好的之外，其他大部分都不是什么好消息。华尔街好像也受到了 20 世纪 80 年代的过剩之害。甚至连宗教界都有了自己的挑战，其中的一个平民领袖，前牧师金·贝克（Jim Bakker）陷入了性丑闻。大众的犬儒主义达到了新的水平。

这时，来自华盛顿 K 街（K Street）的游说家也忙着活动。有些人游说国会议员通过设置贸易壁垒来保护美国的汽车制造业。这些带有政治机会主义影响的壁垒会降低美国对亚洲国家尤其是日本的贸易逆差。

面对本田公司"思域"（Civic）车的挑战，美国汽车业最好的迎战之作不过是 K-车（大概不是以著名的游说街道 K 街的名字命名的）。现在，美国汽车业陷入了萧条，很多人因此指责日本。 在大众情绪的刺激下，民主党控制的国会通过了一项贸易补充条款，目的就是抑制日本的出口能力。

作为回应，日本声明它将不再参与每周举行的国库券拍卖。 这对美国的经济排队来说可是釜底抽薪之举。 美国政府债券的利率开始显著上升，甚至达到了两位数的水平，这让人想起了 20 世纪 70 年代滞胀时期的情形。

1987 年 10 月 14 日，市场犬儒主义开始施展其不可承受之重。 在美元相对日元疲软、物价上升、贸易赤字加剧、公司开始分红的背景下，人们纷纷抛出股票。 在 14 日和 15 日这两天，道琼斯工业平均指数相对于其出现在 8 月的历史最高点又下跌了 12%。 同一个星期五，也就是 10 月 16 日，道琼斯指数又下跌了 4%。 财政部长詹姆斯·贝克（James Addison Baker）曾经呼吁人们留心市场动荡和市场高估问题，现在人们终于领教了。

同时，美国与伊朗的军事紧张关系加剧，造成人们担心石油不能从关键的苏伊士运河稳定、可靠地运输。 1987 年 10 月 19 日，星期一，股市首先在澳大利亚开盘，这些不断积累的问题终于爆发了。 随着其他股市的相继开市，下跌就像巨浪一样淹没了全球。 当这一切尘埃落定的时候，大部分市场都经历了其历史上最高的单日跌幅。

全球化市场——周末效应

股市中有一个被称为"周末效应"（Weekend Effect）的现象。 那个时候也和现在一样，华尔街在星期四和星期五的糟糕表现会让亚洲的交易者整整一个周末心神不宁，并最终燃起恐惧的火焰。 当华尔街星期五出现下跌时，我们就会看到下个星期一上海或香港的股市就会出现下跌。 星期五的山巅上形成的小雪球，滚下山后就会加速运动，到美国市场在星期一开市的时候，它就可能造成一场雪崩。 灾难可能首先开始于东亚，之后便会传播到南亚和欧洲，之后再到华尔街，它所能造成的损害不容小觑。

在交易计算机化之前，市场不会反应这么快。 这能使人们有更多的时间思考，兴许也有更多的时间来避免那种将旅鼠带到悬崖边缘的动物性本能。 第二种现象是"程式交易"（programmed trading）。 曾经，批评者认为由计算机执行的交易可能会在某天导致股票的"瀑布"（cascading）式抛售。

"程式交易"的一个主要批评者是众议员爱德华·马凯（Edward Markey）。 他曾经领导了一场持续两年的众议院辩论，极力反对不受监管和控制的"程式交易"，并大力宣传其可能会对市场平稳性造成的有害影响。 由于害怕国会采取什么行动，纽约证券交易所和芝加哥商品交易所（Chicago Mercantile Exchange， CME）都立即安装了紧急"断路开关"（circuit breaker）：如果市场波动得太厉害，它能使交易停止进行。 这些能够自动装置之后就一直存在了，在市场严重动荡时期人们经常提起它们。

只有在其他什么因素——譬如，之前讨论过的宏观经济因素发生变动导致市场变动的时候，"程式交易"才会引起"瀑布"效应。 科技本身并不会引起混乱，尽管有人认为它能加剧市场的动荡和下跌。

另外一种原因是投资组合保险问题。 大投资者可以通过购买保险的方式来对冲自己的赌注。 保险公司然后就得通过比较股票未来和当前的价格差来评估风险，并将风险在这两个时期进行分散。 在 1987 年 10 月的那些日子里，长期趋势是悲观的，这意味着股票未来的价格将会比现在低。 这种情况促使保险公司几乎同时抛出那些用于对冲投资组合的股票。 尽管这种举措可能会使保险公司保持流动性，它却给抛售增添了新的压力。

最后，市场中产生了"羊群心理"。 由于最近市场严重动荡，投资者高度紧张，他们很少愿意等等看接下来会发生什么。 对于单个人来说，最好的策略就是伴随着恐惧及早撤离。 毕竟，没有人能知道市场会跌到什么程度。

尽管这次崩溃号称具有历史上最高的单日降幅，股市事实上却快速恢复了。 到了 1987 年 12 月 31 日，股市出现了这一年的最高点。 市场躲过了一劫——暂时地躲过了一劫。

好东西太多了？

在经济学里，一般假定信息的增加会是一件好事情。 科技进步确实能使每个市场都能立即、同时地获得来自全世界的信息。 然而，大量增加的信息并不一定产生更好的决策。 也许随着我们花费很多时间吸收这么多的信息，市场能够更加精确地趋向其长期价值。

也许，这个过程也会变得很快。 但是，在必须进行快速决策的时候，增加的相互矛盾的信息也许并不能给人们带来多少帮助。 接着以前面讲的例子解释，当有人在电影院里叫喊失火的时候，过多闪烁的出口标志可能会造成更多的混乱而不是秩序。 人们可能连思考是否真的失火了的时间都没有。

实际上，市场可能会受过多信息之害。 计算机也许能够帮助我们获取信息，但是，最终必须要由人来作出决策。 显然的是，在 2007 年的信贷危机中，我们的模型告诉我们那些新发明出来的抵押债务工具是一种好东西，值得购买。 人们需要很长时间之后才认识到这种信息是错误的——但是，对于全球经济来说这就为时已晚了。

有人可能会指出，不成熟的新兴市场呈现出来的剧烈波动是其缺乏处理风险经验的表现。 也许这种观点是非常真实的。 然而，世界上最成熟、最发达的证券市场可能也有程度相当的问题。 时间将会说明这一切。 不过，确定的是，我们发现被给予厚望的评级机构却没有很好地为我们服务。 我们下面就会看到，这些本应澄清不确定性、较少风险、祛除恐惧的评级机构也染上了某种市场犬儒主义。

第二十三章
评级机构——更完美的信息？

　　风险评估是一种高度技术性的工作。　如果每一个债券投资者都得对他有意的每一种资产进行下行风险的评估，那么极有可能出现的情况就是，没有多少投资者有能力来购买债券或含有风险的固定收益证券了。　在这种情况下，债券发行者没有了多少买家，他们只好提供相对更高的利息率来吸引人们并筹集到足够多的资本。　一方面市场充满了不确定性，一方面熟练的分析人员有很大的优势，于是，聪明的债券发行商或经纪债券发行的投资公司就会聘请风险评级机构来对将要发行的债券进行分析并给出一个评级，然后市场就会知道这种债券有着什么样的风险水平。　评级机构的工作就是这样的。

　　但是，与所有的委托－代理问题一样，我们必须弄清楚谁在代表谁。　否则的话，我们就可能会让狐狸给鸡守夜。　现在，我们终于明白自己最近犯了大错——结果引起了巨大的问题。

我们的评估机构

　　全世界有三个主要的风险评估机构，另外还有十个较小的风险评估机构来给公司或投资银行的资产打信用分数。　这三家主要的机构是：惠誉国际评级（Fitch Ratings）、穆迪投资者服务公司（Moody's Investors Service）和标准普尔公司（STANDARD & POOR'S）。　这三家大机构能使风险资产的购买者更可靠地选择在资本配置线上的位置，因此，这些人就能够减少风险并增加收益。　市场也乐意对这三家机构的良好服务给予丰厚的补偿。

　　风险评估是一项传统的活动，它发轫于保险行业里那些戴绿色眼罩（green-shaded）的精算师的工作。　那些风险评估专家通常在对以往事件观察的基础上运用传统经济学模型来发掘各种有害情形的相似性及其成本。　然而，他们不能将从来没有见到过的事物放进他们运用的模型中。

　　另外，如果一个分析师不能或者不愿意处理风险，那么，我们只好继续寻找一个能够这样做的人。　如果在这个过程中能让分析师之间有一些竞争就更好了。　投资公司开发出了新的金融工具，它们能挑选分析人员来对这些工具进行风险评估，之后这些工具将会给投资公司和分析人员都带来很多好处。　正是这种环境使我们陷入了严重的困境中，对此我们不应当感到惊奇。

测度风险

　　在所有的评级中，AAA 是黄金标准。　评级机构会给风险较高的债券打出 Aaa、BBB 这样的级别，一直到垃圾证券。　然后，我们就能以此为依据选择某种能够满足我们偏好的风险－收益组合了。

　　不过，有两个问题会产生。　一个是评估一种人们从来没有见过的新工具有多大风险的能力。　另外一个是聪明的金融经纪商在将这些金融工具打包组合的时候会运用一些不光彩的手段使风险被掩盖而不是被彰显。

　　第一个问题，也就是精确地评估风险是很困难的。　引起信贷危机和全球金融危机的原因就在于评级机构认为我们现在所说的有毒资产有很低的风险。　这些资产是将新的次级抵押贷款进行加总、打包而得到的。　从积极的一面说，那些房屋购买者是在一个从全国范围看持续、显著上升的市场进行投资。

　　然而问题在于，抵押贷款经纪商越来越难发放新的抵押贷款，于是，他们首先开始提供相当于房屋价值 100% 甚至更多的抵押贷款。他们明白"舍不得孩子套不到狼"的道理。　传统的做法是，如果抵押贷款占到了房屋价值的 80% 以上，放贷者就会收取更高的利息。　然而，在房价一直上升的时候，经纪商和评级人员都认为这种风险是可以管理的。

　　然后，他们又废除了潜在购房者必须证明收入的要求。　相反，经纪商雇佣会计人员来证明抵押贷款申请者说明的工作职位确实能够产生他们所宣称的收入。 他们原本可以更省事，直接问问抵押贷款申请者的税收返还情况或者直接看一下他们的 W－2 表就能了解真实情况。然而，他们没有这样做，这就是一个危险的信号。

不过，这些所谓的"说谎者贷款"（liar loan）或"忍者（无收入、无工作、无资产）贷款"因为两种原因而让风险评估专家觉得放心。 一种原因是关于潜在收入的外部证明（external verification）。 另一种原因是他们想象着，抵押贷款申请者在手头紧缺的时候或者希望保护自己（很可能没有任何价值的）个人信用评级的时候总是能够卖出房子，并且还能赚取利润。

另外一个问题在于模型本身。 评级人员所用的房屋模型并没有被充分论证，因为之前房屋所有权从来没有扩张到抵押贷款客户这个市场中。 原来的租户现在变成了房主，但是他们的行为依然和原来是一样的，因为他们并没有花自己的钱而获得了房子。 因此，令人苦恼的道德风险问题依然存在。

这里也有一种逆向选择问题。 人们认为因为某种意愿，有人会成为房屋的拥有者，有人会成为租户。 那些有意保持财产的人会发现通过维护自己的房子来创造出人力资产（sweat equity）是非常值得的。而对于那些无意维护房子或没有资源、没有时间来这样做的人来说，租房就更适合。

伴随着金融市场上的那些把戏，一个问题产生了。 假设评级机构即使在错误的假设条件下也能够准确地评估风险，这些机构会给予一些抵押贷款 AAA 的评级，而给予另外一些抵押贷款 BBB 的评级。 金融经纪人然后就会找到评级人员，施展诺贝尔奖获得者约瑟夫·斯蒂格利茨所称的那种金融炼金术（financial alchemy）本领。 他们会问评级人员——如果我们在 AAA 级别的抵押贷款池中放进一些 BBB 级别的抵押贷款资产，那么我们能添加多少而整体 AAA 的级别还不会受到损害呢？

告诉我我想听的话

在会计行业里有这么一个笑话。 一个会计学专业的毕业生进入一家会计师事务所面试，面试官掏出一张牌给他看，然后问："上面的数字是什么？"这个求职者回答说："7。"面试官说："谢谢。 我们以后再与你联系。"

第二个会计专业毕业生也来参加面试，面试官还是给他看一张牌，然后问他上面的数字是什么。 这个求职者也说："7。"面试官说："谢谢。 我们以后再与你联系。"

最后，又来了一个会计专业毕业生参加面试，面试官还是拿出一张牌，问他上面的数字。 这个求职者反问道："你想要这个数字是多少呢？"面试官爽快地说："好了，你被雇佣了。"

金融经纪人也可以货比三家，评级机构之间也会展开竞争，最后金融经纪人总能找到一个同意投资公司做法的评级机构——只要不损害AAA的整体评级，投资公司可以使劲将BBB级别的抵押贷款绑到AAA级别的资产上。

通过给新出现的抵押债务工具和抵押贷款支持的证券打出新的评级，从2005年到2007年三家大评级机构的收入翻了一番。 市场通过银行、共同基金、对冲基金和养老基金购买了大约50 000亿美元的这类金融工具，而三家主要评级机构的总裁在2002年到2008年间共获得了8 000万美元的收入。

这些金融把戏几乎荒唐到了喜剧的程度。 美国众议院举行的一次听证会公布了标准普尔两个高管在2007年4月间往来的电子邮件。

其中一个人写道："随便说一句，那笔生意真是可笑。"

另一个写道："我完全清楚……模型绝对没有包含一半的风险。"

第一个人写道："我们不应当评定它。"

第二个人写道："我们评定每一笔生意。 牛也能构造出来，我们要评定它。"

与此同时，这些机构的抵押债务部门发达了，在某些情况下获得了5 000%的增长，同时它们也给评级机构创造了巨额回报。

没有人希望这场盛宴结束。 那些销售新型抵押贷款的经纪人不希望结束，因为他们会获得佣金而又不承担风险；那些评级机构也不希望结束，因为它们接下了以万亿美元计的新生意，而同样也不需承担任何风险；那些出售这些工具的投资公司仍然不想结束，因为它们也能在不承担什么风险的条件下获得丰厚的收益；那些买家同样也不希望盛宴结束，因为这些AAA级别的投资工具能够给他们带来比国库券更多的收益。

许多批评者警告说这其实不过是一个赌局。 然而，如果我们在这些金融繁荣时期都看到了同样一件事的话，那就是，当形势一片大好的时候，没人愿意听取扫兴之言。

回头来看，我们能将当时的情形看得更清楚。 也许我们会问：监管者到哪里去了？ 毕竟，这场派对造就了令人敬而远之的有毒资产，这些有毒资产引起了 2007 年的信贷危机，结果又引发了 2008 年全球金融危机。 老话说得好：预防胜于治疗（An ounce of prevention is worth a pound of cure）。 所以，我们必须要问——监管者到哪里去了？

第八部分
作为恐惧解药的社会责任

过去所有的经济恐慌有某些共同的特征。它们通常都在一段强劲的经济增长之后发生；每一次经济恐慌都伴随着市场的动荡；在每一次恐慌中，"羊群心理"都会引起更大的恐慌；另外，在每一次恐慌中，信贷市场都不能有效运作，并经常因为银行偿付问题而陷入停顿状态。

　　下面我们就来尝试更好地理解经济恐慌中的社会、经济和政治力量，它们通常就是问题的一部分。对这些因素动态过程的理解能使我们改这些问题为解决办法。

　　在本部分的开始，我们会问：在长达二十年的经济过剩时期，监管者在哪里？在第二十五章我们接着会问：是否有某种道德责任能够防止个人破坏公共利益的事情发生？弗里德曼认为，公司除了赚取利润之外无须承担其他责任。在本部分的最后，我们则会对这一假说发起挑战。

第二十四章
监管者到哪里去了

2008 年的全球金融危机让一件事变得非常明显，那就是，我们必须消除监管者自身的问题，这些问题包括：待遇过低、人手不足以及与其监管对象关系过密等。

政府监管者曾在 20 世纪 80 年代被牵涉进一个储蓄和贷款机构的丑闻中，最近监管者又与一家重要银行的倒闭丑闻扯上了关系，这当然让我们意识到上述问题。 监管者还辩解说，自己的角色就是政府雇来帮助银行纾困的顾问。

耗子成为猫的顾客，现在这种新的观念并不局限于储蓄和贷款的监管者。 据报道，美国联邦航空局（Federal Aviation Administration, FAA）最近开始将自己定位为其航空公司客户的顾问。 监管者作为执行者的模式在放松监管的"后里根时代"正在逐步变弱。

一种必要的对抗性关系

不过，某种对抗性（adversarial）关系在发掘能使游戏更加公平的信息和促进公众的信任方面却是非常有益的。

我们能够理解公司对监管者和监管都具有一定的警惕性。 它们也应当这样。 公司的目标就是为股东获取利润。 但是，它们这样做的过程中却不能破坏社会创造出来的让它们得以成功的环境，也不能违反法律所要求的责任，尽管法律赋予了它们像人一样缔结合同的权利，并能使它免于承担债务超出资产的那一部分责任。

公司与监管者玩的"猫鼠游戏"暗含的假设是，竞争性模型是以完全信息为基础的。它们认为，向监管者吐露太多的信息会降低它们的市场势力和竞争能力。当然，它们却不认为监管者是要帮助他们的——尽管有些监管者作证说自己是政府资助的公司顾问。最后，公司会认为公共政策的目标与其获取利润的目标是有冲突的。这种紧张关系使监管措施变得更有必要。

监管的理由

我们已经痛苦地意识到，经济混乱会带来风险，也会引起人们的恐惧和恐慌发生。所以，我们必须依靠监管者来保证环境的公平性，在这种环境下，自由市场制度的完整性和优越性才能得以发挥，同时我们也能免遭经济过剩和市场失灵之害。

我们也必须依靠监管者保护我们的财产，保护我们用汗水浇灌的果实。如果没有必要的制度和机构来保护我们的财产和经济权利，那么我们就不得不自己花费很多精力和时间来做这件事，而这些精力和时间原本可以用于生产活动。需要保护的也不仅仅限于物质财产，我们也需要依靠监管者和政府来保护我们的知识产权，如果没有这些保护，会出现的情况要么就是我们所能生产的会变少，要么就是我们只能将最好的想法留给自己一人所用。

监管者也能确保市场会在需要的时间和地点诞生，并对所有的人都公平开放。在这些市场中，透明性对于经济效率和我们的利益来说都是至关重要的。我们必须依靠监管者来保证市场开放、透明、有效率。市场也得依赖监管者，因为一个失灵的市场从根本上来说不会给任何人带来好处。

最后，我们需要监管者来克服内部人交易、不完全信息、道德风险问题、过高的交易成本、不公平竞争或者垄断之类的问题引起的市场失灵。甚至有时候监管者不得不创造自己不能存在或者没有效率的市场。在这方面，市场就是一种公共物品。这些物品不能有效地被私人市场所提供，但是对于我们的经济福利来说它们却又是不可或缺的。

当然，我们也应当对监管抱有某种健康的怀疑。从人性的方面看，任何机构包括监管机构在内都希望增加自己的预算、扩大自己的影响范围和权力。但是，对于任何活动来说，都有一个边界的问题。所以，我们必须在监管部门的扩张与其负面影响之间进行平衡，因为监管部门必然会对创新活动造成一定的压制甚至引起"寒蝉效应"（chilling effect）。

监管的问题

监管甚至能够造成某些扭曲。 例如，它会造成监管机构和被监管对象之间的某种"猫鼠"关系。 毋庸置疑，碎纸机对于知识产权和商业机密来说是一项重要的发明，但是它似乎越来越多地被企业用来毁灭那些与监管或监管者相关的纸上证据（paper trail）。

竞争和自由企业制度建立在私人财产观念的基础上。 随着国内生产总值越来越多地由第三产业贡献，知识和服务的价值在不断增长。举例来说，现在世界产出的几乎三分之一出自于服务业，据估计，2008年全球服务业的价值几乎达到了三十万亿美元。 服务业在美国和英国国内生产总值中的份额都超过了 70%。

这些服务不能由保护物质财产的传统措施来保护。 现在，许多服务能够通过互联网或者其他比较容易传播的媒介进行交易，这使得对它们的监管变得更加困难。 现在我们只能要求监管者时刻保持警惕性，并努力跟上服务提供者的创新步伐。

第一波的监管改革

1929 年的大崩溃发生之后，公众惊恐万状。 他们几乎对联邦政府和州政府特许的银行机构完全失去了信心。 以自由放任经济学为标签的兴旺的二十年代其实是一个未开化的年代，从中蹒跚走出的公众对于胡佛政府在 1929 年到 1932 年间明显的监管缺失感到非常失望。 1932 年 - 1933 年罗斯福即将掌权的时候，他承诺要恢复人们对于金融机构的信任。

信心已经荡然无存了。 1932 年，大萧条正在肆虐的时候，破产的火柴大王伊瓦·克罗伊格（Ivar Kreuger）自杀了，留下了成千上万的人抱着已经一文不值的股票。 伊瓦·克罗伊格靠着贿赂各国政府获得了在这些国家生产火柴的垄断权。 最终他建立起了自己的帝国，据说，用现在的美元计算，他拥有超过 1 000 亿美元的财富。 他是全国极受敬仰的人（toast of towns），也曾在白宫给胡佛总统当过顾问。 大崩溃

207

使他的火柴和建筑帝国摇摇欲坠。 他的金字塔阴谋与最近爆发的伯纳德·麦道夫（Bernard Madoff）所做的没什么两样。

在那之前，按照所谓的《蓝天法》（*Blue Sky laws*），证券监管的权力在州政府这一级。 通过利用邮政系统进行跨越州界的交易，可以很容易规避这样的法律。 事实上，证券业很大程度上处于不受监管的状态。 罗斯福的新政改革一个主要的方面就是改变监管缺失的局面。

据说，克罗伊格在 1932 年自杀了，尽管坊间还有很多其他传闻。据说他所造成的金融败局也是催生《1933 年证券法》、《1934 年证券交易法》（*Securities Exchange Act of* 1934）以及 1934 年证券交易委员会成立的一个重要因素。 老约瑟夫·P·肯尼迪（Joseph P. Kennedy Sr），后来的总统约翰·菲茨杰拉德·肯尼迪（John Fitzgerald Kennedy）的父亲被委任为美国证券交易委员会的首任主席，金融监管时代的序幕终于郑重拉开了。

失败的产物

每当像 2008 年麦道夫这样的事情发生的时候，证券交易委员会的有效性就会遭到质疑。 伯纳德·麦道夫被认为制造了美国历史上最大的金融诈骗案。 有人计算，在 10 多年间，他挪用和造成的损失超过了 500 亿美元。 尽管之前就有人向主要的监管机构——证券交易委员会揭发麦道夫的不法行为，但是并没有足够的监管措施来阻止这场惊天大案的发生。

这只是长达 10 年的监管失灵的最后一例而已。 在麦道夫事件之前，最大的一个监管失败例子发生在安然公司身上。

自由放任的终结？

"自由放任"（laissez-faire）是法语里面的一个词，按照字面意思就是"随便，顺其自然"。 在描述自由市场好处的文章中，这个词语经常被提起。 然而，这条准则却不能被盲目滥用。 它的基本条件是，人们应当能够自由地追求自己的经济福利，但是在这个过程中，自己的行为不能对其他人造成损害。 它说的不是不管别人死活的我行我素。

臭名昭著的安然公司正是那种"不顾一切追求自己成功"的公司。

安然公司在能源商品，其中最有名的是天然气期货买卖中有一套合法而成功的策略，其公司文化正由此而来。 安然公司逐渐从一家能源经纪商发展成了一个重要的金融企业。 在这个过程中，安然公司迷失了自己。

安然的主要业务慢慢从能源和交通运输行业转变到能源投机生意上。 安然公司不仅意识到它能在能源市场上进行投机，而且它也开始直接控制这些市场上的能源供给。

例如，安然公司控制了加利福尼亚州的几家电力企业。 它也在美国西海岸上上下下进行电力的买卖。 不久，安然公司意识到，在电力需求高峰时期，它能通过制造暂时性的电力紧缺将电力的出售价格提高到正常时期的五倍。 它只需要在关键时期关闭自己的一家发电厂就能制造出电力紧缺现象，并且对电力市场上的现货价格会大幅上升非常有信心。 安然公司甚至还能提前买下其他发电厂，这样，实际上它就成了电力市场上的独家供应者。 因此，市场不得不屈从于它的选择。

通过这种新的、不道德的、欺诈性的手段，安然公司成功地获取或者可以说敲诈了数 10 亿美元的利润。 这种操控市场的行为一经暴露，安然这家市场估值超过 300 亿美元的公司就破产了。

股东损失的股票价值、20 000 多个员工损失的养老金以及电力购买者多付出的价格加在一起有数百亿美元。 但是，对安然公司罚款和赔偿的处罚却寥寥无几，甚至对安然公司少数几个高级管理人员施加的刑罚也非常轻，这些都无法防止类似事件的再次发生。 安然公司的败局最终也导致了多家世界上最重要的会计师事务所和咨询公司的倒闭。

安然时代还见证了美国世界通信公司（MCI Worldcom）、环球电讯（Global Crossing）、泰科国际有限公司等公司的丑闻。 这些丑闻唤起了人们对加强公司监管的呼吁，公众还希望能够让那些首席执行官们对于公司的不道德行为担负更多的责任。

对这个自由放任时代起到部分瓦解作用的莫过于《2002 年萨班斯－奥克斯利法案》（the Sarbanes-Oxley Act of 2002）以及欧洲出台的相似法案。 不幸的是，这些因为少数公司的不道德行为而出台的监管措施却使广大多数诚实的公司负担了沉重的成本。

而最终，这些成本又会由我们所有人来承担。

第二波监管改革

安然事件后，公众非常气愤，加利福尼亚的电力消费者损失了几十亿美元，数千新失业的工人——其中很多人完全失去了养老金——变得忧心如焚。 国会被迫采取了行动，它相对迅速地通过了《2002 年公众公司会计改革和投资者保护法案》（*Public Company Accounting and Investor Protection Act of* 2002）。 这项法案的提案议员是萨班斯（Sarbanes）和奥克斯利（xley），所以它更经常被称为《萨班斯－奥克斯利法案》，或简称为 SOX。 这项法案带来了许多公司报告制度方面的创新。

这些创新的目的是为了显著提高金融透明性，并因此减少未来的不确定性和投资者的恐惧。 最为人所知的是，这项法案要求所有上市公司的首席执行官都必须亲自对他们公司发布报告的准确性负责。 当然，对于所有必然要对自己金融事务方面的表现负责的人来说，这一点早就应当是理所当然的事情了。

其他条款也非常重要。 《萨班斯－奥克斯利法案》共分十一章，这些条款对上市公司的监管作出了大量规定。 其中第一章说明要建立一个独立的上市公司会计监管委员会（Public Company Accounting Oversight Board）对上市公司的审计进行监管。 第二章要求审计人员必须遵守确保独立性和有关利益冲突方面的准则，它还规定审计人员不能给所审计的公司提供咨询服务。

《萨班斯－奥克斯利法案》的第三章详细规定了公司管理人员、董事、监事所要承担的责任；第四章则详细规定了什么应当以及应当怎样向依赖公司准确信息的各方进行报告。

《萨班斯－奥克斯利法案》第五章的目的是恢复投资者对于证券分析专家的信任。 它要求证券分析师、经纪人和交易商在公布研究报告的同时，披露已知的和应当知晓的利益冲突事项。 我们经常听到某个金融专家告诉我们他推荐的股票是什么，然后又告诉我们他是否持有其中的什么股票，这正是在《萨班斯－奥克斯利法案》第五章的要求下所做的。 第六章继续规定了防止股票分析人员做出经纪人行为的办法。

《萨班斯－奥克斯利法案》的第七章要求美国证券交易委员会与总审计长（comptroller general）定期研究监管的状态，并将他们的发现报告给公众。 第八章详细规定了对违反《萨班斯－奥克斯利法案》行为的处罚，同时它也承诺对告发者给予保护。 第九章说明了对不法行为审判的指导原则。 第十章要求首席执行官必须在公司的退税单上签字。 最后，第十一章指出了对公司欺诈和毁灭记录等行为的处罚。 安然公司及其咨询公司倒闭之后为了掩盖罪行而大量销毁文件的行为就为这项条款所不允许。

《萨班斯－奥克斯利法案》因其对公司责任的强调和对公司报告准确性、及时性的要求而受到投资公众的赞赏。 《萨班斯－奥克斯利法案》还要求资深管理人员、审计人员以及董事们更加主动地参与公司事务，这一点也受到了人们的赞赏。

《萨班斯－奥克斯利法案》甚至创造出了一个新的行业：财务报告重新表述（financial restatement）。 因为现在首席执行官们意识到自己需要对财务报告的准确性负刑事责任，所以他们就不得不将之前错误的报告进行修正。 结果，《萨班斯－奥克斯利法案》生效后的那一年里，修正财务报告的上市公司的数目翻了一番。 现在，十家上市公司中几乎就有一家需要做这项事物。

不是所有人都喜欢《萨班斯－奥克斯利法案》

然而，尽管《萨班斯－奥克斯利法案》带来了更准确的信息，它却没有获得普遍的认同。 为了提供更准确的管理和财务报告，较小的上市公司可能会增加相当于其收入的 2% 的成本。 因为更加成熟的公司也极有可能拥有更加高效的会计信息制度，较大公司增加的成本可能只占其收入的 0.1%。 然而，催生《萨班斯－奥克斯利法案》的丑闻却不是在家庭餐桌上或者中、小公司的办公桌上筹划出来的，那些丑闻来自大公司高管们宽大、奢华的办公室。 事实就是这样讽刺。

并不是所有人都认同美国公司因此而增加的成本。 2008 年 12 月 21 日《华尔街日报》的一篇社论对《萨班斯－奥克斯利法案》能否防止欺骗的发生提出了质疑。 相反，他们认为《萨班斯－奥克斯利法案》可能造成了一些公司在其他证券交易所进行 IPO，或者一些上市公司从公募转向私募。 他们认为，由于监管的加强，公募下降，更多小公司被大公司兼并，这会造成很多问题。

《萨班斯－奥克斯利法案》也鼓励采用新的会计方法——公允价值（Mark to Market）法来对资产负债表上的资产进行定价，但是这种方法会产生意想不到的不好结果。 美国财务会计标准委员会（Financial Accounting Standards Board）及其国际对应物规定的这套方法要求企业的会

211

计账目要精确反映其资产的当前价值。 次贷危机发生后，银行持有的大量资产变成毫无销售性的不良资产，人们认为全世界的金融机构很快丧失了清偿能力，接着就导致了银行的破产，经济也陷入了大萧条以来最严重的衰退中。 有人认识到，当市场不能运转的时候，公允价值法会起到有害的作用。 所以，现在，为了恢复经济，公允价值会计模式处于半搁置状态。

自由放任经济学造成了市场的失灵，这自然引发了监管的改革。尽管我们很容易看到监管的成本，但是要计算由更加诚实、精确、及时和透明的报告挽回的市场信心的价值却非常困难。

新一波的金融监管？

在安然公司倒闭和《萨班斯－奥克斯利法案》时代到来之后，我们又遭受了另一场危机。 这场危机不仅仅是由一个屋子里少数几个高智商的人制造的，它有着更广泛的"群众基础"。 危机的始作俑者不过百许人，但是后来参与的人却比这多得多，其中就包括那些没有能力买房而最后又买了房的人。

扔了那所房子

当什么东西看起来太好以至于不像真的时候，事实证明它常常根本就不那么完美。 我们不能指责那些想要实现拥有自己住房的梦想的人。 事实上，住房拥有率常常被视为衡量美国消费者成就的一个标准。 当美国婴儿潮时期出生的人到了成家立业的年龄，他们对房产的需求必然稳定上升，因此，几乎所有人都认为房价只能上涨。

然而，当综合电视台（syndicated TV）播放像《反斗小宝贝》（*Leave It to Beaver*）这样的节目都被《扔了那所房子》（*Flip That House*）之类指导人们如何在房地产市场上获取快速回报的节目取代的时候，麻烦也就不远了。

当房价开始起飞的时候，华尔街那些聪明的人们就想出了很多方法来为次级抵押贷款工具创造供给和需求。 为了给那些借贷资金创造需求，抵押贷款承销商将好的本票与他们愿意的话就知道将会误入歧途的坏的一起打包。 这使他们能够把那些不愿意透露收入、信用甚至工作的新房屋购买者都拉进来。 另一方面，他们能够让投资者相信这些产品是安全的甚至是有保险的，从而他们能够为贷款筹集到足够的资金。

不过，一旦没有新的购买者，这个"金字塔阴谋"就崩溃了，接着一场完美风暴就会来临。 这是因为，只有承销商能够找到人来继续买房，房子的价格才能持续上涨。 但是，到了不管有没有工作、有没有收入、有没有信用的人都有了自己的房子之后，房价自然就会掉下来。

到了这个点上，房地产市场就崩溃了。 不过，这个过程却是比较长的，它并不妨碍抵押贷款承销商获取佣金，也不妨碍负责评级的评级机构和负责打包的投资银行收取费用，同时还不妨碍销售者将之出售给不知情的公众——他们被据称是保险的、AAA 级的、最好回报的抵押债务工具给欺骗了。

公众——新的剩余索取人

最后只有我们来背黑锅。 那些有毒资产造成了银行和信贷市场的崩溃，救助的成本需要我们几十年打拼才能换回。 这是最好的案例。有人认为问题远比信贷市场的崩溃严重得多。

毋庸置疑，关于加强金融市场监管的呼声很高，或许之后监管的力度比以往任何时候都更大。 去监管化曾经达到了很高的水平，现在天平很可能向另一个方向倾斜。 尽管倾斜多少我们现在还不清楚，但是我们完全清楚的是，监管必须解决市场完整性、信息和激励方面的问题。 如果监管不能做到这一点，我们将很难恢复对市场的信心。 如果监管来的太晚，力度太小，那么恐惧还将继续肆虐，恐慌极有可能再次爆发。

自 20 世纪 80 年代里根当政后，开始盛行的监管放松活动存在的基础是，人们认为金融市场能够自我监管，并且它是由能够自我解决问题的聪明的投资者所支配的。 这还是一个人们从公司获得养老金和所有人都对社会保障有信心的时代。 20 世纪 90 年代财富的创造和对财务独立性的认识创造了更多的投资者，他们不是来自华尔街大家族的"老钱"。 他们就像谚语中所说的那些在深林中的孩子。

然而，现在的金融市场依赖于这些投资者的信心。 他们的利益就是我们的利益。 而且我们的公共利益不能期望由华尔街那些能够发国难财的人来保护。 只有那些代表公众的代理人才能成为在金融市场上巡逻的警察。

213

最终来说，只有健康的金融市场才能带来收益。 证券价格极其依赖良好运行的市场。 《萨班斯－奥克斯利法案》至少试图通过惩罚欺诈性行为来消除信息的扭曲现象。 然而，我们依然面临着很多问题，管理人员的补偿方案会造成道德风险问题，内部人交易的利益很难侦察，有毒资产驱逐优良资产会给我们造成巨大的损失。

我们的监管不够吗？

当然，许多使市场产生危机并增加我们恐惧的行为都是不法的，更多的行为是不道德的。 那么，为什么我们还需要更多的监管呢？

我们确实看到了监管不力或监管无效的代价。 当作奸犯科者决定损害公众利益的时候不会权衡这些代价吗？ 不，他们不会。 我们从一个简单的数学计算中就能看到，他们不会。

假设当前的全球金融危机是由少数几个有毒资产的设计者、几十个有毒资产的评级人员、几百个有毒资产的销售者共同造成的。 假设有毒资产的受益者——有一些在同一个屋子里，大多数人不在——共有一千人。

现在我们知道，2007 年的信贷危机及其导致的 2008 年全球金融危机已经使全球财富减少了几乎 300 000 亿美元。 将之分配到这 1 000 个有意或者无意作恶的人头上，平均每个人需要承担 300 亿美元的责任。

当然，这些经济犯罪都没有达到被判死刑（capital crime）（没有双关的意思）的程度。 罪责之轻根本起不到威慑的作用，他们怎么会被吓到不敢去犯造成 300 亿美元损失的罪行呢？ 甚至像伯纳德·麦道夫这样从各方面来看都受人尊敬、负责任、有教养、诚实的人——当然这是他那 500 亿美元投资骗局暴露之前的形象——都被诱使犯下了惊世丑闻。 显然，在这个过程中，威慑的作用是不明显的。

一旦损害达到了人们甚至没有想象过要阻止的程度，刑事制裁就变得相对无效了。 如果一个人可能得到的潜在财富使之能够聘请世界上最好的律师来为之作出某些有理辩护的时候，事情就更是如此。 当然，法庭希望能够通过三倍罚金的处分来抑制这类行为的发生。 但是，1 500 亿美元的罚款阻止伯纳德·麦道夫制造 500 亿美元骗局了吗？ 没有吧。 并且三倍罚金也没有补偿投资者，他们不仅失去了对金融市场的信心，而且还会产生犬儒主义的态度。 最终，广大的市场和消费者只能来承担一切败局。

214

监管者来拯救？

预防胜于治疗吗？ 我们现在是用"小米加步枪"来和财大气粗的监管对象作斗争。 举例来说，美国证券交易委员会的预算还不到10亿美元，这不过是美国证券交易所开市一天之后几分钟的交易额。 最近，它的预算的增加甚至还跟不上通货膨胀的步伐。 证券交易委员会那些年薪不过6位数的工作人员监管的可是年薪达到8位、9位，甚至10位数的首席执行官和金融家们啊！

监管者也一直在拼命追赶。 但是正如恐怖分子谋划恐怖活动的时候证券专家不会被邀列席一样，金融家也不愿意告诉监管者他们的下一个策略是什么。 还是与恐怖分子一样，金融家只要制造出一件监管失败的案子就能让监管人员非常难看。 在这个充满秘密的社会中，监管者不可能做对每一件事，特别是事情特别不利于他们的时候。

甚至当监管者能够走在问题的前头，能够促使国会通过防止下一个全球金融危机发生的法案时，这个行业也能立即请来一屋子世界上最聪明的律师和金融家，并能迅速找到合法规避新法律的办法。

然而，监管者能够像街上或机场上巡逻的警察一样给人们带来安全感。 他们能够让人们产生有人正监督着你的意识——通过这样，他们能够有效减少市场上的恐惧和恐慌。 考虑到这一方面，再想想我们在2008年的全球危机中损失的财富高达250 000亿美元，我们就会认为在监管方面进行更多投资还是值得的。

对道德的呼吁

最终来看，我们不能完全依靠不管多么精致的猫鼠游戏来解决问题。 要想制止潜在的不法之徒作奸犯科，不让下一场阴谋再给我们造成数万亿美元的损失，我们必须让人们明白，他们的把戏会给包括他们自己在内的所有人造成巨大的长远损失。 声誉和毁灭或许是比很多监管者的工作都更加有效的阻遏办法。 另外，我们也不大可能改变对监管感到恐惧的行业领导者们的看法。

215

第二十五章
道德规范与社会责任

　　全球金融危机也是一场商业道德伦理的危机。　这是怎么回事呢？
而我们又能对之做些什么呢？

　　我学过也教过商业道德方面的课程，在这个过程中不得不多次接触
一个笑话。　它的主要意思是说，商业道德（business ethics）其实和
"巨大无比的小虾"（jumbo shrimp）、"军事机器的机智"（military
intelligence）一样同属于矛盾修饰性词语（oxymoron）。　现在，我和一
个同事正在想，商业道德教育是否能够改变人们的行为，或者至少能够
改变人们关于是非的观念呢。　不过，好像商业道德教育确实能够有助
于我们的商科毕业生分清对与错，那么，下一步就是要确保他们的行为
与这种认知一致。　毕竟，大多数让我们受伤很深的道德堕落事件都是
由商学院的毕业生们做出的。　曾经当过一家商学院系主任的我，对于
这种现实非常痛心。

　　道德规范，以及我们区分是非并按照是非观念行事的能力有着很强
的文化特征。　这一点表现得越来越明显。　例如，美国麻省理工学院斯
隆管理学院行为经济学教授丹·艾瑞里（Dan Ariely）最近讲述了他的
一个实验中发生的故事，这个试验是在位于宾夕法尼亚州匹兹堡的卡内
基梅隆大学（Carnegie Mellon University）面向一群商科学生进行的。

　　这些学生被要求参加一个小测验，他们会根据自己答对问题的个数
获得奖励。　但是奖励方式有两种：一半的学生提前获得奖励，但是答
案公布后，他们就要根据自己答错的问题个数返还一定的收入；而另一
半学生只有在测验结束后根据自己答对问题的个数获得收入。

一个有趣的观察结果出现了。 按照统计，那些提前获得支付的学生比那些后来获得支付的学生答得要好。 这个结果表明其中的奖励制度（honor system）似乎不起作用。 不过，这还不是太惊奇的发现。

后来研究者又做了其他手脚。 他们让一个线人混入这一大群学生中间。 测验开始不久，这个线人就会站起来宣布他做完了题目，并且结果全对。 接着他就会拿着装有奖励的信封走出教室——人们都能看清里面确实装着钱。 当然，所有人也都看到这个学生作弊了。 但是，余下这些学生的反应却取决于前面那个线人穿的是印有卡耐基梅隆大学标志的 T 恤，还是印有匹兹堡大学标志的 T 恤。

如果这个人穿的是印有卡耐基梅隆大学标志的 T 恤，作弊现象就会继续发生；如果这个人穿的是印有匹兹堡大学——被卡耐基梅隆大学的学生视为低等大学标志的 T 恤，作弊的现象就会大幅下降。

换句话说，一群人作弊的意愿取决于他们是否认为作弊或者违反规则是他们所属群体所接受的正常现象。 从本质上看，如果其他人都作弊了，自己作弊也就会心安理得。

作弊文化

从金融家伊万·布斯基到迈克尔·米尔肯，从被赦免的前总统理查德·尼克松（Richard Nixon）到容颜丧尽的美式橄榄球明星 O·J·辛普森（O. J. Simpson），20 世纪 70 年代、80 年代和 90 年代见证了多起道德堕落事件，这也让人们感到自己所在的环境中，人人都可能是作弊者或诈骗者，而且甚至很多时候这些人还不会受到惩罚。 获利甚多的书籍和电影甚至也丰富了人们对于道德缺失或违法犯罪的想象。 这种环境可能使一代人都产生了他们可以无所顾忌地行事的观念。 也许，他们认为那些在利用不道德手段追逐贪欲过程中被逮着的人才是真正的傻瓜。

试验中成功的作弊会加强不道德行为的制度化。 甚至享有盛誉的会计师事务所和咨询公司赞同有名望的公司或银行销售有毒资产的行为，也是给不道德行为贴上了制度性的许可标签。 而对于这种做法，我们实难忍受。

不道德行为正成为一种文化常态。 许多人甚至会问，司法的车轮为什么在玛莎·斯图尔特（Martha Stewart）身上碾得这么重呢？ 玛莎·斯图尔特是一位著名的电视人物，之前也做过股票经纪人，不过，她也因为相对少量的内线交易而被起诉。 当然，有人会问，为什么放着很多大老虎不打，而在她身上大动干戈呢？ 毕竟，金融监管部门的决算有了增长。

玛莎·斯图尔特案件的意义并不在于确保让她身陷囹圄，它的作用在于向公众发送了一个清晰的信号，表明任何不道德行为都是不被容忍的。 的确，玛莎·斯图尔特在股票内线交易中的净利润不过是 45 673 美元，而美国证券交易委员会可能因为相关案件花费了几十万甚至上百万美元。 但是，事件的真正价值在于它可能会产生寒蝉效应，别人企图进行内部交易的时候很可能就会想起这个案子。 它代表了一个诚信的准则，并使内线交易成为一种可耻的象征。

《萨班斯－奥克斯利法案》的应用和审判条款，甚至诸如 1991 年颁布的《联邦组织判罚指南》（*Federal Sentencing Guideline for Organizations*）之类的审判指南都强调了首席执行官对于公司道德行为文化创建的重要性。 大多数大公司都设有道德或监察主管的职位，其工作就是确保道德行为在公司开花结果。

通过制定相应的政策，这些监察主管会定期对员工进行教育，使他们了解公司的道德愿景；他们也会给出道德行为的期望例子和期望标准，员工能够切实可行地模仿。 为了使所制定的方案能够持续进行，他们也会加强监管，对于违反道德准则的行为给予相应的处罚。

与此同时，这些监察主管们常常也要负责公司其他政策的执行，譬如，提倡多元化的政策，防止工作环境不睦的政策等等。 结果，有人可能就会讥讽地认为，这些主管的工作只是为了执行能够减少公司高管被起诉概率的政策，而不是来倡导什么是对的。 如果随后公司的领导因为不道德行为受到了指控，这种怀疑性的看法就会更加强烈。

所以，道德规范不仅要成为一套可取的准则，而且还必须能够让公司的代理人时刻想到它，努力遵循它。 行动和正面的例子能够发出更清晰的声音。

道德教育有效吗？

商业道德成为商科培养方案中一门独立的课程还是比较新近、没有普及的事情。 由于 20 世纪 80 年代和 90 年代各种道德堕落事件接连不断地发生，美国商学院的主要认证机构美国国际商学院联合会（Association to Advance Collegiate School of Business， AACSB）最近为其认证的商学院的课程制定出了道德标准。 大多数商学院都声称道德教育贯穿于它所有的课程中，但是，要真正核定其真实性却非常困难。 还有一些商学院专门开设了道德入门课程。 这些课程给研究者提供了观察道德是否可教可学的一个机会。

大多数研究证实，学生能够通过学习提高其道德和情境意识（ situation awareness ）。 举例来说，阮（Nguyen）等人的文章表明，道德指导课程使报告说自己会在面临道德困境的时候采取不道德行为的学生减少了。 不过，要测定道德培训是否真的带来了实际道德行动的增加更加困难。

证据表明，道德规范是社会常态所创造的。 考虑到这一点，我们就会知道，少数受过道德教育的学生不太可能改变大公司的文化。 即使道德教育确实能够有效创造出道德行为，即使足够多的商科学生接受了道德教育，公司是否愿意接受并坚持将道德作为它的一个基本价值仍然是一个开放的问题。

公司责任是一个矛盾修饰词吗？

问题在于，人们认为道德行为与公司最主要的目标——为股东创造最多利润——是不一致的。 有人认为，获取利润这个目标是至高无上的，而道德行为必须通过对违法行为的惩罚才能被激发。 诺贝尔经济学奖获得者米尔顿·弗里德曼认为，社会责任不应该成为企业的一个价值，而如果股东愿意的话，他们个人可以将社会责任作为一种追求。

也有人越来越多地认识到，道德规范和社会责任是企业的好买卖，它们能提高企业的声誉，并增加企业的市场份额。

还有人认为，道德规范和社会责任应当是基本的、不可或缺的价值，这种价值不应当取决于它们能够为企业创造多少利润。 尽管弗里德曼认为企业自身不应存有价值追求，因为这可能会与其所有股东都赞同的获取利润的目标相冲突，不过，内生道德价值的倡导者认为，企业是一个法人，它具有自己的一套道德价值。 一个股东之所以愿意投资于一家企业，就是因为他被这家企业在道德和利润之间的平衡所吸引，它是投资者个人哲学的一个自然扩展。

最终来看，企业是更广泛的社会的一个缩影。 如果社会坚决要求道德行为，并对个人和企业公民都提出相同的要求，那么，道德行为就很有可能成为一种常态。 然而，与这种文化相对的是，保密意识也弥散在公司的文化中。 透明性的缺乏显然不利于道德行为的产生。

透明性与《纽约时报》测试

举例来说，我为学生们设计了各种测试，希望能以此帮助他们建立自己的道德罗盘。 我为学生们讲的一堂课就叫"《纽约时报》测试"（The New York Times Test）。 我的观点是：除了那些受到法律保护的公开之后可能会造成自己或他人安全受到威胁的事务之外，如果一个人还是不希望自己的行为被登载到《纽约时报》的头版上，那么，此人的此项行为可能就是不道德的。

正是对秘密、对组织壁垒（organizational silos）以及对揭发者进行惩处、对集体思维（groupthink）进行塑造的迷思构成了不利于道德行为的因素。 不过，透明性、组织之内流动渠道的建造以及思想、种族、文化、收入、性别的多元性却能够促进公司道德行为的提升。

事实上，对于多元化来说，最引人注目的做法不是为弱势群体提供各种机遇。 如果政策要求一个组织将其利益置于更广大的社会利益之下，那么这种政策的根基就不会稳定。 相反，最引人注目的做法是思想和经历的多元化能够使组织更好地将社会和市场的价值整合到自己的价值中。 因为不同的个人也会将不同的道德规范带到组织中来，这个组织就不得不经常审视自己的道德规范，而不会陷入可能损害自己长远道德利益的常态中。

另外，我们也可以问自己：我们的领导人、我们的教育者以及我们的媒体是否也应该共同承担责任来帮助指导越发复杂的经济？ 这是很大的责任，但是责任缺失的代价却会更大。

221

第二十六章
华尔街、普通大街与社会契约

我们常常将资本主义模式与金融资本和华尔街联系在一起，这实在有点讽刺。 华尔街取得主宰地位还是一个相对晚些的经济现象。

第二次世界大战刚结束的时候，金融服务行业只占国内生产总值的2%，现在它占到国内生产总值的8%，过去的60年间它增长了4倍，最近的20年间翻了一番。 现在，这个产值万亿美元的行业以6位数甚至7位数的奖金、跑车、曼哈顿区的高级公寓以及40岁退休的优厚条件吸引着全国商学院里最优秀的学生。

在2007年第三季度，也就是信贷危机爆发的前夕，金融行业的利润占到了美国国内利润的整整三分之一。 金融行业的利润可以与制造业、批发及零售业的利润之和相媲美。 但是在2006年，金融部门在美国总共只雇佣了840万名员工，只占就业总量的5.6%。 以5.6%的工作人员创造全国三分之一的利润，怪不得金融行业能够吸引到最优秀、最聪明的毕业生。

现在，不到15%或者说2 250万美国工人从事非农业物品的生产。我们已经从一个农业国家和制造业国家发展成了服务特别是金融服务国家。 事实上，商品和服务的生产已经在很大程度上被资本的生产取代了。

恐惧升水

在那些极其动荡的年代，美国金融行业每年也能够获得超过

4 000 亿美元的利润，但与此同时，商品和服务生产者获得的利润却在大量减少。 每 3 元的利润中就有 1 元进入了金融行业而不是这些产品的生产者。 市场波动得越厉害，生产部门向金融部门转移的就越多。 换句话说，随着波动和恐惧的上升，商品和服务的生产者向金融行业支付的价格也就越高。 恐惧造成了生产资源向越发复杂的金融工具及衍生品的转移，而后者却越来越频繁地使我们产生更大的恐惧。

两种资本主义

将资本主义等同于金融资本行业事实上是不正确的。 资本主义（Capitalism）的词根（capital）指的是机器之类资本的所有者也就是资本家能够买来生产商品和服务的要素。 因为资本家需要购买重要的生产要素，雇佣工人，购买其他和资本进行配套的资源，所以他们能够获得资本带来的利润。

当然，还有其他的模式存在。 例如，人力资本的拥有者也可以购买、组合机器及其他资源来生产商品和服务。

这种工人的集合只是另外一种组织商品和服务生产的模式。 然而，我们已经从历史中看到，这种工人/所有者的集合在发展共享制造策略（a shared manufacturing strategy）的过程中产生了一些问题。除非企业比较小，否则这种模式被证明很难与物质资本主义模式（physical capitalism model）相竞争，因为后者可能能够进行更有效率的协调。

资本主义模式能使物质资本的所有者获得其投资带来的利润，与此同时，在筹集和贷出金融资本的过程中，一个重要的行业诞生了。 不过一直到不久前，它都是服务于资本主义模式的次要事业。

然而，现在金融帝国的创建已经代表了资本主义。 在这个帝国下，大量的利润被那些能够将金融资本挪来挪去的人而不是被那些能够利用物质资本生产商品和服务的人拿去了。

金融资本主义的放纵

我们前面已经知道金融行业会在动荡中兴旺起来。 当市场上升的时候，精确的金融模型能够确保经理们获得利润，可是当市场下跌而又不超过一个合理的程度时，他们还是会获得盈利。甚至，有人指责金融行业故意制造波动来增加自己的收益。

例如，在一篇名为《对冲基金从共同基金困境中获利了吗？》（*Do Hedge Funds Profit From Mutual-Fund Distress Jump to the Navigation Bar*）的论文中，来自南加州大学的约瑟夫·陈（Joseph S Chen）、来自哈佛大学的塞缪尔·汉森（Samuel Hanson）和杰瑞米·C·斯坦（Jeremy C. Stein）以及来自普林斯顿大学的哈里森·洪（Harrison Hong）几位经济学家在 2007 年证明了，对冲基金能够从悲惨的投资者可预测的行为中获利。对冲基金的经理们能够先于我们使市场发生变动，他们能够以非常高的杠杆进行卖空操作，之后再从我们慌张的抛售中获利。我们的恐惧就是他们的利润。

如果说波动制造了消费者的伤痛，过度的波动能使我们陷入恐惧和恐慌的状态，那么，金融资本家们能够承担更大的社会责任吗？换句话说，除了米尔顿·弗里德曼所认为的企业应当担负使利润最大化这一责任之外，金融资本行业还有其他责任吗？

公司责任？

如果我们认同弗里德曼的观点，认为金融行业只有唯一一种责任，就是为金融公司的股东创造利润，那么我们就违背了经济学的一个中心原则。前面例子中对冲基金获得的收益并非凭空而来，它的获得是以我们的损失为代价的。事实上，对冲基金行业高薪聘用了数千名专家，他们的工作就是竭力从我们的经济蛋糕中切下一块儿来，以此对冲基金行业才获得了巨大的发展。

这与传统形式的生产形成了鲜明对比。我们向演员付费来获得快乐，向银行家付费来安全保存自己的钱财，向汽车制造者付费来得到一辆汽车，向建筑承包商付费来获得一所房子。我们认为这些人生产的物品或服务物有所值。通过这些交易，销售者和购买者的福利都得到了提高，并且经济蛋糕也因此变大。

相反，如果一个行业将大量的精力用来诈取别人的蛋糕而不是用来使蛋糕本身变大，那么这种行业事实上就是反经济的（anti-economic）。有意思的是，如果这种方式的获得没有花费多少精力，经济学家不认为它有什么问题。他们认为，一方受了损失，另一方就会有获得，净产

225

出减少。 举例来说，假如四个自愿的人聚在一起打扑克，这个过程除了精力之外没有别的什么损失；另外，只有参与者对从扑克游戏中获得的娱乐的评价高于所付出的精力的评价之时，他们才会愿意参加——所以，从总体看，扑克游戏其实还是可取的。

不过，那种花费巨大的精力和资源用来占有别人蛋糕的行业不会产生社会或经济方面的效益。 这种活动中的心智努力其实是浪费的，它们原本能够用于生产性活动。

一些雄心勃勃的金融家在其权力的促使下有一种追求不朽的意识，这可能会使他们低估风险和高估收益。 他们巨大的财富，将风险分散到多项活动中的能力，积极的或被睾丸激素刺激的人格特质都会促使他们选择资本配置线上更高的点。 这些金融家几乎注定了会采取风险行为，而其中的一些行为已经超越了道德与不道德的范围而变成了赤裸裸的犯罪。

更糟糕的是，如果这些活动造成了金融市场的动荡，或者有时候动荡制造出恐惧并使我们陷入衰退中，它们所造成的社会成本就会更大。这些因素否定了米尔顿·弗里德曼的观点。 他的表述适用于所有活动都是生产性活动的时代，而不幸的是，这个时代好像已经过去了。

规模巨大的衍生品

我们认为，衍生品市场上的"投资"，不管是互换、期货、抵押债务工具还是其他之类，都对传统市场和实体经济的发展无太多用处。衍生品不代表生产的所有权。 相反，它们不过是从其他基本金融工具中获得价值的赌博工具。 正如在一匹马身上下注不能使这匹马跑得更快一样，衍生品的交易对于基本金融工具也没有太多作用。

即使这些衍生品可能会使股票市场、债券市场和借贷资金市场上的效率有所提高，与其益处相比，衍生品交易的规模也过于庞大了。 一天之内，衍生品的交易就能够占到总体市场活动的60%还要多。

另外，它们也会创造下行风险，任何好处与之相比都会逊色。 具有讽刺意味的是，人们原本认为这些衍生品是用来减少风险的，然而在金融市场动荡以及全球金融危机中，它们却起了煽风点火的作用。 在那些造成消费者信心崩溃和不可逆转性地改变我们对华尔街看法的道德堕落事件中，衍生交易工具也扮演了重要角色。

规模巨大的衍生品交易——每天它们的交易额超过了传统工具的交

易——创造了一种危险的文化。 赌马可能会带来操纵比赛的活动发生，对拳击比赛下注可能会造成假装被击倒（dive）之类的事情发生，与此类似，庞大的衍生品交易也可能会腐蚀债券评级人员和经纪商。衍生品市场没有实体经济具有的纪律，这种市场对于无所不用其极地谋取他人蛋糕的手段视而不见——至少在我们意识到它最终会给我们造成沉重的代价之前事情就是这样的。

生命、自由和对幸福的追求

在追求幸福的过程中，通过对私有财产的保护，自由市场制度提供给了我们追求自己私人利益的机会。 社会能够保护我们的财产免受他人侵占，这样，我们就能集中精神进行生产活动，而不会将很多精力花费在保护自己积累的财富或购买来的物品上。 社会也赋予了公司和企业相似的权利，因此我们视之为"法人"。 不过，社会也希望获得回报。

社会为我们提供了获取收入和创造经济保障的机会，作为回报，我们需要纳税。 运用这些税收，警察和法庭才能对我们的财产实行实质性保护，道路、学校和医疗保健之类的服务才能帮助我们变得更加有生产力，政府在我们的需要发生变化的时候才能及时作出反应。

对于创造出使我们受益的自由市场制度的那些人的努力，或者自由市场制度据以建立的权利和宪法，我们不用给以回报。 我们都是自由市场制度的股东，我们也都渴望能够用之创造自己的经济保障。

不过，作为回报，我们需要担负起保护自由市场观念的责任。 在自由市场制度下，我们能够劳有所得，才能有改造社会的机会。 自由市场制度使我们变得强大，反过来我们也必须通过阻止一些人利用金融阴谋欺诈他人来使自由市场制度更有力量。

亿万富翁沃伦·巴菲特这样的慈善家非常懂得将其部分财富回馈社会的责任——他清楚，自己所有的财富都是在社会法规（society's laws）的保护下才能获得的。 120 年前，安德鲁·卡耐基（Andrew Carnegie）在其书《财富的福音》（*The Gospel of Wealth*）中写道：

"亡留余财，死不光彩。"（A man who dies rich, dies disgraced）

卡耐基和弗里德曼有着不同的观念。 对于一个给了我们吃喝不完的财富的世界，我们都有某种责任将其中一些回馈给它。 尽管我们有

227

权力将财富留给我们深爱的或者我们希望保护的人，但是我们也不是不能期望这些财富给予社会后监管会得到加强，害人行当会被有效祛除。要实现这些期望，我们必须对一些行业实行更加严格的监管，譬如金融行业——尽管它也许会创造巨大的效益，但是贪婪或对别人恐惧的操纵也会使之迷失方向。

第九部分
减小或增大恐惧的制度

恐惧和恐慌不应当成为现代经济中的一部分。恐惧的火焰也不应当被我们信任的制度所煽动。下面我们来探讨媒体、政治和领导人在控制和操纵我们恐惧中的角色。

　　首先探讨的是媒体的角色和责任。正如金融市场出现了投机泡沫一样，媒体在同一时期也获得了极速发展。另外，正如金融市场可能会因为不良资产而中毒一样，媒体也会因为低劣或不实的报道而受到损害。我认为媒体对于我们的经济需要承担一定的责任，我还认为它是一个非常好的平台来帮助我们获得经济学教育，来指导我们参与公共经济政策的制定。

　　第二十八章和二十九章接着讨论了经济领导在保持经济平稳发展中的作用。

第二十七章
作为恐惧解药的媒体

　　我们能够从越发复杂的文明中创造出秩序，一个非常重要的工具就是媒体。　媒体搜寻它认为我们所需要的信息并对之进行加工处理，因此这些信息几乎能被所有人理解，并成为我们生活的一部分。　不过，有时候为了竞争，媒体会在信息的幌子下植入娱乐性事件。　不幸的是，恐惧比其他大多数情绪更能抓住我们的注意力，媒体因此可能会通过制造恐惧来卖出广告，保持其竞争力。

　　媒体管道的范围在过去的一个世纪特别是在刚刚过去的几十年取得了惊人的增长。　世界上的第一份报纸是在 1605 年开始出版的一种小册子。　四个多世纪后的 1920 年，第一台收音机开始广播沃伦·哈丁当选总统的消息。　这种新媒介在报纸、杂志、小册子（pamphlets）和书籍之外给了人们另一种选择。

　　十五年后，德国政府开始创办了世界上第一个公共电视台，英国第二年也开始提供电视服务，美国两年后也有了电视台。　很快，电视就使收音机失去了光彩。

妖怪从瓶中走了出来

　　尽管报纸已经传播新闻四个多世纪，收音机将近一个世纪，电视也超过了半个世纪，新闻业真正发生很大的变化却是在 1980 年。　此前，新闻业是一种寡头垄断的行业，其中最主要的竞争者不超过 6 个。　随着美国有线电视新闻网（Cable News Network，CNN）在 1980 年的开播，这个行业的竞争局面发生了很大的变化。 突然，所有的新闻媒体为了在竞争中生存，都必须进行全球性的、无处不在的、快速的、全天候的新闻报道。

尽管美国有线电视新闻网没有美国联合通讯社（Associated Press）、路透社（Reuters）以及其他主要新闻机构那样多的通讯机构，它却能获得电报新闻（wire reports）以及地方电台的报道，并以此吸引全国甚至国际观众。 自从美国有线电视新闻网建立后，新闻行业的竞争变得更加激烈。 不过，我们必须问一下，竞争性的加强是否带来了明显更好的新闻产品。

其他的有线电视新闻机构也开始和有线电视新闻网竞争。 然而，很少人预测到了下一个创新——互联网的出现。 互联网大范围应用不久，网络开始取代报纸成为全国和国际新闻的第二大主要来源。 对于30岁以下的人来说，互联网已经取代电视成为第一大新闻渠道。 新闻竞争变得更加激烈，同时，新闻也更加多样化。

媒体的多样性可能是一件好事情。 然而，它也以其他的方式使我们的生活变得更加复杂了。

从根本上来看，人们渴望秩序（order）。 秩序给了我们安全感，能让我们知道我们的决定是怎样影响我们的命运的，它也能够确保我们今天的行为将在明天产生积极的结果。 不过，我们的现实生活却充满不确定性，和不确定性一同到来的还有焦虑。 当不确定性威胁到我们的生计时，我们只能以恐惧和恐慌来作出反应。

我们在这个不确定的世界创建秩序的努力也会使我们将注意力集中在我们身边那些倾向于支持和加强我们当前观点的一小部分新闻身上。 这种人类的本质倾向在一个有风险的环境中会增大我们的恐惧，并可能造成恐慌的发生。 不过，当流行的情绪是乐观的时候，同样的倾向也会造成我们只愿接受那些好消息，而对其他的消息则不闻不问。

报喜不报忧

反过来，媒体则不管好歹只提供那些让我们感到舒服、与我们的世界观相符的新闻。 曾经，新闻播报员只要认为新闻是真正对我们有用的，他就会播放；相反，当他感到某些新闻不会使我们获得益处时，他可能会将之枪毙。 美好的日子已经过去了。 现在，新闻的目标就是捕获我们的注意力，这样电视台才能拉来足够多的广告，才能获得更多的收入。

新闻内容从信息性到娱乐性、炒作性的转变似乎已经彻底改变了商业广播和有线电视。在这种情势下，热爱更加严肃新闻的媒体被迫转变为非商业媒体，如公营广播公司或互联网。

长久以来被不断增强的竞争压得喘不过来气的商业电视台已经开始采用新的策略来吸引我们的注意力：利用人们的恐惧这种最原始最基本的情绪。我们能在黄金时段节目之间的每一个新闻简要预报栏中看到这种情况。十五秒的新闻提示，标题基本上都是"我们当地机场遭到新的威胁"、"百年一遇的风暴即将来临"、"你橱柜中的生化危机"之类，它们的目的就是吸引我们收看"十一点新闻"，好像我们错过了它就会永远使自己的经济安全或健康遭受损失一样。

当然，受过几次这样的冲击后，我们就会意识到震撼性的新闻提示大都名不副实。不管怎样，我们总是能够打开有线电视看看那些威胁我们珍爱事物的事情到底是不是真的。不过，尽管这些呼喊恐惧和恐慌来了的噱头可能有利于电视收视率的提高，同时它也带来了一种副作用——它制造了一种长久性的低水平恐慌意识（a constant sense of low level panic）。

这种低水平的恐慌和恐惧会造成人们理性决策的扭曲。美国南加州大学社会学教授巴里·格拉斯纳（Barry Glassner）写了一本名为《恐惧文化：美国人何以会为不好的事情恐惧》（*The Culture of Fear*：*Why Americans Are Afraid of the Wrong Things*）的书。作者在书中描述了不实事求是的媒体是怎样让我们形成错误看法的，例如，我们会认为飞机旅行比汽车旅行更不安全，暴力犯罪比以前更加猖獗，儿童虐待事件遍地都是，路怒症（road rage）随时都会爆发等等。

这样，我们就会不加思索地相信奇闻轶事。另外，因为几代人已经养成了信任媒体的习惯，我们总是认为上了大众传媒、上了新闻的事情就是真的，因此，我们都会将自己的怀疑留在自己的肚子里。

媒体通过歪曲新闻让我们生活在低水平恐惧和恐慌的状态，我们因此而变得更加没有思想，更加没有分辨能力，更加依赖于那些自由（self-professed）专家的过滤。这些专家创造了自己的事业，其中一些最成功的专家能够获取我们的关注。甚至像政治和经济这类对我们所有人都很重要的事务也可以是简化的、炒作性的，现在则变成可疑的了。

233

不该局限于娱乐

这种恐慌的氛围会如何扭曲我们对于信息的理解呢？我们知道信息是复杂且模棱两可的。我们回顾贝叶斯法则会知道，当我们考量不确定的信息时，我们会根据自己对世界现状的理解来区分这些信息。

举例来说，当我们听说诸如证券交易委员会正在调查某个对冲基金这样价值中立的信息时，我们或把它解读为证券交易委员会为维持市场公平竞争的环境还在作不懈的努力，或是解读为这个市场腐败横行，而如何断定则取决于我们的信念。

在某个时代，我们或许会被非理性繁荣打倒，这样的繁荣让我们贪婪地接受着好消息，却将那些乌云盖顶般的坏消息当做罕见的异物排斥掉。之前我们曾有过这样的态度。而同样的氛围导致不良资产的评估人员总会授予合格的审批，毕竟，房价总是在上升，房价的下降是反常的情况。

然而，在那样的时期里，每一条消息都会成为衰退的另一个征兆。事实证明，一些人从银行取出自己的钱，他们的朋友们便会跟着这么做。站在"六度分离"（six degrees of separation）理论的角度上来说，这种态度会像病毒一样快速蔓延，直至摧毁整个行业。而传播这种具有应验性的预言的渠道往往就是媒体。

在最近的一次对纽约时报专栏经济学家、《怪诞行为学》（Predictably Irrational）的作者丹·艾瑞里的采访中，他提到：

当每个人都开始谈及经济衰退时，即使我们周遭的一切都未曾改变，我们也会觉得好像有些事情必须改变。那些不断重复厄运与沮丧字眼的媒体消息影响着每一个人，不仅有那些身处困境需要改变的人，更有那些原本生活情形不错的人们。这对于经济是个毁灭性的打击。

有时候媒体的报道放大了我们内心深处的恐惧，媒体似乎开始检讨自己的责任。《经济学家》（The Economist）杂志指出《纽约时报》（The New York Times）、《伦敦泰晤士报》（The Times）和《华尔街日报》（The Wall Street Journal）在有关经济方面的文章中运用"萧条"（depression）这个词的频率自 1987 年股灾之后平均翻了一番，而自 2008 年爆发的全球金融危机之后翻了一番还多。

2008 年年初，这个 D 开头的单词便开始挂在众多经济学家们的嘴边，2008 年 10 月以后它被更加频繁地使用，而如今却没有人愿意去提及这个词。 我们谈论这场严重、漫长的经济衰退，而对于萧条的恐惧却无人问津。

在经济萧条时期经济学家们也许是最不担心自己会失业的人。 毕竟，如果说是金融家将我们推入了火坑，我们则需要经济学家将我们救出火坑。 在这些时期，也许经济学学术界会是唯一就业率增长的产业。

15 秒，或更少

一个很棘手的难题在于经济学是一个复杂的课题。 经济学作为一门社会科学极具技术含量且异常微妙，而它的微妙之处在 15 秒钟之内是不可能被完整表述的，即使在 15 分钟之内也是不可能做到的。 然而，在如今的主流媒体中任何故事都不可能获得超过 15 分钟的播出时间。

我们来看看媒体在一个与经济安全毫不沾边的问题中所可能起到的作用。 当全球金融危机扼住世界咽喉的同时，一个崭新的大型强子碰撞型加速装置（Large Hadron Collider）于 2008 年 9 月 10 日在瑞士日内瓦附近开始投入使用。 这项耗资 50 亿美元的装置旨在将离子加速到99.999999% 的光速来探明理论上存在的希格斯玻色子（Higgs Boson）。 同时，该装置甚至有可能使物理学家可以决定电弱对称破缺（Electronweak Symmetry Breaking）过程。 而一些理论却将矛头指向该装置，认为它会产生一个微小的黑洞从而摧毁这个星球。

假设你注意到了这件事情。 你观看了一个长达 15 分钟关于末日的专题报道。 我可以相当自信地告诉你，你可以在 10 家不同的媒体观看10 次这样大致相同的访谈，可即使如此，到头来你仍旧不能确定自己是否已经找出了真相。 更糟的是，在每个小时的头 30 秒甚至是头 10秒的时间里，你都会听到电视台的新闻节目主持人陈述着，"世界即将被毁灭，敬请关注 11 点的整点新闻报道。"

我们不能强迫那些主持人精通粒子物理学的奥妙，因此节目通常会邀请几位讨论嘉宾到场。 两位专家各持己见，在观众面前针锋相对。如果我们倾向于认为厄运已经注定，我们便会在很大程度上相信持该种意见的专家的话。 如果我们足够乐观，我们则会得出相反的结论。 如果我们既不是第一种情况也绝非第二种情况，那么我们有可能根据哪位专家看起来最可信，或是谁的领带打得最好，亦或是抛硬币的结果来作

235

出我们的决定。 不过，真相通常并不能由此得出。

过多的平衡

当媒体对该事件两种相斥意见的报道平均用墨，这则报道留给公众的印象便是这个星球在这两条路面前可以任选其一。 假设几乎没有一个物理学家真的相信这个世界将走到尽头，那么标榜"公正和不偏不倚"的新闻报道既不公正也没有做到不偏不倚。 在这种情形下，让我们去准确估量其中的真实风险是非常困难的。 我们不想被抛弃在恐惧中，便一定会收看晚上 11 点的整点新闻。

媒体对于经济事件的报道也毫无分别。 除非采访者有经济学方面的功底和足够的采访技巧，可以与嘉宾顺利探讨问题的复杂之处，否则观众迷茫依旧。 而经济学家的分歧多半建立在不同的政治理念而非不同的经济学理论之上，我们必须学会区分伪装成经济理论的政治理念。

为了跳出这两难的境地从而获得一个更好、更健康且更准确的个人视角，我们可以寄希望于那些记者去接受专业的经济学教育，也可以寄希望于自己去接受同样的教育。 一定程度的经济学教育是非常必要的，可以使我们在众多的经济学理论中找出最好的那个。

即使我们提高经济学素养致使全民都可以独自评估经济新闻的质量，我们的报道和采访仍然要体现经济学的复杂性。 节目精心选择谈话嘉宾并且对正反方意见给出各自合适分量的报道，以此来确保留给观众一个正确的视角。

有些栏目向我们提供了这样的服务。 "吉姆·莱赫新闻时间"（Jim Lehrer NewsHour）节目中的保罗·索门（Paul Solman）借助美国公共广播服务（U. S. Public Broadcasting Service）在挑选那些可以向我们呈现异常复杂的经济理论的专家时，会将自己敏锐的经济学见解融入其中。 在经济方面的报道中，他精心策划并录制的节目体现了经济报道质量的一个方面。 许多报道将复杂的问题严重简单化，以致观众要么觉得问题特别容易解决，要么觉得更加迷茫与担忧。 将格雷欣法则套用在传媒界，我们会发现质量低劣的经济报道会取代质量上乘的报道，而媒体的道听途说也会掩盖事实。 最终观众还是那样稀里糊涂。

举例来说，老百姓茶余饭后常常会提到 1929 年的"黑色星期二"，在他们的印象中那次的股灾导致众多华尔街经纪人跳楼自杀。而约翰·肯尼思·加尔布雷斯（John Kenneth Galbraith）在自己名为

《1929 年大崩盘》（*The Great Crash：1929*）的书中指出，当时对于自杀的报道绝大部分都是子虚乌有。

　　另一方面，至少有三起自杀事件与 2008 年的经济恐慌联系在了一起。 阿道夫·默克尔（Adolf Merckle），这个德国最富有的人之一，当其 128 亿美元的资产损失殆尽之时自己也选择了卧轨自杀。 德拉维莱切特（Rene-Thierry Magon de la Villehuchet）因在伯纳德·麦道夫（Bernard Madoff）诈骗案中损失十几亿美元后自杀身亡。 路透社发表文章指出，世界卫生组织（World Health Organization）已经发出警告，在继 2008 年全球金融危机之后的一年中很有可能爆发出于经济原因的自杀浪潮。 克尔克·史蒂芬森（Kirk Stephenson），欧里凡特（Olivant）对冲基金的伦敦首席运营官，也选择了让一辆列车结束自己的生命。 他的死同样也是自杀。 巴西的期货交易员和洛杉矶的财务经理在损失数百万美元后也选择了自杀。

　　当我们一叶障目，并且不去将此类耸人听闻的事件与盛世时期的类似事件作比较时，我们便极容易得出这样的结论：目前的全球金融危机已经掀起了自杀浪潮的序幕。 而媒体是最能够说出我们对于这些事件的观点的。

　　如果真相变得更加复杂以致很难从添油加醋的报道中甄别出来，那些没有事实根据的见解便会鱼目混珠。 有线新闻的一个重要的新特点便是调查。 但是，仅仅因为 61% 的受访者认为我们正在经历衰退并不证明衰退真的已经发生。

　　一场经济危机有其内在的技术性决定因素，而绝不是某人的意见可以左右的。 当听完物理学家的慷慨陈词后，根据观众的意见定论地球明天就要灭亡也是同样无效的。

　　最终，我们还是必须要接受经济学教育，渴望那些学者传授我们更多的知识，并且可以在我们理解并且满意这些答案之前，向这些专家以及我们的经济领导者任意提出问题。 只有更多的经济学知识的储备才能有效减少我们的经济恐慌。

　　我们同样也应该期望我们的经济领导者对我们开展有关市场的教育，这样做也是为了抚慰我们内心的恐惧。 到了 2008 年的美国总统大选，被迫面对经济危机的领导者继承经济领导的衣钵已是其必然的宿命。 在罗斯福总统之后，一个新的经济总司令开始在美国登场了。

第二十八章
煽动恐惧的政治

富兰克林·德拉诺·罗斯福总统说过，"除了恐惧自身之外人们无可恐惧。"这句话常被无伤大雅地错误引用。然而，少量的恐惧无疑会使统治变得更加轻松。从政治的角度来看，恐惧所带来的一个好处是它能使国民更加顺服。

《新闻周刊》（*Newsweek*）的莎伦·伯格里（Sharon Begley）最近报道了一位外国留学生向当时还是总统初选候选人的奥巴马提问关于9·11后政治恐慌的问题的一则新闻。奥巴马随即概述了恐惧植入政治演说的举不胜举的方式，并恳切请求广大听众在恐惧热潮中保持清醒。

奥巴马总统已经意识到，恐惧已经成为政客的工具，用于操纵国民无条件地相信领导者的权威。那些贩卖恐惧的人也已经认识到，恐惧让我们更加反对风险，而对风险的态度越谨慎，我们对现状的态度就会越保守，从而更加抵制变化，即使是那些可以改善现状的变化。

身为政治心理学教授的作家德鲁·温斯顿（Drew Westen）在其《政治头脑：情感在决定国家命运中的作用》（*Polotical Brain：The Role of Emotions in Deciding the Fate of a Nation*）一书中，解释了政客如何利用诸如此类的恐惧操纵投票者的问题。

政治手腕恐惧的核心在于保证可信度。乔治·W·布什（George W. Bush）的政府利用伪造的证据，声称萨达姆·侯赛因（Saddam Hussein）正在生产"黄饼"（这是一种未经提炼的铀）。这样，对伊拉克的入侵便师出有名，因为人们害怕如果不先发制人，对方就会制造大规模杀伤性武器袭击美利坚合众国。 再往上的一届政府，也就是小布什的父亲，乔治·H·W·布什（George H. W. Bush），在卓越的恐惧策略家李·爱华特（Lee Atwater）的辅佐下，使相当一部分大众坚信，如果选举杜卡斯（Dukakis）州长为总统，会导致一批重犯得到释放，从而导致各公共场所的犯罪增加。

在过去的 175 年中，仅仅有 3 位民主党总统在改选中连任。 温斯顿教授解释道，这是因为民主党人错误地认为公众面对问题会作理性的决定。 温斯顿下结论说，是情感因素让我们摇摆不定。 面对候选人，我们最终会回归到帕克沙普的核心情感中：恐惧、探寻、愤怒、恐慌、性欲、关爱。 在这些情感中，恐惧是最容易被激发的，并且由此引发的反应也是最迅速而强烈的。

恐惧的有效性是如此强大，以至于整整一代的政治顾问们用制造恐惧来勾勒他们的职业图景。 公众担心自己苦心经营的财产会被夺走，而正是这种恐惧心理让传统保守的政治纲领走得一路顺风。 保护我们所挣得的东西不受侵犯，又是这种心理将仅有的美好想象变为现实的希望毁灭。 这使法国的共和党总理乔治·克里门梭（Georges Clemenceau）作出有名的推论： "在 20 岁时不是社会主义者是缺乏情感，在 30 岁时成为社会主义者是缺乏头脑。"

在《新闻周刊》的文章中，伯格里还引用了政治科学家埃德蒙·伯克（Edmund Burke）（1729 – 1797）的话： "没有什么情感能比恐惧更加有效地使人丧失所有思考和推理能力的了。"当我们的命运被置于别人的股掌之中时，这种恐惧的力量尤其巨大。

举例来说，我们都知道司机并不能保证自己开车时安全得万无一失，尤其是走在危险的高速公路上。 可当他们自驾车去机场时，对捏在自己手里的自身性命毫不担心，一上飞机却战战兢兢，认为自己的身家性命交付给了飞行员，即使在安全记录上飞机每公里的安全性要远远好于机动车，他们也不能安心。 美国公共交通协会（The American Public Transportation Association）在其《2008 公共交通情况报告书》（2008 *Public Transportation Fact Book*）中指出，每飞行 10 亿公里飞机的失事率为 0.02，而相同标准下机动车的车祸率为 7.4，整整是航空的 370 倍。

当然，开车与坐飞机这二者最大的不同在于掌控程度。 我们对那些自己难以掌控的事情更加恐惧。 而这就将我们和那些由我们选出的政客更紧密地联系了起来。 从最基本的来说，我们首先信任他们的工作能力，他们让我们感受到权威的领导，便会缓解我们的恐惧。

1923 年、1960 年和 2008 年的选举证明，候选人可以凭借一套令人充满希望的纲领胜出。 我们应该继续关注这种希望是否能继续，并且是否能让该候选人再次当选。 然而有一件事情我们能确定，那就是恐惧并没有从政治辞典中被抹去。

令人充满希望的是，我们还可以重兴企业责任感，以使我们的经济回归到必要的实体经济的生产中，而不是任危险复杂的金融工具所衍生的虚拟产品日益泛滥。 并且，我们能建立相应的金融机构来采取保护措施，以减少金融市场的动荡。 这些改革需要非同寻常的经济领导。

第二十九章
唯一值得恐惧的仅是恐惧本身吗?

　　当发自被误导民众内心的恐惧使经济步入衰退且每况愈下时，在这个节骨眼上仅仅抚慰他们的恐惧将不足以使我们回归那些祥和的日子。这是为什么呢?

　　显然恐惧早已生根发芽。 即使明天恢复到太平盛世，每个家庭依旧会小心提防——对于风险保持更多的谨慎和敏感，甚至对于繁荣的经济也多了几分质疑。 市场花费了 25 年的时间恢复到 1929 年大崩溃前的活跃程度，而我们忘记节衣缩食、负债累累的日子却需要几代人的时间。 这些日子留下的痛苦远比那些快乐鲜活。

　　我们对苦难的记忆远比对幸福的记忆清晰得多，这种不对称仅是我们厌恶风险本性的自然表现。 我们已经证明经济衰退所带来的伤痛超过相同幅度经济进步所带来的快乐。 这也许是对人性更宽泛的认识。

　　即使我们不能重新安排我们的记忆，我们也可以做些事情来弥补内心的伤痛。 就像马克·吐温（Mark Twain）告诉我们的那样：

　　"我们应该谨慎地从经验中汲取智慧，以免像坐在热炉盖上的猫一样。毫无疑问，它再也不会坐在热炉盖上面了，但问题在于它也绝不会坐在冷炉盖上了。"

　　今后，出于谨慎我们不会再掉进与过去相同的陷阱里，可在权衡过程中我们那些对过去恐慌的记忆会使我们的谨慎太过无厘头。 伤痛唤醒许多原本不应存在于我们兴趣之中的谨慎和怯弱。

　　尽管如此，我们依旧假设我们可以治愈全球金融危机所带来的心灵伤害。 那么，在经济中什么又是我们必须整顿以回到经济复苏的轨道上去呢？

一项三步走方案

第一步，我们必须放宽银行信贷标准。

当今的分散经济在很大程度上依附于信贷。 经济增长，甚至是以永续经济为目标的增长，都不能脱离资产投资而独立存在。 缺乏从储户汇集的大量资金，投资便很难应付我们未来建立新的研究所、产业以及创新的需求。

没有投资，我们便无法实现成为有房阶级的美国梦。 有房阶级在社会中扮演着非常重要的角色。 他们的固定性组成了社区，而他们的房产增值劳动（Sweat Equity）也增加了他们房屋的价值。 这种具有社会性和经济性的好处表现了国内生产总值的一个突出作用，该作用制定了一个关乎我们总体经济福利的健康的房屋计划。

没有信贷市场，就如同我们在 2008 年目睹的一样，我们也会看到所有金融市场的崩溃。 紧接着，由于失去了金融市场，工业则失去了反映何种投资值得、何种活动已过时的信号。 在上述重大的决策中，我们需要市场的参与。 缺乏这样的信号，我们被迫依赖少数人的决策而非集大众的智慧行事。

有迹象表明信贷市场正在开始复苏。 泰德利差（TED Spread），银行间短期借款利率与国债利率之差，在信用危机中曾经达到历史最高点，现在也已下降到仅比正常水平低一个百分点的水平。

但是，该利率的下降仅仅反映银行间重新贷款给彼此的意愿，却不代表银行间愿意向彼此伸手借钱。 相反，我们可以猜测目前的下降恰恰证明了银行拥有大把的钞票却无处投资，至少在他们都愿意借钱给我们之前是这样的。

第二步，我们必须尽量避免通货紧缩。

当通货紧缩听起来如同 19 世纪的恐慌与危机一样过时，它却仍然是一种非常可怕的威胁。

通货紧缩，与通货膨胀相反，简单来说也就是总体物价水平的下降。 事实上，通货紧缩往往不是个大麻烦，而且一些商品经常降价。技术的进步和劳动生产率的提高都促使商品的价格下降，与此同时商品的质量有时也会提高。 生产者（Manufacturer）可以通过效率的提高来

244

增加利润和提高生产力，消费者可以将这些省下来的钱用于购买其他产品或者储蓄起来。

而有一种通货紧缩是十分可怕的，这种紧缩中价格的下降是由于卖家绝望的心理以及买家购物恐惧的心理造成的。 这时，价格下降却不能够缩减商品的成本，火爆的销售却导致厂商减少库存、解雇工人进而使经济陷入消费者甚至不敢购买商品的不稳定之中。 这种缘于总需求下降（Aggregate Demand）的通货紧缩会导致经济走向下坡路，除非重新刺激总需求，否则经济难以回头。

这种类型的通货紧缩彰显了政府支出（Government Spending）的必要性。 没有人会阻止政府代表我们进行大规模的支出计划。

也许市场经济体系最大的魅力在于市场本身有能力发现价格并使之对于家庭和选民价值最大。 而政府有时可以向关乎公共利益的领域引导投资，这些投资用于执行国家产业政策或建设我们不可或缺的公共设施，投资大多金额庞大致使私营企业难以支付。

通货紧缩的另一危害便是它会压低资产的价格。 当消费大约占金融和房地产财富的千分之五时，消费仍会增加。 市场价格和房价的明显下降会缩减消费支出，致使经济进入由总需求不足导致的经济衰退中。 如果政府支出可以弥补此时的需求不足，市场的健康便会带来健康的金融和房地产市场。 正是基于这个原因，力挺房地产市场的呼声反对"按揭回赎权"取消（Home Foreclosure）。

众所周知，房地产市场对于住房供求关系的丝毫不均衡都是极为敏感的。 即使现有空置的住房存量有微小的增长都会使房屋的价格发生明显的变化。 当房屋价格下降，拥有被低估价值房屋的家庭无家可归，这些家庭的数量比被抵押的房屋的数量还多，这一切使得经济走向下坡路，而"按揭回赎权"取消也会使经济走一样的路。 使人们都居有定所的政策非常重要，不仅出于对破碎的美国梦的同情，也是为了防止房地产市场岌岌可危导致整个市场也处于危险之中。

最后一步，我们必须刺激居民消费。

如果我们可以让信贷市场重新开始运作，那么消费者又可以购买汽车、房屋等耐用消费品，而生产者也可以建立新的工厂和储备存货，这样，市场再次提供工作岗位以使家庭获得收入从而消费。 在发生任何变故的情况下，商品和服务的生产提供了工作岗位，反过来，也会创造购买力用于购买商品。

目前，保证这些环节顺利实施所必要的协调程度是如此难琢磨，以

245

至与"萨伊定律"毫不相关。 我们如今不再能简单地了解愈加复杂的现代经济的内部运转情况，而消费者的信心成为了关键。 消费者的信心大多取决于宏观经济的波动情况。

从这种心理现象中我们可以看出经济领导的价值。 消费者内心充满对于经济安全和保障的担忧是情有可原的，但不幸的是，这种本能也使我们自掘坟墓。 在这样的时期，貌似对却实际错的节约行为让我们落入自己设下的圈套中，致使经济进一步下滑，我们内心的恐惧进一步加深。 而巧舌如簧的经济领导人可以抚慰消费者，告诉他们目前正在酝酿一个宏伟的计划。

这些话也许并没有比领导人站出来声明已经做好一切必要的准备来刺激需求阻止经济衰退那坚决的口气管用。 日后将有充足的时间用来分析这次信心破灭的情况并建立相应的研究机构以避免消费者信心再次破灭。

如果我们可以做到上述的一切，我们会渐渐恢复。 当笔者写作本书之时，20 年的经济所引起的全球金融危机和 2 年的信用恐慌已时过一年多，显而易见的是，不同于 1929 年大崩溃以来的任何一个时期，经济几乎困扰了我们所有的人。 我们很容易听到关于改革、监管、企业责任和适度贪婪的呼声。 一个以此为竞选承诺的新政府开启了一个新纪元。

新一代的领导既没有固步自封，也没有盲目地选择站在自由放任资本主义亦或是完全人为控制的阵营。 相反，新的焦点则是找出一个解决复杂问题的实际有效的、具有弹性的且可靠的办法。 上述充满理性的做法也许比任何一种极端做法都缺乏激情，但却可以驱赶我们内心的恐惧。

第十部分
解决办法及结论

我们已经认识到，如果我们要避免使用恐慌与感性的口吻描述市场的动荡，周围有很多的责任需要我们承担。尽管经济力量会引发我们内心深处的经济恐慌，但是我们仍然有理由保持乐观。要求解决问题的呼声高涨得有些过火，但我们的经济领导者一直在倾听。

　　在这一部分里，我们将论述用希望驱逐恐慌的可能性。我首先会罗列富兰克林·罗斯福总统在平息对于萧条社会的恐惧时所起到的重要作用。我也会指出奥巴马总统是如何接住罗斯福总统的接力棒的。而在第三十一章中我会针对市场和经济如何更合理地发展提出相应的政策意见。

第三十章
作为恐惧解药的经济领导

　　当去年全球经济面临经济危机带来的恐慌时，其以人类惯常应对恐慌的方式作出反应。 全球经济体系开始对一些国家兴师问罪并加强了贸易壁垒（Trade Barriers）。 那些贯彻马克思主义（Marxism）、法西斯主义（Fascism）和极权主义（Totalitarianism）的国家都在现行的政治体系中受挫。 而凭借凯恩斯（Keynes）和罗斯福总统（President Roosevelt）对经济前景会好转作出的承诺，资本主义得以幸存，尽管它是以更多的政府管制为代价的。 依靠政府支出和管理的资本主义模式在里根总统（President Reagan）实施新政（New Deal Policy）放松管制时宣告破产。

　　1933 年 3 月 4 日罗斯福总统在自己的就职演说中承诺将用"直言不讳、坚强有力的领导"来避免"毫无根据的恐惧把人转退为进所需的种种努力化为泡影"。 如果人们可以用信任与理智驱散内心的恐惧，那么他也保证新的政府会更加强大：

　　"值此就职之际，同胞们肯定期望我以我国当前情势所要求的坦率和果断来发表演说。现在确实有必要坦白而果敢地谈一谈，全部的真实情况。我们没有必要去躲闪，没有必要畏畏缩缩地面对我国今天的境况。我们的国家过去经得起考验，今后还会经得起考验，肯定复兴起来，繁荣下去。因此，让我首先表明我的坚定信念：我们唯一恐惧的就是恐惧本身——这种莫名其妙的、丧失理智的、毫无根据的恐惧，它把人转退为进所需的种种努力化为泡影。在我们国家生活中每一个黑暗的时刻，直言不讳、坚强有力的领导都曾经得到人民的谅解和支持，从而保证了最终的胜利。我坚信，在当前的危机时期，你们也会再一次表现出对领导的支持。"

奥巴马总统（President Obama）指出恐慌主宰我们应对经济困难的反应，而这无疑也是他向自己的前任富兰克林·德拉诺·罗斯福（Franklin Delano Roosevelt）学习的结果。当2009年1月8日他向已深陷恐慌的祖国作演讲时，他回顾罗斯福时这样说道：

"有一种精神引导我们的前辈们对抗战争、衰退以及恐惧本身，面对前方的挑战我们更要坚定这种精神。"

当他向全国发出号召时，他接着援引了曾被约翰·菲茨杰拉德·肯尼迪总统（President John Fitzgerald Kennedy）所点燃的希望：

"这就是我为什么呼吁所有的美国人，无论是民主党人、共和党人还是无党派人士，都不断地用新思想对抗旧意识形态的原因。共同的目标应该高于狭隘的党派利益，当我们还在坚持做事之前首先考虑这件事是否对自己有好处，为什么不问问自己这么做会给我们后代所继承的国家带来什么好处呢？"

奥巴马呼唤战胜恐惧的理智，呼吁抚慰恐惧的关怀，而他坚信美国人民终将被带离恐惧，而不是被恐惧打倒。在这种情况下问题显得更加复杂。希望在内心需要不断地被强化。而这也要求要拿希望的成果说事。

而理智也许更难做到。理智要求那些知识和主张可以被证明或证实，同时灌输需要去给公民。我们可以看到在奥巴马总统几乎每一次的演讲中，他都在用自己的方式尽可能地将其灌输给大家。也许他一生想要证明的就是，采用他的主张便可以驱散恐惧和偏见，毕竟他的肤色并没有影响他的事业。而如果他可以减轻大家对战争、冲突以及经济衰退的担忧，世界最终的变化将清晰可见。

奥巴马可以从罗斯福总统的经济领导方式中汲取一些救助经验。在罗斯福的第一次炉边谈话（罗斯福总统所开创的广播发言形式）中，他宣布全国银行开始停业整顿（Bank Holiday）。在1933年当时大概有20 000多家银行，他则要求每一家银行都接受为期两个多星期的审计。当然，这是不可能做到的。然而，这么做却可以让公众感觉到政府正在做事。 大家各司其职并且正在寻找新的出路。

两个星期后，消费者加入到储蓄的行列中。 股票市场开始反弹。夸夸其谈也获得了成功，因为它集聚了渴望被指明道路的民众的支持。

然而，仅靠夸夸其谈是不行的。 它给了我们获得改变的希望。 因此，必须有成功的改变破除政治阻力。

诸如罗斯福、肯尼迪以及克林顿的历届总统都成功地让公众相信，他们会与公众齐心协力渡过难关。 这种印象在经济领导及一些突发性事件中都显得非常重要，可以治愈我们因经济衰退而留下的伤痛。 奥巴马给美国和整个世界都带来了希望。

发出挑战

当我们从潘多拉的魔盒（Pandora's box）中拿出战争、瘟疫、罪恶、繁重的劳动，我们仅仅把希望留在其中。 当盒子中空无一物仅剩希望时，实现希望的挑战成了希望本身的失败。 当民族情感膨胀到巨大风险时，整个民族的焦点都集中在奥巴马总统身上。

在最近的一次演讲中，奥巴马提到：

"当我们听到讥讽、质疑、担忧以及所有暗示我们不行的声音时，我们会用最简短但饱含美国人民精神的三个字回答——我们行。"

· 奥巴马已经唤起了我们心中战胜恐慌的希望与期许。 失败的代价是惨痛的，所以这次赌注非常得大。 也许希望的实现取决于我们的努力。

251

第三十一章
医治市场的十二个处方

　　如果我们承认投资者信心的重要性，并且能迎面解决市场缺陷及恐慌问题，我们就能阻止全球金融大崩溃的再次发生。　为此，我们需要采取措施改变现状，以降低市场上的恐慌。

　　这些建议措施中，大部分内容可能会遭到来自金融工业方面的坚决抵制。　其中一些建议措施的推行，更多得需要来自公众或者社会公共机构的支持。　然而，这一切将有助于促进海外市场的健康发展，并有助于我国经济潜力的发挥。　诸多建议措施会在各个群体中获得多赢。

税务改革

　　目前税收的作用主要有两种，一种是为了保证经济的运行更加高效，另一种是为了财富的重新分配。　可以说，前者是为了让经济这块蛋糕变得更大，后者则是引入公平，目标是对蛋糕进行重新分配。　通过政策手段实现第二种目标是最有效的。　不过，扩大经济蛋糕却是经济政策的基本目标。

　　当下，我们对生产者的利润征税最重，其次对富人的财产收入也征税较重，而对那些收入较少的人群征税相对最轻。

　　具有讽刺意味的是生产者被大肆征税，纵使我们知道正是实实在在的商品真正创造了经济这块蛋糕。　这些对生产者利润征收的高额税，最终在国内外被以更高物价的方式转移到了消费者头上。　就全球而言，这使我们的产品成本更高，并且削弱了产品的竞争力，特别是考虑到很少有国家对企业征税达到如此之高的水平。

现在我们并不是从哲学观点来看待企业征税问题。实际上,大部分最富强的企业都有方法大幅度避税。毕竟,这可以提高国际竞争力。

那些同样被征收重税的富人群体也有办法避税,从而实际上他们被征税的比率低于中产阶级人群。

富人群体中有更多的人倾向于从资产收益和红利中赚得更多收入。这两种途径都能享受更低的征税标准,从而刺激了投资。但是,这种低税收标准带来的额外投资并不实际,它几乎无法产生与投资相对应的附加产品。

在资产价值评估时,人为的低税率完全取决于金融市场的需求,却不是取决于经济生产,这只会助长股市过度膨胀的气焰,为交易者的股票投机开绿灯,或是允许他们毫无代价地耍弄其他无实际产出的金融游戏手段。

改革将不会影响到养老金的储蓄,因为我们的养老金存储在递延税金帐户(tax deferred accounts)中,例如独立退休账户(Independent Retirement Accounts)就是免税的,再比如罗斯个人退休金账户(Roth IRA)。这样的改革再次将重点转移到有实际产出的财富上,而非账面财富。

透明度

虽然我和诸如伯尼·麦道夫一类的投资者、对冲基金以及投资银行一样不遗余力地反对金融透明,但如果要求所有的有价证券和其衍生产品交易公开化,市场会从中受益匪浅。我承认改革在操作过程中,会存在一小部分为求得对方合作而进行的策略性交易,但这种情况将是寥寥无几的,更多的措施是为了给予大众能了然于心的短期可见的收益或长期利润,而这一切最终也会有目共睹。

一些对冲基金和投资银行可能会阻挠交易的完全透明化,因为这将使他们无法像约瑟夫·陈等人所描述的那样操纵市场。另一些反对声音声称富有者不希望透露他们财产的规模和投资的策略,认为这些是对公众和调解员而言机密的信息。

但是,一般的中产阶级消费者每一笔经济交易都受到了来自信用报告机构、信用卡公司的盘查分析,甚至当地超市也通过发优惠忠诚卡

（Loyalty cards，零售商发给顾客记录每次买卖，以便于以后提供优惠的身份卡）来凑热闹。 相比而言，对于诸如跳梁小丑麦道夫或制造有毒资产的市场商人之流，要求他们公开手中那些能拖垮市场的交易，完全没有任何不合理之处。

托宾税（The Tobin Tax）

诺贝尔经济学奖得主詹姆斯·托宾（James Tobin）长久以来一直提倡对境外交易征收低额税款。 该税种对每笔交易征收 0.1% 到 1% 的税，旨在为那些完全无意在境外交易中实际交割，只求买卖金融衍生工具的交易设置一些阻碍因素。 这些市场大多存在于那些由大银行或者投资公司开办的赌场中。

这种对买卖金融衍生物实施的阻力难以完全遏制更大动作的境外交易，但是，面对近年来呈指数增长的此类市场，这种创新之举会大大打击它们的活跃性。

我向所有的衍生品交易市场推荐这种新措施。 传统证券市场目前正被日渐活跃的衍生品市场所压制。 但是，在证券市场上交易可以获得对公司实际拥有权或成为公司的债权人，衍生品市场却只对衍生证券的走势下注。 对此建立适度的税收将引导此类赌博式投资转向更合法的投资。

托宾税在世界范围内受到了欢迎，但是，许多国家也意识到，对这样一种税目的单边引入只会让赌徒们转移战场。 所以，此类税目的实行需要全球的通力合作。

征税

我们从某一群体的收入中拿出一部分弥补给另一群体，这种分配在我们经济中占的比重越来越大。 当然，这是政府的法定角色。 我们都知道政府会对收入进行再分配。 而他们不过通过税收这种相对低成本的方式来实现这一职能。

然而，国家的公众财政有时是被低效使用的，诸如那些政府为实现有利于自身的政策而用来游说国会的花销，那些对冲基金用来从单纯的投资者身上获利的资源，甚至那些用于杂七杂八或无关公众利益的诉讼

255

案的合法成本。

对于这种无关公众利益的"产品"所征收的税款，可以被用于减轻那些更有生产力的实体企业的税务负担，它们曾一度是工业化国家的衣食父母。

在许多情况下，这种税务的强力推行需要全球性合作。 如果一个国家通过可操纵的金融市场投资来强制征收一种新税，那么这只会迫使相关交易转移到其它低税率国家或地区。 这种税负要求我们有所偏颇地区别对待一些交易。 税收系统通过无数途径区别对待各个收入阶层就已经是这么做了。

监管

数 10 年的经济衰退让大众就监管的必要性达成了共识。 人们不再认为规章制度是万恶之源，甚至类似管理者和被管理者之间是猫和老鼠的关系这种以前盛行的论调也貌似被时代所淘汰了。 我们总计损失了数万亿的财富，那些曾与管理者角力的日子已经一去不返了。

但是，我们必须睿智地实行管理。 制定规章制度者还是人类，本性倾向于建立一个利于掌控的帝国。 就像公司管理阶层创建了基于权力基础的管理文化，规章制定者也可能创造出一个偏离最终管理目标的体制。 我们必须以有利于提高市场效率的方式睿智地进行调节管理，而不是使交易变得更加困难。 我们需要的管理可以使我们摆脱有毒资产，更可以跟世界上所有的伯尼·麦道夫和安然公司说再见。

跌停板制度

1987 年大萧条后，我们认识到程式交易（Programmed Trading）和投资者恐惧会制造市场的大恐慌。 在灾难后期，主要的改变就在于接受了相关的建议：如果市场波动过于剧烈，就会停止交易一段时间。这种跌停板制度（Circuit Breaker）旨在当市场过于不稳定时减缓市场交易，从而使市场有时间恢复平静并且为反弹作准备。

1987 年后，更多的投资者参与到市场。 而网络的发明更让大众极易因以讹传讹而陷入恐惧。 降低的交易成本和增快的交易速度要求我们相应调整我们的跌停板制度。

保持流动性

我们知道，所有的市场都需要润滑剂以维持齿轮运转。 润滑剂太少会妨碍交易，太多则会导致机器运转过速，失去控制。

美联储充分认识到了保证充足货币流动性的重要性。 过松的货币政策会导致投机性经济泡沫和通货膨胀，过紧的货币政策则会导致失业甚至经济衰退或通货紧缩。

银行系统同样需要保证信贷市场的流动性。 很大程度上，全球金融危机是由于债权人不愿意放宽信用标准导致的。 在这种情况下，联邦储蓄系统意识到自己不仅必须要保证货币系统的流动性，而且要保证信用系统的流动性。 它必须将其特殊职能制度化，以确保信贷保持流通。 毕竟，信用是新一代的纸币。

更进一步来说，发展壮大诸如范尼·梅（Fannie Mae，美国联邦国民抵押协会的别称）、弗雷迪·麦克（Freddie Mac，美国联邦住房贷款抵押公司的别称）和萨利美公司（Sallie Mae，美国政府资助设立的上市公司）等准公共机构（quasi-public insitutions）也是必要的。 它们在房贷和助学贷款市场中创造的信用对于房地产和人才投资价值无限，因此这些私营机构被授予了获取信贷的特权及许可。

这条原则应同样被用于那些投资产出性项目的信贷，以资鼓励。目前，贷方只批准了占去年同期水平 1/3 的汽车贷款。 尽管当下经济中普遍利率在一个比较低的水平，但信贷利率相对还是偏高。 我们必须通过确立制度，保证资金投资给能促进经济持续发展的汽车制造业、小型商业、农业和战略工业等。

对冲基金和负债经营

过去 10 年中的大部分过激行为可以归咎为过度负债经营的责任。对冲基金和投资银行是新时代金融领域的炼金士，能无中生有地创造财富。 问题是这些财富并不是现实存在的，而是从他人之处攫取而来，并通过经济杠杆来谋取惊人利润。

这些公司负债经营的程度能达到 30：1，甚至更大。 也就是说，他们自身每投资 1 美元，就向别人借了 30 美元。 这样由其独立投资所带来的收益就随之积累到了原始的 31 倍，在支付了贷款的利率后，他们还是能得到巨额的收益。

对冲基金同样是不稳定的。 不考虑需要支付的借贷利率，当存在5％的利润时，收益就会增值到原始投资的155％，这样只要5％的损失就会让他们两手空空。 这样的损失远远超出了他们所能承担的范围，迫使基金破产，把烂摊子彻底留给债权人。

过去我们已经尝到了这种过激行为带来的苦果。 公司通过榨取投资资金来获得巨额利润，当情况不妙时就宣布破产。 这种策略性破产使某个人中饱私囊却使整个社会遭受损失。 破产保险则会迫使他们在年景好的日子里支付保险费，以确保我们能在青黄不接的时候解决他们留下的棘手问题。

全球协作

我们曾一度追求孤立主义的政策。 曾几何时，我们作为超级经济强国有能力实践此方针，实质上我们一直在对外经济政策上颐指气使而非躬身参与。 这次全球金融危机昭示了一件事情，那就是没有任何经济强国可以无视自己对世界的影响，或者世界对自己的影响。

一个新的布雷顿森林体系（Bretton Woods global economic agreement）是绝对必要的。 20世纪40年代在新汉普郡（New Hampshire）由发达国家签署的原布雷顿森林协议，创造出了一幅全球经济合作的蓝图。 现在，经济方针如果遭到其它国家反对或者在其它国家没有足够实现，那么它在本国的执行成本就高之又高。 当前资本很容易流动到管制力度低下的国家，各国的通力合作就显得同样十分重要。 最终，各国合作的力量将提升各自单独努力的效果，并带来共同繁荣。

媒体改革

对市场每一次变化和转向的报道中，媒体起了巨大的作用。 但也许是无意之举，媒体在更多情况下似乎更倾向于散布恐慌，而不是引导大家理性理解。 正如在拥挤的剧场大叫失火了是一种不负责任的行为一样，只向受众散布负面信息而不对相关信息进行正确理解和处理，也是一种没有责任感的体现。

媒体必须正确理解公众对其的信任，并在其中扮演好自己的角色。

是的，他们必须向我们提供我们所需的信息。 他们必须预见相关信息可能引发的恐慌情绪，并向我们提供一种能作出恰当反应的途径。 例如奥森·韦尔斯（Orson Welles）在1938年因播出万圣节广播秀《世界大战》而引发全国性争论。 在当时的现实条件下，人们相信了世界遭到侵略，希特勒将此恐慌情绪作为证明民主政治不可靠的例子，并且随后数千篇文章也报道此事，实为媒体不负责任的一种表现。

虽然我们中很少有人会因为一条捏造的广播新闻而害怕一场世界大战的爆发，但随着凯恩斯遭到质疑，我们中许多人被误导而变得忧心忡忡。 我们开始信奉节俭的悖论，减少我们的消费，从而使我们的恐慌成为了可自然实现的预言。 更具有信息价值和教育意义的媒体理应或多或少地帮助我们解决这个问题。 媒体不应再仅仅把自己定位为娱乐大众的角色，或者通过附和偏见来迎合大众，正如企业不能把与公众利益冲突的利益作为自己的核心目标一样。

经济文化水平

当然，我们可以把这次全球金融危机归咎于许多原因。 我们知道其中之一就是恐惧情绪，我们在这种恐惧情绪下作出了迅速的反应，以被误导但情有可原的努力去保护我们自己的经济安全。

我们必须更好地去认识日益复杂的经济体制的运行方式。 如果我们的经济领导人想要依靠大众的帮助使全球经济回归正轨，那么他们需要步步提高执政水平。 我们必须各在其位各司其职，因为我们没有一分一秒的时间可以浪费。

经济领导

最后，我们必须认识到我们的领导人其实也是我们经济的总司令。这是我们上一位同样面临如此困境的富兰克林·D·罗斯福总统所坚信不疑的。 在这样残酷危急的转折点，我们需要的是注重实效而非计较意识形态。 我们没有再纠缠于意识形态的的闲工夫了。 我们必须寄厚望于我们的领导，如果他们不能搁置政治分歧以国家利益为上，我们就只能另选贤能了。

从任何方面来看，现在都是艰难时期，需要复杂且具有挑战性的对

259

策。 领导人必须凝聚众人，这样各方面才能作出必要的奉献。 在如此多事之秋，退化到以个人私利为主的政略可谓是危机四伏且毫无责任感可言。 只有我们的领导人才能树立榜样，照亮前进的道路。

第三十二章
结论

　　人类一心想保护自己的经济安全和创建理想的秩序。 由于我们厌恶风险的天性，任何对经济安全的威胁都被我们认为是非常危险的。当整个世界变得越来越变化无常时，越来越多的事件可以威胁我们的经济安全并激起我们的恐慌。

　　在恐慌的环境中，我们缩减开支、不相往来、不停猜测并缩小我们理解的范围，把大量的精力用于担忧而不是生产。 这些反应不是理性的经济人的表现。 相反，这些全是人类感性的表现。 意识到这一点，我们必须通过真正的理解和理性的思考而不是恐慌来面对经济更大的不确定性。

　　著作此书是为了向大家解释目前的经济形势。 同样也希望可以详细地阐明恐慌的过程，以使我们能够正确处理那些引起我们恐慌的因素，这样我们就能在关键时刻保持理智。 一盏明灯也许是躲藏在黑暗中可怕事物的一味解药。

　　当然，在这场经济危机中，我们已经让各自内心的恐惧与周围的恐慌气氛带我们偏离航道很远。 我们的领导者也甚为迷惑，或者是还没能从不变的救市方案中跳出，也就造成了更深的不确定感、焦虑和恐慌。 因此，我们错失了许多时间，甚至把这场全球金融危机变得更加糟糕。 现在的我们不能逃避，我们要为此做些什么，我们要期许更好的未来。

　　恐惧也是位煽风点火者。 它生命的根系驻扎在人们心中以使任何危险的情况都能迅速吸引我们的注意力。 这不可改变的生命印记同样也可以在我们以后遇到相同情况时提醒我们，这样我们就可以提前作好准备。 讲述我们的恐慌非常必要，这样做可以避免制造业萧条的历史重演，毕竟这是我们所不希望的。

我们已经目睹了很多次的金融危机，一些相对短暂且温和，而另一些则颠覆了我们的生活。 我们已经有超过75年之久没有见过如此程度的恐慌与错位了。 对于大多数人来说，这段时间太过漫长以至于没有人再去回忆那段历史。 但这恰恰就是症结所在。 可取的是，大萧条的严重性已深深地烙印在地球的神经上，以至于有些经验并不是很陌生。大萧条后凯恩斯主义宏观经济政策被应用并进一步完善，而这些政策如今仍然会对我们有帮助。

对这些工具的理智分析是深陷恐慌的民众的良药。 飞行员在面临突发情况时会将恐惧撇到一边，依靠自己平时的训练渡过难关。 当然，飞行员为了使自己能够做到处变不惊，也会接受大量的训练和突发灾难模拟演习。

我们没有必要在恐惧中盲目前行。 我们没有可能对经济危机进行演习，但我们可以从过去汲取经验并计划我们的未来。 通过这样做，我可以自信十足地告诉你，我们可以渡过此次的难关。 我们甚至可以找出从失败虎口中逃生并取得一到两个胜利的途径。

我们也可以考虑重新布局我们的经济，使那些足以使我们倾家荡产的关键点不易被操纵。 我想我们甚至可以找出如何利用我们的恐慌作为改革诱因的方法。 毕竟，当不需要去保护什么时，为了构建稳健且可持续发展的经济我们会有更少的疑虑和更多的自由去谈风险。

尽管希望有时是一件危险的事情，表达一些乐观的看法却不是不合时宜的。 经济的彻底复苏非常漫长且痛苦，然而之后经济却极有可能被重建得更加完美、更加稳健、更加具有活力。 为了防止经济危机再度上演，我们也可以从这场危机中学习经验以使我们在以后可以提早发觉相似的潜在危机。 也许最让我们受益的是，我们可以更好地理解恐惧在金融混乱中所扮演的角色和我们的经济领导在非常具有挑战性的时期在指引消费者方面的潜能。

图书在版编目（CIP）数据

经济为何恐慌：医治恐慌的12个处方/（美）里德 著；曹占涛 译. —北京：东方出版社，2011
书名原文：The Fear Factor：What Happens When Fear Grips Wall Street
ISBN 978-7-5060-4126-3

Ⅰ.①恐…　Ⅱ.①里…②曹…　Ⅲ.①经济学　Ⅳ.①F0

中国版本图书馆 CIP 数据核字（2011）第 017201 号

First published in English by Palgrave Macmillan, a division of Macmillan Publishers Limited under the title The Fear Factor by Colin Read. This edition has been translated and published under licence from Palgrave Macmillan. The author has asserted his right to be identified as the author of this Work.

本书由 Palgrave Macmillan 公司授权出版
中文简体字版版权属东方出版社所有
著作权合同登记号　图字：01-2010-0536 号

经济为何恐慌：医治恐慌的 12 个处方

作　者：[美] 科林·里德
译　者：曹占涛
责任编辑：姬 利　贾 佳
出　版：东方出版社
发　行：东方出版社　东方音像电子出版社
地　址：北京市东城区朝阳门内大街 166 号
邮政编码：100706
印　刷：北京印刷一厂
版　次：2011 年 4 月第 1 版
印　次：2011 年 4 月第 1 次印刷
开　本：710 毫米×1000 毫米　1/16
印　张：17.5
字　数：267 千字
书　号：ISBN 978-7-5060-4126-3
定　价：39.00 元
发行电话：(010) 65257256　65246660（南方）
　　　　　(010) 65136418　65243313（北方）
团购电话：(010) 65245857　65230553　65276861

版权所有，违者必究　本书观点并不代表本社立场

如有印装质量问题，请拨打电话：(010) 65266204